"十三五"职业教育城市轨道交通专业规划教材

城市轨道交通车辆构造

主　编　李　伟　王　珂
副主编　毛昱洁　纪　争
参　编　禹宏鹏　陈　宇　刘莉娜　刘　迪

机 械 工 业 出 版 社

本书主要介绍了城市轨道交通车辆的结构，包括城市轨道交通车辆总体、车体、客室及驾驶室，车门，转向架，车辆连接装置，制动系统，电力牵引与控制系统，空调系统，乘务与站务协作九个单元。

本书内容由浅入深、层层递进，既可作为职业院校城市轨道交通运营专业教材，也可作为城市轨道交通车辆技术专业教材，或电动列车司机及检修岗位职业培训教材。

为方便教学，本书配有免费电子课件及课后习题答案，凡选用本书作为授课教材的教师可登录 www.cmpedu.com 免费注册下载，或来电咨询：010-88379375。

图书在版编目（CIP）数据

城市轨道交通车辆构造/李伟，王珂主编. —北京：
机械工业出版社，2017.8（2025.6 重印）
"十三五"职业教育城市轨道交通专业规划教材
ISBN 978-7-111-57188-9

Ⅰ.①城… Ⅱ.①李…②王… Ⅲ.①城市铁路–铁路
车辆–车体结构–高等职业教育–教材 Ⅳ.①U270.3

中国版本图书馆 CIP 数据核字（2017）第 147661 号

机械工业出版社（北京市百万庄大街22号 邮政编码100037）
策划编辑：曹新宇 责任编辑：曹新宇 王海霞
责任校对：王 延 封面设计：鞠 杨
责任印制：刘 媛
河北环京美印刷有限公司印刷
2025 年 6 月第 1 版第 13 次印刷
184mm×260mm·14 印张·340 千字
标准书号：ISBN 978-7-111-57188-9
定价：48.00 元

电话服务　　　　　　　网络服务
客服电话：010-88361066　机 工 官 网：www.cmpbook.com
　　　　　010-88379833　机 工 官 博：weibo.com/cmp1952
　　　　　010-68326294　金 书 网：www.golden-book.com
封底无防伪标均为盗版　机工教育服务网：www.cmpedu.com

前 言 PREFACE

　　经验证明，在实际运营中，有很多列车延误是由于列车司机和站务人员相互不了解工作内容、配合不力造成的。在单司机制情况下，列车的很多常见故障，特别是车门故障，必须由站务人员配合处理；当出现前端驾驶室不能操控列车的情况时，需要采取后端驾驶室推进运行的手段。如果站务人员具备列车操控能力，就可以协助单司机完成后端推进，将列车运送到就近停车线，省去列车救援，缩短运营延误时间。

　　随着城市轨道交通系统自动化程度的不断提升，对地铁工作人员的要求也不断提升，他们的业务范围不再是单一的，而是多元化的。特别是北京地铁提出的新的运营理念："站、车"一体化，即车站和列车形成一个运营整体，将成为未来城市轨道交通运营的发展趋势。那么，对于站务人员来说，不仅要熟悉站务岗位的业务流程，还要具备在突发情况下协助列车司机处理车辆故障的能力，在紧急情况下，甚至需要担当应急司机，维持地铁系统的正常运营。

　　从站务人员的岗位晋升途径来看，站务员的一次晋升岗位是车站综控员，其主要职责是负责车站机电设备的监控与管理和站内列车的行车组织，因此要求综控人员掌握列车驾驶模式和控制方式。站务员的二次晋升岗位是车站值班站长或行车调度员，更需要具备列车的相关知识。

　　因此，无论是从实际岗位能力需要，还是从行业未来发展趋势及个人职业生涯发展来看，站务人员都应该熟悉城市轨道交通车辆的基本构造和功能，能够操作列车和完成常见故障的处理工作。

　　城市轨道交通车辆是城市轨道交通的运输载体，是直接关系到城市轨道交通运行品质和运行安全的关键设备之一。随着科技的发展和现代社会对交通运输越来越高的要求，城市轨道交通车辆都是集成了机械、电气、控制、材料等多学科的、高技术含量的综合性机电产品。只有掌握了列车的结构和原理，才能进一步操作列车和处理故障。因此，城市轨道交通车辆构造是城市轨道交通运营相关专业学生必须掌握的知识内容。

　　本书共分九个单元，由北京交通运输职业学院李伟和王珂主编。单元一（城市轨道交通车辆总体）、单元二（车体、客室及驾驶室）和单元三（车门）由李伟编写，单元四（转向架）由北京交通运输职业学院毛昱洁编写，单元五（车辆连接装置）和单元八（空调系统）由王珂编写，单元六（制动系统）由北京交通运输职业学院禹宏鹏编写，单元七（电力牵引与控制系统）由北京交通运输职业学院纪争编写，单元九（乘务与站务协作）由北京地铁运营三分公司司机陈宇、北京地铁运营二分公司综控刘迪和北京交通运输职业学院刘莉娜编写。此外，本书的编写还得到了城市轨道交通企业许多司机和站务朋友的帮助，在此致以衷心的感谢!

    在"京津冀协同发展交通一体化"的整体规划下，城市轨道交通职业教育工作者应为实现"京津冀一小时交通圈"和"轨道上的京津冀"做出贡献，加快高端技术技能人才培养，满足行业对城市轨道交通专业人才的强烈需求。借本书出版之际，希望能与同行加深交流，得到批评和指正，以进一步改进、充实和完善工作成果，从而更好地为城市轨道交通行业的人才培养发挥作用。

    由于编者水平有限，书中错误之处在所难免，望广大读者批评指正。

编 者

目 录 CONTENTS

01

单元一　城市轨道交通车辆总体

【学习导入】

　　城市轨道交通车辆是城市轨道交通的运输载体,是直接关系到城市轨道交通运行品质和运行安全的关键设备之一。随着科技的发展和现代社会对交通运输的要求越来越高,城市轨道交通车辆都是集成了机械、电气、控制、材料等多学科,具有高技术含量的综合性机电产品。梳理车辆的发展历史、认知车辆整体,可以明确车辆各部分之间的内在联系及工作原理,便于后续各组成部分的学习。

课题一　城市轨道交通车辆的发展

【课题引入】

城市轨道交通车辆的发展本身就是人类文明和人类科技的发展史。1825 年 9 月 27 日，英国工程师斯蒂芬森驾驶其改进制造的"旅行"号蒸汽机车，以 15km/h 的速度在斯托克顿至达林顿的铁路上驶完全程（31.8km），开创了世界蒸汽机车商业运用的历史，而他也因此被人们尊称为"蒸汽机车之父"。近两百年来，轨道交通系统的应用越来越广泛，技术越来越先进。通过学习车辆的发展过程，可以进一步掌握城市轨道交通运输方式的特点和意义。

思考：轨道车辆与自行车、汽车等一般陆上交通车辆有什么区别？轨道车辆有什么特点？

【学习目标】

1. 了解轨道交通车辆的发展过程。
2. 掌握城市轨道交通车辆的产生与发展。
3. 掌握电力机车的发展阶段。

一、城市轨道交通的种类

现代交通科学技术的进步已使传统的轨道交通模式不断向着多元化的方向发展。目前，世界城市轨道交通的主要形式有地下铁道、市郊铁路、有轨电车、快速有轨电车或轻轨电车、单轨电车、自动导轨快速电车及其他轨道交通等。

二、城市轨道交通的历史、现状及发展

城市轨道交通的历史可以追溯到 19 世纪 20 年代，当时西欧出现了蒸汽机牵引的地面铁路，例如，英国于 1825 年 9 月、奥地利于 1828 年 9 月相继建成了铁路。因此，城市轨道交通的历史可以从有轨电车和地下铁道算起。

1. 有轨电车

世界上第一辆马拉轨道车于 1832 年 11 月在美国街道上出现；1834 年，美国出现了最早的将蓄电池作为动力的有轨电车；到了 1860 年，英国伦敦伯肯赫德有轨电车通车（有三条线路）；索尔福德于 1862 年，利物浦于 1865 年也相继建成了有轨电车系统。

2. 地下铁道

世界地铁已有一百多年的历史。伦敦是世界上第一个修建地铁的城市，1863 年，世界上第一条明挖施工和蒸汽牵引的 6km 地下铁道在伦敦建成通车（图 1-1）。1890 年，第一条 4.8km 的电气化地铁也首先在伦敦通车。其后，1900 年在巴黎、1902 年在柏林、1904 年在纽约、1927 年在东京、1935 年在莫斯科相继建成地铁。

图 1-1　世界上第一条地铁线路

3. 快速有轨电车和轻轨电车（图 1-2）

快速有轨电车是 20 世纪 60 年代以来发展起来的一种介于地下铁道和公共汽车之间的中等运量的轨道交通形式。快速有轨电车始创于联邦德国。自 20 世纪 60 年代中期至今，已有柏林、波恩、汉诺威等 33 个城市的快速有轨电车投入运营。继后，比利时、荷兰、法国等国家的一些重要城市也发展了快速有轨电车。

4. 单轨电车（图 1-3）

最早的单轨电车出现在 1901 年的联邦德国莱茵河支流乌贝塔尔的巴门至埃尔伯费尔德之间，全长 13.3km，是一种高架不对称的弯臂吊式单轨电车。1964 年为了东京奥运会的举办，东京建成了羽田线单轨电车，从羽田机场到滨松町车站，全长 13.1km。1970 年建成湘南线单轨电车，1984 年又建成北九洲市的小仓线单轨电车。此外，千叶、大阪、那霸（冲绳）等地的单轨电车也相继建成。到目前为止，世界上约有 30 个城市建成或计划建设单轨电车，其中约有三分之一在日本。

图 1-2　有轨电车

图 1-3　单轨电车

5. 磁悬浮列车（图 1-4）

磁悬浮列车是一种新的轨道交通模式，它是利用常导磁体或超导磁体产生的吸力或斥力使车辆浮起，用以上复合技术产生导向力，用直线电机产生牵引力的交通工具。磁悬浮列车可分为常导磁悬浮列车（如德国的 TR01、TR02、MBB 和日本的 HSST）和超导磁悬浮列车。

1984 年，英国伯明翰开通了速度为 54km/h、线路长度为 620m 的商用磁悬浮列车；2003 年，中国上海开通了速度为 430km/h、线路长度为 35km 的商用磁悬浮列车；2005 年，日本名古屋开通了速度为 100km/h、线路长度为 8.9km 的商用磁悬浮列车。

三、电力机车的发展阶段

目前，我国城市轨道交通系统应用最多的形式仍然是传统的钢轮钢轨交通系统，因此，本书主要针对钢轮车辆进行分析。

从车辆的动力来看，城市轨道交通经历了蒸汽机车、内燃机车和电力机车三个发展阶段。目前，城市轨道交通车辆均为电力机车，内燃机车大量应用于车辆段和车厂的调车作业。

早期的电力牵引的轨道车辆采用直流电机，直流电机存在体积大、结构复杂、工作

图 1-4　磁悬浮列车

可靠性差、制造成本高、维修麻烦的缺点。随着交流电机控制理论和大功率电力电子元器件制造技术的发展，采用交流电机牵引的交流传动技术迅速崛起，使轨道车辆电力牵引技术上了一个新台阶。

北京地铁 1 号线是我国第一条地下铁道，它于 1969 年 10 月基本建成，1971 年 1 月试运营，采用电力机车牵引。北京地铁车辆的发展也是电力机车的发展历程：20 世纪 60 年代～70 年代，使用直流调速牵引系统的凸轮调阻车；20 世纪 80 年代～90 年代初期，使用直流调速牵引系统的斩波调阻（调压）车；20 世纪 90 年代至今，使用交流调速牵引系统的调频调压车。

1. 第一代：凸轮调阻车

主牵引电机为直流电机，通过凸轮调节电阻阻值使电机两端的电压发生变化，以达到调速的目的，如图 1-5 所示。

凸轮调阻车电制动只能进行能耗制动，不能进行再生制动。如北京地铁 1 号线早期的 DK20 型列车（1994 年生产，2012 年退役），北京地铁 2 号线 DK6、DK9、DK16 型电客列车（现已全部退役）。

2. 第二代：斩波调阻车

主牵引电机为直流电机，通过斩波器调节电阻阻值使电机两端的电压发生变化，从而达到调速的目的。

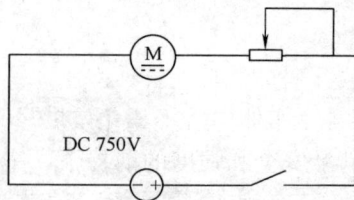

图 1-5　凸轮调阻车调速原理图

斩波调阻车电制动只能进行能耗制动，不能进行再生制动。如北京地铁 1 号线 BD3 型电客列车，编号 G2081、G2086（1996 年生产，现已全部退役）。

3. 第三代：斩波调压车

主牵引电机为直流电机。通过斩波器开通和关断的导通比来调节电机两端电压，以达到调速的目的，如图 1-6 所示。

斩波调压车电制动以再生制动为主，辅助进行能耗制动，可以节能。如北京地铁 2 号线

的 DK16AG 和 BD11 型地铁电客列车（编号 T302～T306，现已全部退役）。

4. 第四代：交流调频调压车/VVVF 车（简称 V 车）

主牵引电机为三相交流异步电机，通过逆变器来改变电机电源的电压及频率，以达到调速的目的，如图 1-7 所示。

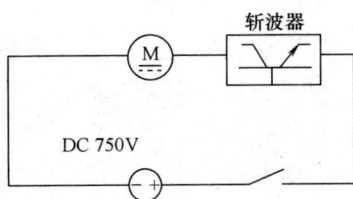

图 1-6　斩波调压车调速原理图　　　图 1-7　VVVF 车调速原理图

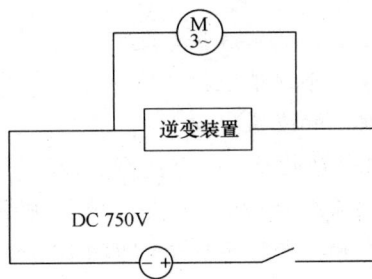

电制动以再生制动为主，辅助进行能耗制动，节能效果比较明显。目前大部分车辆为 VVVF 车。如北京地铁 1 号线在役的 DKZ4G 和 SFM04A 型电客列车。

四、城市轨道交通车辆的特点

虽然不同城市、不同类型的城市轨道交通车辆各不相同，但车辆的总体技术都是向着轻量化、节能化、少维修、低噪声、舒适性、高可靠性和安全性以及低寿命周期成本的方向发展。城市轨道交通车辆的基本特点如下：

1）因为城市轨道交通系统是特种大中运量快速交通系统，车辆运行环境条件受限制（城区、地下），所以对车辆的安全性能、噪声、振动和防火均有严格要求。

2）城市轨道交通系统的线路都是全封闭的专用线路，双向单线运行，行车密度大，因此，对车辆的可靠性提出了很高的要求，一些系统部件都必须是冗余设置的。

3）运营中即使发生了列车不能起动的故障，也要预先制订简便的临时处理方案，使列车能凭借自身的动力起动离开而进入最近的存车线，以便疏通线路。若列车确实无法起动，则一般安排就近的另一列车前往救援，将列车连挂推至最近的存车线。在发生意外事故的情况下，列车上必须有乘客快速离车疏散的通道。

4）车体向着轻量化发展。采用大断面铝合金型材或不锈钢焊接车体的整体承载结构，在满足安全和强度的前提下，最大限度地减少车重。

5）车辆间采用封闭式全贯通通道，便于乘客走动及分布均匀。车辆相邻车厢连接处采用密接式车钩进行机械、电气、气路的贯通连接。

6）为了在列车停站时能使大量的上下客流交换在尽可能短的时间内完成，车门数量比较多，每节车厢单侧车门数量 A 型车为 4～5 个，B 型车为 3～4 个。

7）采用调频调压交流传动，制动采用电制动和空气制动的混合制动，以便降低能耗。

8）列车控制和主要子系统的运行控制实现计算机化和网络化，信息播放实现多样化、实时化和分层集中化。

9）实现了信号控制和行车控制自动化。列车设有自动列车监控（ATS）、自动列车驾驶（ATO）和自动列车保护（ATP）等自动控制设备，也配备了相应的车载设备，车辆无人驾驶也是未来的发展方向。

【课后习题】

一、填空题

1. 世界上公认的蒸汽机车之父是_____国的工程师_____。

2. 我国第一个建造地铁的城市是_____，一开始使用的列车用_____力驱动。

3. 电力机车的发展分为_____、斩波调阻/调压车、_____三个阶段。其中，使用直流电机驱动的是_____。

4. 调频调压车采用_____电机牵引。

5. 一般车辆段和停车场里的调车机车为_____机车。

二、论述题

查阅资料，思考：为什么城市轨道交通的供电制式为直流电（DC 750V/DC 1500V）？城市轨道交通车辆为何普遍采用交流牵引电机？

课题二 车辆类型、编组、标识

【课题引入】

思考：

1. 不同城市、不同线路的地铁车辆有什么区别吗？

2. 为什么列车要成列运行？一列车由几辆车组成？列车是否越长越好？

3. 北京地铁10号线一列车编号为"10086"，引发网络热议，这是否在为移动公司做广告？你知道编号的含义吗？

【学习目标】

1. 掌握车辆的分类方法。

2. 掌握列车编组的意义和原则。

3. 掌握列车标识的含义。

4. 能判断列车的编组形式。

5. 能通过列车标识说出列车所属线路和车辆的类型。

一、车辆类型

因为城市轨道交通形式多样，所以车辆品种较多，规格不一，为使车辆制造、运营和维修良性发展，必须制定统一的分类标准。

1. 按照供电制式和受电方式分类

按照供电制式不同，城市轨道交通分为架空接触网供电和接触轨供电两种形式。对应的列车受电方式分为用受电弓和用受电靴两类，如图 1-8 和图 1-9 所示。

图 1-8 用受电弓受电列车

图 1-9 用受电靴受电列车

供电电压可采用额定 DC 1500V，波动范围为 DC 1000～1500V；或采用额定 DC 750V，波动范围为 DC 500～900V。

2. 按照牵引动力配置分类

按城市轨道交通车辆牵引动力配置，车辆可分为拖车（T，Trailor）和动车（M，Motor）：拖车即本身无动力牵引装置的车辆，它仅有载客功能，可设置驾驶室，也可带受电弓；动车即本身装有动力牵引装置的车辆，动车又分带有受电弓的动车和不带受电弓的动车，由于动车本身带有动力牵引装置，因而它兼有牵引和载客两大功能。城市轨道交通车辆在运营时一般采用动拖结合、固定编组，从而形成电动列车组。

3. 按照车辆规格（车体宽度）分类

按照国际通用标准，城市轨道交通车辆的类型可分为 A、B、C 三种，三种车型的主要区分参数是车体宽度。

地铁系统、轻轨系统、单轨系统分类如下：

地铁系统：车宽 3m 的 A 型车；车宽 2.8m 的 B 型车；直线电机 B 型车。

轻轨系统：车宽 2.6m 的 C 型车；车宽 2.5m 的直线电机 C 型车；车宽≤2.6m 的有轨电车（单车或铰接车）；车宽≤2.5m 的低地板轻轨车辆等。

单轨系统：车宽 3m 的跨座式单轨车辆；车宽 2.6m 的悬挂式单轨车辆。

在进行城市轨道交通车辆选型的时候，主要是根据线路远期高峰小时的运量要求而定的：高运量（单向运能为 5 万～7 万人次/h）时，选择 A 型车；大运量（单向运能为 3 万～5 万人次/h）时，选择 B 型车；中运量（单向运能为 1 万～3 万人次/h）时，选择 C 型车。

【车型举例】

A 型地铁列车：A 型列车宽度最大，载客量最多。在上海 1、2、3、4、7、9、10、11、12、13、16 号线以及深圳、广州、南京地铁运营的都是 A 型列车；北京地铁 14 号线、16 号线也采用了 A 型车体。

B 型地铁列车：长 19m，宽 2.8m，代表车型为北京、天津地铁宽体车（实际上是鼓形，是利用既有限界条件下的加宽车体，应该算作准 B 型车）。

C 型地铁列车：长 19m，宽 2.6m，代表车型为上海地铁 5、6、8 号线列车。

4. 按照车辆上安装设备的不同分类

在一列车组中，一般南方城市的地铁车辆按照欧系车辆的习惯分为 A 车、B 车、C 车三种类型。

A 车：带驾驶室的头车，它是拖车，其本身无动力，依靠有动力的车辆推动或拖动。

B 车：不带驾驶室，带受电装置（受电弓或受电靴）的动车。

C 车：不带驾驶室，带空气压缩机的动车。

二、车辆编组形式

列车在运营时，都是以动车组的形式工作的。地铁运营动车组一般都是固定编组，编组车辆数量为 2~10。不同类型的车辆通过两个相对的同型号车钩相连而组成一个相对固定的编组，称为一个单元，一列车可以由一个或几个单元编组而成。

车辆编组需考虑的因素：线路坡度、运营密度、站间距离、舒适度、安全可靠性、工程投资、客流大小等。

列车编组的主要内容：车辆型式（A 型车、B 型车、C 型车）、编组辆数以及编组车辆中动车和拖车的比例（简称动拖比）。

我国城市轨道交通常见的列车编组形式如下。

1. 六辆编组形式："三动三拖"和"四动二拖"

北京地铁 4 号线列车、10 号线列车编组：B 型车，六辆编组，三动三拖，一个动车和一个拖车为一个单元，即 + Tc1 − M1 − M3 − T3 − M2 − Tc2 +。其中，Tc1、Tc2 为带驾驶室的拖车，T3 为不带驾驶室的拖车，M1、M2、M3 为不带驾驶室的动车，+ 为半自动车钩，− 为半永久牵引杆。

北京地铁 13 号线列车编组：B 型车，六辆编组，三动三拖，即 + Mc1 − T − M − T − T − Mc2 +。其中，Mc1、Mc2 为带驾驶室的动车，T 为不带驾驶室的拖车，M 为不带驾驶室的动车，+ 为半自动车钩，− 为半永久牵引杆。

北京地铁昌平线、房山、亦庄线等列车编组：B 型车，六辆编组，四动二拖：+ Tc1 − M − M − M − M − Tc2 +。其中，Tc1、Tc2 为带驾驶室的拖车，M 为不带驾驶室的动车，+ 为半自动车钩，− 为半永久牵引杆。

北京地铁 14 号线列车编组：A 型车，六辆编组，四动二拖，两个动车和一个拖车为一个单元，即 + Tc − Mp − M + M − Mp − Tc +。其中，Tc 为带驾驶室的拖车，Mp 为带受电弓的动车，M 为不带受电弓的动车，+ 为半自动车钩，− 为半永久牵引杆。

2. 四辆编组形式："二动二拖"

天津滨海轻轨列车编组：B 型车，四辆编组，二动二拖，即 + Mcp − T + T − Mcp +。其中，Mcp 为带驾驶室、受电弓的动车，T 为拖车，+ 为半自动车钩，− 为半永久牵引杆。

北京地铁机场线列车编组：L 型车（直线电机），四辆编组，全动力车配置，即 = MC − M + M − MC =。其中，MC 为带驾驶室的动车，M 为不带驾驶室的动车，= 为全自动车钩，+ 为半自动车钩，− 为半永久牵引杆。

3. 八辆编组形式："六动二拖"

北京地铁 6 号线、7 号线列车编组：B 型车，八辆编组，六动二拖：＋Tc1 － Mp － M － Mp － M － M － Mp － Tc2 ＋；其中：Tc1、Tc2 为带驾驶室的拖车，Mp 为带受电弓的动车，M 为不带受电弓的动车，＋为半自动车钩，－为半永久牵引杆。

三、车辆标识的含义

对于城市轨道交通车辆来说，标识的作用是对车辆及其设备进行标记和编号，主要是为了便于车辆运行和检修时的管理和识别。目前，我国城市轨道交通车辆没有统一的标识规定，各轨道交通公司的车辆标识不尽相同。

1. 车辆编号

北京地铁车辆编号原则：车辆段缩写＋列车类型＋顺序编号（两位）＋车辆（厢）序号。

例：车号 T4112

```
            T        4        11        2

2号线太平庄
车辆段

        第四代VVVF车

            列车顺序编号

                车辆(厢)号
```

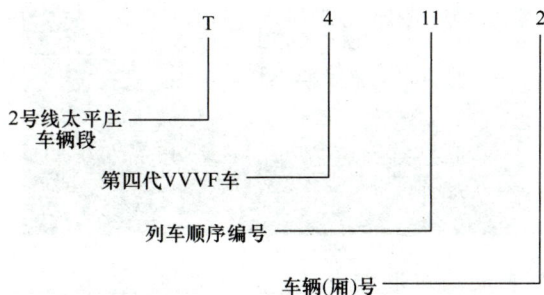

北京地铁新开通线路的编号更加清晰易懂，为车辆线路号＋列车顺序号＋车辆（厢）序号，比如车号 100861 的含义是 10 号线，第 86 列车，1 号车厢。

> **查一查**　　其他城市轨道交通列车标识的含义。

2. 车端标识

一般定义车钩自动化程度高的一端为 1 位端。A 车 1 位端是带有自动车钩的一端，B 车 1 位端是与 A 车连接的一端，C 车 1 位端是与 B 车连接的一端。相反的一侧为 2 位端。

3. 车辆车侧的定义

人面向 1 位端，则人的左、右侧为车的左、右侧。

4. 列车车侧的定义

列车车侧的定义与车辆车侧的定义不同，列车的车侧是以驾驶列车的司机为参照物的。司机的右侧即为列车的右侧，司机的左侧即为列车的左侧。

5. 转向架、轴、车门和座椅的编号

（1）转向架和轴的编号　　每辆车的转向架都分 1 位转向架和 2 位转向架。1 位转向架在车辆的 1 位端，2 位转向架在车辆的 2 位端。每辆车的 4 根轴是由 1 位端起顺次编号到 2 位端，分为轴 1 至轴 4。

（2）车门、座椅的编号

1）门叶和车门。我国地铁 A 型车每侧车门数为 5 个，B 型车每侧车门数为 4 个。

门叶：从 1 位端到 2 位端，左侧为由小到大的连续奇数，右侧为连续偶数。

车门：由两个门叶的号码合并而成，如 1/3、2/4 号门。

2）座椅。自 1 位端到 2 位端编号，左侧为奇数，右侧为偶数。

【课后习题】

一、填空题

1. 一般地，装有牵引电机的车辆叫_____，一个_____和一个_____组成一个单元。

2. 按照车体的大小，将车辆分为_____型车、_____型车和_____型车。

3. 下图中北京地铁列车车厢编号为 H4351，其中"H"表示_____，"4"表示_____，"35"表示_____，"1"表示_____。

4. 常见的六辆编组列车的编组形式为_____和_____。

二、论述题

查阅资料，总结北京地铁目前运营的各条线路的车辆段。

课题三 车辆总体及主要技术参数

【课题引入】

思考：家庭在购买汽车时会考虑哪些因素？这些因素对车辆的使用有哪些影响？地铁列车的性能和结构有没有特别的指标和参数？

【学习目标】

1. 掌握车辆的主要组成部分。
2. 掌握不同类型车辆的主要尺寸。
3. 掌握车辆的主要性能技术参数。

一、车辆总体

城市轨道交通车辆是一个机电一体化的设备，它将机械技术、电工电子技术、微电子技术、信息机电一体化技术、传感器技术、接口技术、信号变换技术等多种技术有机结合并综合应用。城市轨道交通车辆由机械部分、电气部分和空气管路三部分组成的。

1. 机械部分

车辆机械部分包括车体、车门、车钩缓冲装置、转向架和制动装置。

（1）车体　车体分为有驾驶室和无驾驶室两种。车体是容纳乘务人员和乘客的地方，又是安装或连接其他几个组成部分的基础。车体结构包括底架、端墙、侧墙和车顶等部分。目前，地铁车辆（包括轻轨车辆）均采用整体承载的钢结构或轻金属结构，以达到既减轻重量又满足强度要求的目的。驾驶室内装有司机台、空调、照明等设备。司机台上安装司机控制手柄、主回路电压表、总风缸压力表、列车信号显示装置和列车信息显示装置等。客室内设有座椅及列车广播、空调、照明、报警开关等装置。

（2）车门　城市轨道交通具有站间距离短（1～2km）、开关门频率高、停车时间短的特点，使城市轨道交通车辆的客室车门有别于其他铁道车辆及普通车辆的车门。在每节客室侧墙两侧分别安装有四对或五对以电驱动的车门，称为电动门。这种电动车门具有结构简单、易控制、运动快、占空间小、故障率低、安全可靠等优点。

（3）车钩缓冲装置　车辆要成列运行，需借助连接装置。在城市轨道交通车辆车体的前后端各安装一个连接缓冲装置，即所谓的车钩。车钩的作用是连接车辆、传递作用力、缓和冲击。某些型号的车钩在完成连接作用的同时，还自动接通两节车之间的电路、空气管路，使司机可以在一节车上实现对全列车的控制。

（4）转向架　转向架又称为走行部。它位于车体与轨道之间，引导车辆沿钢轨运行，承受来自车体与轨道的各种载荷，缓和振动，是保证车辆运行品质的关键部件。

城市轨道交通车辆的每节车由两台转向架支承。转向架有动车转向架和拖车转向架两种。动车转向架的每个轮对由一台牵引电机驱动，牵引电机采用全悬挂（又称架悬式）方式固定在转向架上。

（5）制动装置　制动装置是保证列车运行安全必不可少的装置。制动装置通常指车辆实施空气制动所需的设备。它是通过列车空气管路中空气压力的变化而使制动装置产生相应的动作，将压缩空气送入制动缸，最终使闸瓦抱车轮（或闸片摩擦制动盘）产生摩擦，将车辆动能转变为热能，达到制动的目的。

为了保证运行中的车辆按需要减速或在规定的距离内停车，每节车辆都设有制动装置。

2. 电气部分

车辆电气部分可分为电气设备和电气线路。电气设备有受流器、牵引电机、逆变电源、空压机组、蓄电池以及各种继电器、接触器等，它们大部分安装于车体下面。

（1）受流器　电动车辆上从接触网或接触轨引入电流的装置称为受流器。它是电力机车和电动车辆与固定供电装置之间的电连接环节。因此，其工作性能的好坏直接影响机车、车辆的工作状态，受流器是牵引电器中的重要部分。

（2）牵引电机　牵引电机直接用来驱动车辆运动，所以它的工作性能直接影响着动车本身的牵引性能，其各方面的质量状态（设计、制造、使用、维护保养等）直接影响着动力车辆能否正常、良好地工作。因此，牵引电机在城市轨道交通车辆中占有十分重要的地位。

目前，国内的城市轨道交通列车已经全部采用交流牵引系统，牵引电机多为三相异步笼型交流电机。

（3）逆变装置　逆变装置是一种将直流电（DC）转化为交流电（AC）的设备，它装设在车体下部。接触轨或架空接触网提供 DC 750V 或 DC 1500V 的电压，而现代调频调压车的牵引电机和列车上的一些辅助设备都需要交流电能，因此，列车上需配置逆变装置。

根据逆变器提供交流电的对象不同，分为牵引逆变器和辅助逆变器。

牵引逆变器也称 VVVF 逆变器，它的基本功能是把从直流电源获得的直流电压变换成频率和幅值都可调的三相交流电，并给牵引电机供电。当前牵引逆变器中开关器件以 IGBT 为主。

辅助逆变器能将直流电压（DC 750V 或 DC 1500V）逆变成三相交流电压（AC 380V）或单相电压（AC 220V，频率为50Hz），为空调、空压机、电热采暖、照明等提供稳定的电压，另设 DC 110V/DC 24V 逆变电源。此外，辅助逆变器通过整流装置给蓄电池充电（DC 110V）。

每节车设有一个紧急通风用逆变器装置，以便在因紧急情况网压断电时，保证紧急通风装置的用电，同时幅流风机为开启状态。紧急通风用逆变器的输入电压为 DC 110V（蓄电池组供电）；输出电压为三相 AC 380V，50Hz（可降频降压）。

（4）蓄电池　每列车配 2 套 DC 110V 蓄电池组，采用碱性镉-镍蓄电池。蓄电池容量应能满足：列车无网压时，供给列车内部事故照明、外部照明、紧急通风、幅流风机、车载安全设备、广播、通信系统等工作45min，并保证列车开关门一次及网压恢复时能保证辅助电源启动。蓄电池寿命不小于 10 年。

（5）电气线路　电气线路是由电气设备组成的主电路、主控电路、辅助电路、辅助控制电路。主电路是牵引电机的工作回路；主控电路是主电路的控制电路；辅助电路是保证行车安全和舒适性所设的辅助设备的工作回路；辅助控制电路则是辅助电路的控制电路。

3. 空气管路部分

空气管路部分可分为气源系统、空气制动气路系统和控制气路系统。

空气压缩机是气源系统，它生产的压缩空气是各种气动设备的气源，储存于总风缸中。每列车有两组空气压缩机组，互为备用。

空气制动气路系统是制动装置与制动缸之间的连接系统，是制动缸充气或排气的系统。

控制气路系统是给控制气路中的气动设备输送压缩空气的系统。

二、主要技术参数

车辆的主要技术参数分为性能参数和主要尺寸两部分，用来概括车辆技术规格的相关指标，从而从总体上对车辆性能及结构进行表征。

1. 车辆的性能参数

（1）自重、载重　自重为车辆本身的全部质量；载重为车辆允许的正常最大装载质量，均以 t 为单位。

（2）构造速度　构造速度是车辆设计时，按安全及结构强度等条件所允许的车辆最高行驶速度。车辆实际运行速度一般不允许超过构造速度。

（3）轴重　轴重是按车轴型式及在某个运行速度范围内该轴允许负担的并包括轮对自身在内的最大总质量。

（4）每延米轨道载重　它是车辆设计中与桥梁、线路强度密切相关的一个指标，同时又是衡量能否充分利用站线长度、提高运输能力的一个指标，其数值是车辆总质量与车辆全长之比。该参数通常按轨道车辆设计任务书的规定。

（5）通过最小曲线半径 它是配用某种型式转向架的车辆，在车站或厂、段内调车时所能安全通过的最小曲线半径。当车辆在此曲线区段上行驶时，不得出现脱轨、倾覆等危及行车安全的事故，也不允许转向架与车体底架或与车下其他悬挂物相碰。

（6）轴配置或轴列数 轴配置和轴列数是指车辆所配转向架动轴与非动轴的配置情况。例如，4轴动车设两台动力转向架，则轴配置记为B-B；6轴单绞轻轨车两端为动力转向架，中间为非动力铰接转向架，其轴配置记为B-2-B。

（7）列车平稳性指标 该指标是反映车辆振动对人体感受造成影响的主要指标。其值越大，说明车辆的稳定性越差，一般要求车辆的平稳性指标值应小于2.7。

（8）冲击率 由于工况改变引起的列车中各车辆所受到的纵向冲击，以加速度变化率来衡量（m/s^3）。要求车辆的纵向冲击率不得超过$0.75m/s^3$。

（9）制动形式 有摩擦制动、再生制动、电阻制动、磁轨制动、液压制动等多种制动形式。

（10）转向架安全性指标 它是反映转向架运行平稳、稳定性能的指标，包括脱轨系数、倾覆系数、轮重减载率等。

（11）载客工况 即坐席数及每平方米地板面站立人数。城市轨道交通车辆有4种载客工况：AW_0为空车；AW_1为坐席；AW_2为定员；AW_3为超员。坐席数一般为55~65人；定员时乘客总数按6人/m^2计算；超载时乘客总数按9人/m^2计算。

2. 车辆的主要尺寸

（1）车辆全长 车辆前、后两车钩连挂中心线之间的距离称为车辆全长。

（2）车体长度和底架长度 车体长度是车体两外端墙板（非压筋处）外表面间的水平距离。底架长度是底架两端梁外表面间的水平距离。

（3）车辆宽度与最大宽度 车辆宽度是指车辆两侧的最外凸出部位之间的水平距离。车辆最大宽度是指车辆侧面的最外凸出部位与车体纵向中心线间的水平距离的2倍。

（4）车辆高度与最大高度 空车时，车体上部外表面至轨面的垂直距离称为车辆高度。车辆最大高度是指空车时，车辆上部最高部位至轨面的垂直距离。

（5）车体内部主要尺寸 车体内长是指车体两端墙板内表面间的水平距离；车体内宽是指车体两侧墙板内表面间的水平距离；车体内侧面高度是指地板上平面至侧墙上侧梁的上平面间的垂直距离；车体内中心高是指由地板上平面至车顶中央部分内表面间的垂直距离。

（6）地板面高度 地板面高度是空车时，底架地板上表面至轨面的垂直距离，一般取新造或修竣后空车的数值。北京地铁车辆地板面高度为1053mm，上海地铁车辆地板面高度为1130mm。

（7）车钩中心线高度 空车时，车钩中心线至轨面的垂直距离称为车钩中心线高度，一般取新造或修竣后空车的数值。列车中各车辆的车钩高度基本一致，从而保证了车辆连挂和运行平稳。A型车车钩高度为（770+6）mm，B型车车钩高度为（660+10）mm。

（8）车辆定距 车辆定距是车辆相邻两个转向架回转中心之间的距离。它是车辆计算中不可或缺的技术参数。一般在制造车辆时，取车体长度与定距之比为1.4：1，比例过大时易引起牵引梁下垂。但比例也不能过小，否则会造成通过曲线线路时，车体中部偏移量过大。

（9）固定轴距 同一转向架最前位车轴和最后位车轴中心线之间的水平距离。

地铁车辆的主要技术参数见表 1-1。

表 1-1 地铁车辆的主要技术参数

名 称		A 型车	B 型车	
			B₁ 型车	B₂ 型车
车辆轴数		4		
车体基本长度/mm	无驾驶室车辆	22000	19000	
	单驾驶室车辆	23600	19600	
车辆基本宽度/mm		3000	2800	
车辆最大高度/mm	受流器车（有空调）	—	3800	—
	受电弓车（落弓高度）	≤3800	—	≤3800
	受电弓工作高度	3980~5800	—	3980~5800
车内净高/mm		2100~2150		
地板面距轨面高/mm		1130	1100	
轴重/t		≤16	≤14	
车辆定距/mm		15700	12600	
固定轴距/mm		2200~2500	2000~2300	
车轮直径/mm（新）		ϕ840		
每侧车门数/对		5	4	
车门宽度/mm		1300~1400		
车门高度/mm		≥1800		
载员/人	座席 单驾驶室车辆	56	36	
	座席 无驾驶室车辆	56	46	
	定员 单驾驶室车辆	310	230	
	定员 无驾驶室车辆	310	250	
	超员 单驾驶室车辆	432	327	
	超员 无驾驶室车辆	432	352	
车辆最高运行速度/(km/h)		80、100		
起动平均加速度/(m/s²)		≥0.83		
常用制动减速度/(m/s²)		≥1.0		
紧急制动减速度/(m/s²)		≥1.2		
噪声	驾驶室内	≤80		
	客室内	≤83		
	车外	80~85（站台）		

注：1. 1m² 有效空余地板面积站立的人数，定员按 6 人计，超员按 9 人计。

2. 有效空余地板面积是指客室地板总面积减去座椅垂向投影面积和投影面积前 250mm 内高度不低于 1800mm 的面积。

【课后习题】

一、填空题

1. 城轨车辆由_____、_____和_____三部分组成。

2. 车辆与车辆的连接由_____实现。

3. 空气制动所需的压缩空气由_____提供，存储在_____里。

4. 逆变器是将_____电转化为_____电的装置，分为_____逆变器和_____逆变器。

5. 每列车安装_____套蓄电池，电压为_____（直/交）流_____V。

6. 空气管路的作用是_____。

7. B型车宽度为_____mm，中间车辆长度为_____mm，高度为_____mm。

8. 北京地铁8号线的构造速度为_____km/h，在实际运行时_____（能/不能）超过该速度。

9. 车辆相邻两转向架回转中心之间的距离称为_____。

10. B型车车钩高度是一个标准值，为_____mm。

11. 同一转向架最前位车轴和最后位车轴中心线之间的距离称为_____。

二、看图填空

图1-10所示为B型车车体结构图，写出用蓝色方块标识的区域的尺寸名称和具体尺寸。

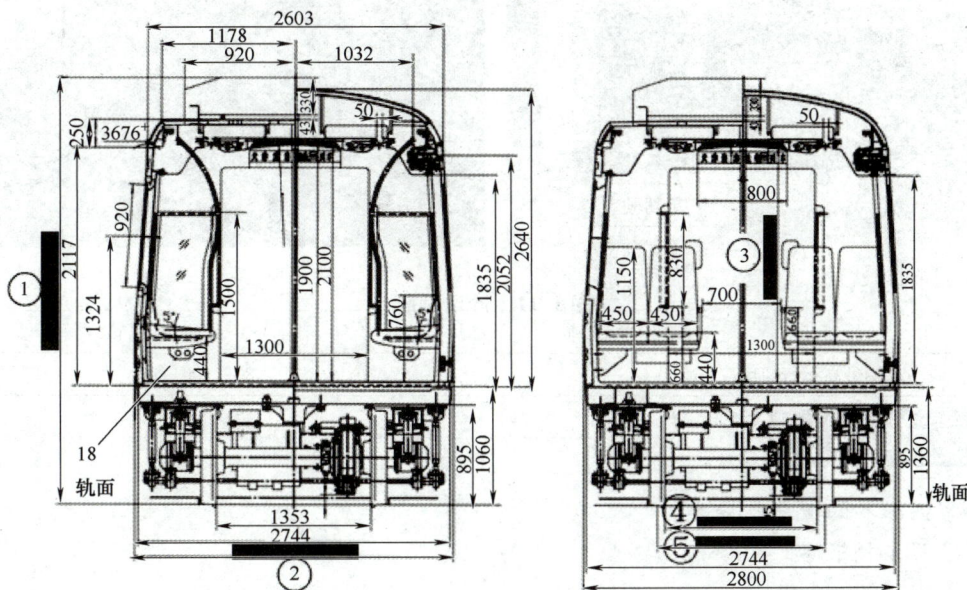

图1-10　B型车车体结构图

① 名称：_____，尺寸：_____；

② 名称：_____，尺寸：_____；
③ 名称：_____，尺寸：_____；
④ 名称：_____，尺寸：_____；
⑤ 名称：_____，尺寸：_____。

课题四 车辆限界

【课题引入】

地铁开通前要先进行冷热滑运行试验。冷滑试验是在列车不带电的情况下，由内燃机车牵引进行滑行，是地铁线路高水平试运营前的综合试验，其目的是检查车辆段和运营设备设施是否符合设计规范，线路几何尺寸是否达到运行规范。热滑试验是指在地铁运营线路送电的情况下，依靠地铁列车自行运行，对地铁线路、供电系统设备，以及信号开关联锁系统进行全面检测的一种试验方式。

思考：图 1-11 所示冷滑试验中列车要通过的矩形框代表什么？它的尺寸如何确定？

图 1-11 冷滑试验

【学习目标】

1. 掌握限界的概念及分类。
2. 了解车辆限界。

为了确保机车车辆在铁路线路上的安全运行，防止机车车辆撞击邻近线路的建筑物和设备，而对机车车辆和接近线路的建筑物、设备所规定的不允许超越的轮廓尺寸线，称为限界。限界分车辆限界、设备限界和建筑限界三种，它们是工程建设、确定管线和设备安装位置等时必须遵守的依据。规定限界的目的，主要是防止车辆在直线或曲线上运行时与各种建筑物及设备发生接触，以保证车辆安全通行。

1. 车辆限界

地铁车辆限界是基准坐标系中的一个轮廓线，是车辆在正常运行状态下形成的最大动态包络线。车辆及轨道线路各尺寸在具有最不利公差及磨耗时（包括两次维修期间所产生的尺寸偏差）、车辆在运动中处于最不利位置时、涉及了由各要素引起的车辆各部位的统计最大偏移后均应容纳在轮廓内。

《地铁设计规范》规定了钢轨钢轮、标准轨距系列的地铁限界，包括车辆限界。直线地段车辆限界分为隧道内车辆限界和高架或地面线车辆限界，后者应在前者的基础上，另加当地最大风荷载引起的横向和竖向偏移量。受电弓或受流器限界是车辆限界的组成部分。

车辆限界与车辆轮廓线之间，必须留出一定的为确保行车安全所需的空间，这个空间应考虑以下因素：

1）车辆制造公差引起的上下、左右方向的偏移或倾斜。

2）车辆在名义载荷作用下弹簧受压引起的下沉，以及弹簧由于性能上的误差可能引起的超量偏移或倾斜。

3）由于各部分磨耗或永久变形造成的车辆下沉，特别是左右侧不均匀磨耗或变形引起的车辆倾斜与偏转。

4）由于轮轨之间以及车辆自身各部分存在的横向间隙而造成车辆与线路间可能形成的偏移。

5）车辆在走行过程中，因运动中力的作用而造成车辆相对线路的偏移。它包括曲线区段运行时实际速度与线路超高所要求的运行速度不一致引起的车体倾斜；以及车辆在振动中产生的上下、左右各个方向的位移。

6）线路在列车反复作用下可能产生的变形，包括轨道产生的随机不平顺现象等。

2. 设备限界

设备限界是基准坐标系中位于车辆限界外的一个轮廓线，是用以限制设备安装的控制线。除另有规定外，建筑物及地面固定设备的任一部分，即使涉及了它们的刚性和柔性运动，均不得向内侵入设备限界，接触轨限界属于设备限界的辅助限界。

设备限界和车辆限界之间需留有一定的间隙，这个间隙主要作为未涉及因素的安全留量，按照限界制定时的规定将某些偏移量计入此间隙，计算车辆曲线上和竖曲线上的曲线偏移也计入这个间隙内。因此，设备限界在水平曲线上需要加宽，在竖曲线上需要加高。

3. 建筑限界

建筑限界是基准坐标系中位于设备限界以外的一个轮廓线，是在设备限界基础上，考虑了设备和管线安装尺寸之后的最小有效断面。它规定了地下铁道隧道的形状、尺寸、位置，地下车站及站台的位置以及地面建筑物（包括接触网支柱、声屏障和站台屏蔽门等）的位置，涉及施工误差、测量误差及结构永久变形，任何永久性建筑物均不得向内侵入此限界。车辆限界、设备限界和建筑限界的关系如图1-12所示。

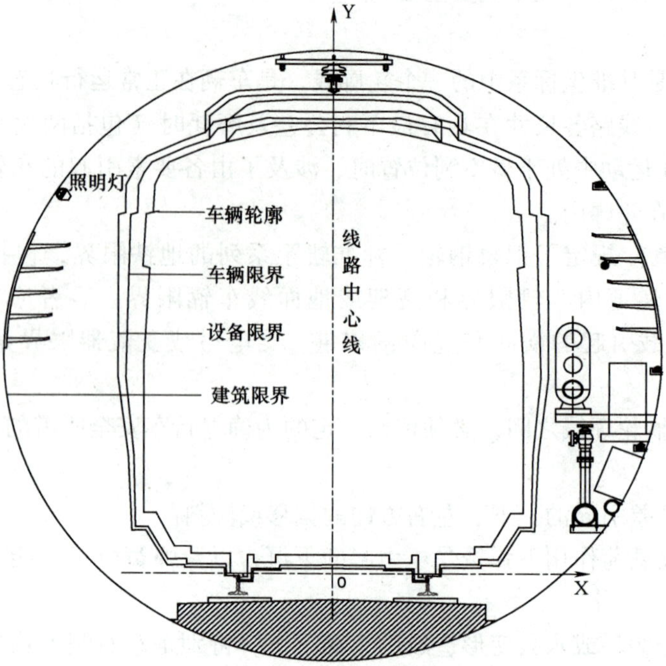

图 1-12　限界关系图

【课后习题】

一、填空题

1. 限界分为_____、_____和_____三种。
2. 受电弓限界或受流器限界是_____限界的组成部分。
3. 接触轨限界属于_____限界的辅助限界。
4. 设备安装和设备限界的关系：_____。

二、论述题

1. 简述车辆限界与车辆轮廓线的区别。
2. 车辆限界的空间设计需要考虑哪些因素？

【实训指导】

一、实训任务

城市轨道交通车辆结构指认。

二、实训目标

1. 能准确指认车体的各部分。
2. 能正确指认车辆各组成的位置。

三、实训准备

城市轨道交通车辆或车辆实训设备。

四、实训过程

1. 分组练习，分组考核。

2. 对照真实城市轨道交通车辆或车辆实训设备指认车辆结构，并说明关键的车辆尺寸和技术参数。

3. 教师考核组长，组长对组员逐一进行考核。

02

单元二　车体、客室及驾驶室

EDU　【学习导入】

　　车体、客室及驾驶室是乘客乘坐的空间，也是司机驾驶的地方，同时，也是其他设备及组件安装、吊挂、连接的基础。因此，城市轨道交通车辆车体、客室及驾驶室是车辆的重要组成部分，对于车辆的安全性和舒适性等各种性能都有很高的要求。

课题一　车　体

【课题引入】

对比 2003 年韩国大邱火灾事故后车体的形态（图 2-1）及 2005 年 JR 福知山线出轨事故后列车车体的形态（图 2-2），思考：车体的功能、材质和设计要求。

图 2-1　韩国大邱火灾事故后车体的形态

图 2-2　日本列车出轨事故后车体的形态

【学习目标】

1. 掌握车体的作用和设计要求。
2. 掌握不同车体材质的区别。
3. 掌握车体的结构。
4. 掌握车体的主要尺寸。
5. 了解车体的结构工艺。

一、车体的作用及分类

1. 车体的作用

车体是城市轨道交通车辆运输的直接载体，它既是乘客乘坐和司机驾驶的地方，又是其他设备和组件安装、连接的基础。

2. 车体的分类

1）按照车体结构有无驾驶室，可分为有驾驶室车体和无驾驶室车体。

2）按照车体大小，可分为 A 型车车体、B 型车车体和 C 型车车体。

列车长度可以靠改变编组来随时变化，高度差别不大（因为人的身高都差不多），所以这些都不是确定车型的参考标准。只有宽度最重要，而且其一旦成型就无法再改变，因此车宽是区分车型的唯一标准。

3）按照车体材料，可分为耐候钢车体、不锈钢车体和铝合金车体。

4）按车体断面轮廓，分为 V 形断面车体和鼓形断面车体，如图 2-3 和图 2-4 所示。鼓形断面车体中间稍稍外凸，其最大的优点是提高了空间容纳力，能提升乘客乘坐的舒适度。当然，它的工艺要求更高，外凸的门窗和车身必须严丝合缝。但是，鼓形车体的限界与垂直侧面的车是一样的。

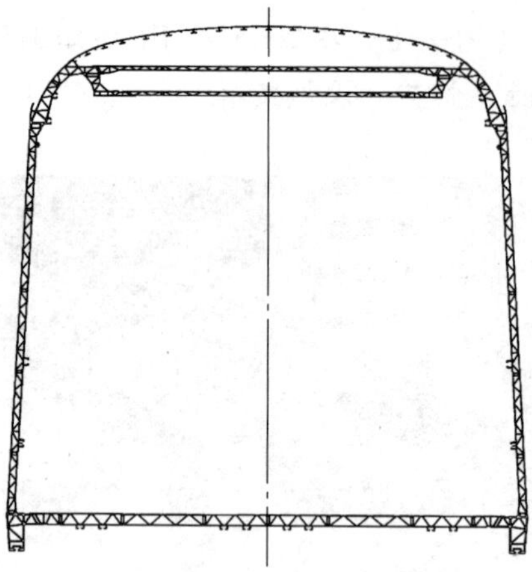

图 2-3　V 形断面车体

图 2-4　鼓形断面车体

3. 车体的基本特征和设计要求

1）具有足够的承载能力，即较高的强度和刚度。

2）车辆自重小，以提高经济效益。

3）车内座位少、车门数量多、车内设备简单，以容纳更多的乘客。

4）具有一定的防火、隔声能力。

5）造型美观、色彩和谐。

6）材料要求：具有一定的强度和刚度、耐腐蚀、轻量化。车体轻量化能够节约制造材料、降低牵引力消耗和车辆与线路的损耗。

【知识链接】

刚度：材料在受力时抵抗弹性变形的能力。

强度：金属材料在外力作用下抵抗永久变形和断裂的能力。强度是衡量零件本身承载能力（即抵抗失效能力）的重要指标，它是机械零部件首先应满足的基本要求。刚度是指物体弯不弯，物体并不断裂；强度则是指物体断不断。

硬度：材料局部抵抗硬物压入其表面的能力。

二、车体材料

车体材料的选择不但影响车体的强度和刚度，直接关系到车辆运行的安全性和乘坐的舒适性，而且关系到车辆的载客能力和能耗大小，也关系到车辆检修工作量和使用寿命，并影响车辆采购费和运营维修费的高低。因此，选择地铁车辆车体材料时，不但要考虑车辆采购价格，还要考虑车辆长期运行时的运营和维修费用。

车体材料已由早期的普通钢（包含普通低碳钢和耐候钢）发展为现在的不锈钢和铝合金。

1. 碳素钢车体

一般采用的是耐大气腐蚀钢，介于普碳钢和不锈钢之间的低合金钢系列，由普碳钢添加少量铜、镍等耐腐蚀元素而成，具有优质钢的强韧、塑延、成形、焊割、耐磨蚀、耐高温、抗疲劳等特性，铁路上货车使用得较多。但是其强度低，重量大，能耗高，腐蚀严重，维修量大，寿命短。自 20 世纪 50 年代起，采用不锈钢和铝合金车体取代了普通钢。

2. 不锈钢车体

不锈钢是一种含镍、铬的高合金钢，其强度是普通钢的 1 倍以上。板梁组合整体承载全焊结构，车体的梁柱板厚 0.8～3mm，车体外板厚 0.4～1.2mm。能有效减轻车体自重，达到车体轻量化的目的。

为了降低制造成本和提高工艺性，对这种车体上没有腐蚀倾向的部位，如牵引梁、枕梁、侧门内立柱的下部（距地板面 300mm 以上）、内端墙立柱等，通常采用普通钢或耐候钢。因此，即使是轻量化不锈钢车体，也大约有 30% 的普通钢或耐候钢。

3. 铝合金车体

铝合金车辆必须采用大型中空型材及其组合件。

优点：中空的（可以存放其他物品，如电线）模块化结构；利用仿生学（鸟类），重量减轻 10%，从而减轻了车辆对轨道的负荷，在精简制造工艺的同时，提高了车体的强度和刚度；耐腐蚀性较好，寿命延长，维修简单且维修费用降低。

缺点：焊接性差，铝制变形难以控制；为了提高车体断面系数，增大抗弯强度，防止板材产生失稳，必须加大板厚，一般取钢板厚度的 1.4 倍，最小厚度为 2mm，最大厚度达 6.5mm；油漆附着能力较钢结构车体差，在积水状态下耐腐蚀性降低。

不锈钢车体和铝合金车体性能对比见表 2-1。

表 2-1 不锈钢车体与铝合金车体性能对比

	不锈钢车体	铝合金车体
安全性，熔点/℃	1500	660
比重/(g/cm³)	7.85	2.71
抗拉强度/(N/mm²)	960～1200	274～352
刚度/(N/mm²)	2.06×10^5	0.71×10^5
耐腐蚀性	不需涂漆	Al_2O_3 点蚀、面蚀、变色，需涂漆
成本（采购和维修）	低（采购价是普通钢车的 1.2 倍）	高（采购价是普通钢车的 1.8 倍）

目前，在欧洲城市轨道交通车辆市场，铝合金车体占据了 70% 的市场份额；在日本，不锈钢和铝合金车体各占据 50% 的市场份额。而在高速铁路市场，铝合金车体几乎占据了世界 95% 以上的市场份额。

三、车体的基本结构

车体由底架、侧墙构架、端墙构架、车顶和车头五部分组成，构成一个整体承载的薄壁筒形结构。

1. 不锈钢车体结构

轻量化不锈钢车体结构由板及梁、柱组成的骨架构成，如图 2-5 和图 2-6 所示。不锈钢车体在组合外板、梁、柱时为了减少热量的输入，采用点焊代替弧焊，梁柱的结合部分采用连接板传递载荷。进行不锈钢车体的钢结构设计时，应尽量采用点焊结构。但由于受到设备、工装、工序等各方面的限制，有些情况采用塞焊，以尽可能减小热影响区。

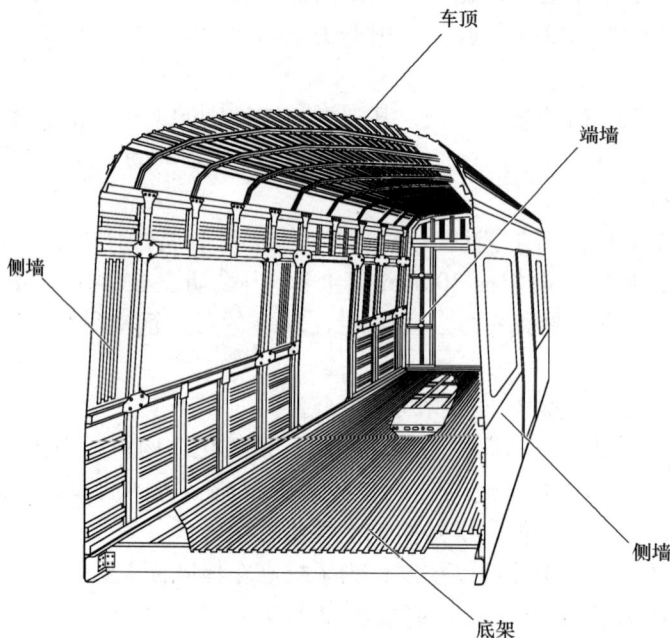

图 2-5　不锈钢车体基本结构

（1）底架组成　底架是车体结构和设施的安装基础（图 2-7），它承受上部车体及装载物的全部重量，并将重量传给走行部。在列车运行时，它还承受电力机车牵引力和列车运行中所引起的各种冲击力及其他外力。所以，底架必须具有足够的强度和刚度，才能坚固耐用。

不锈钢车体的底架采用板梁结合的结构，由中梁、侧梁、缓冲梁、枕梁和若干小横梁和纵向辅助梁与型材采取点焊或塞焊连接。中梁是底架的骨干；侧梁是底架两侧边沿的纵向梁，用于固定侧墙；缓冲梁是底架两端部的横向梁，也称端梁，用于固定端墙；枕梁是转向架的支承处。

图 2-6　不锈钢车体结构

首尾车底架前端设有防爬装置（图 2-8 和图 2-9），用以防止发生剧烈冲撞时与相邻车辆相互爬叠，确保撞击力沿底架传递。防爬器通过四个 M20 的螺栓固定在 TC 车端部底架的

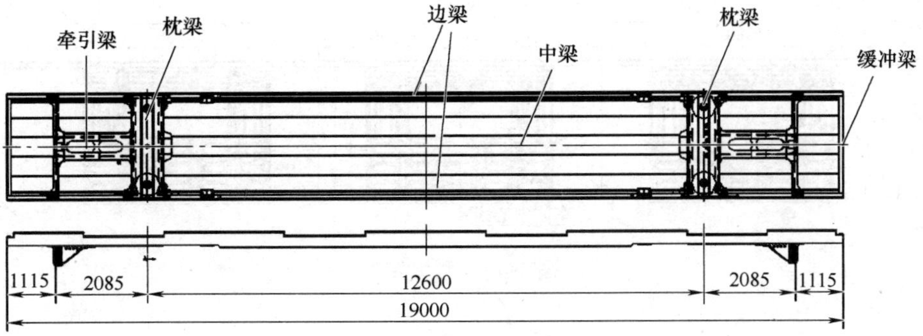

图 2-7 底架结构

止挡梁上。当一列 AW0 载荷列车以 25km/h 的速度与一列静止 AW0 载荷列车相撞时，车钩缓冲器、车钩压溃管、前端吸能缓冲区通过防爬器顺序作用，吸收能量而使客室无损坏，确保乘客和司机的安全。

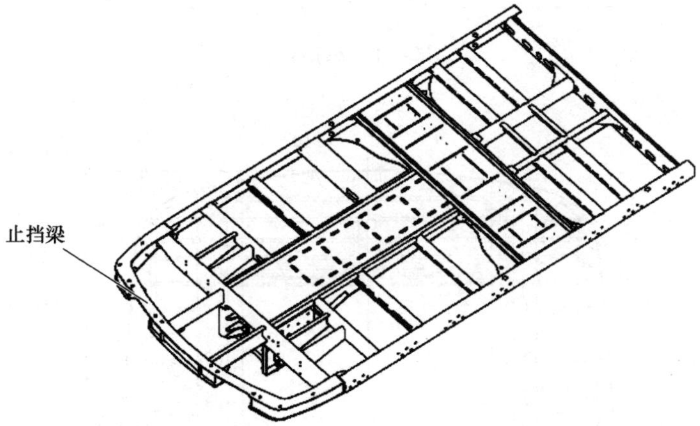

图 2-8 首尾车底架

（2）侧墙组成　侧墙由侧墙板、门立柱、端立柱、窗立柱、窗口横梁、侧墙、上边梁等组成，如图 2-10所示。

（3）车顶组成　车顶由弯梁、波纹顶板、侧顶板、侧边梁、平顶板、平顶水管等组成，如图 2-11所示。

（4）连接端端墙组成　端墙主要由端门立柱、端角柱、端墙板等组成。它把底架、车顶、侧墙结合成一体，共同承受车体所受的各种载荷，如图 2-12所示。

（5）驾驶室前端　驾驶室前端为不锈钢骨架和外部套装整体玻璃钢罩板结构。车体钢结构总组装工序：先将骨架与车顶、侧墙、底架焊接在一起，然后

图 2-9 首尾车底架前端的防爬装置

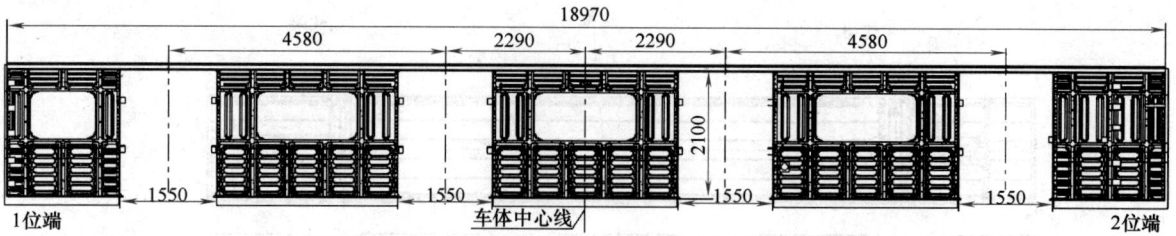

图 2-10　侧墙结构

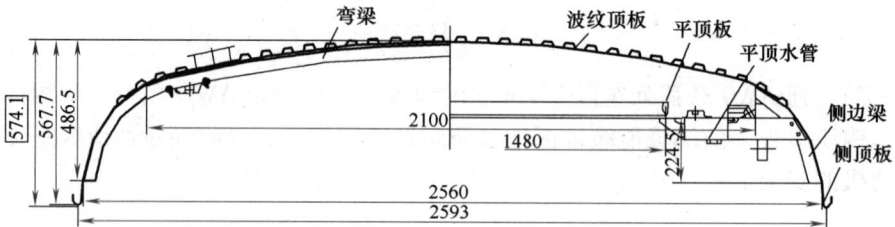

图 2-11　车顶结构

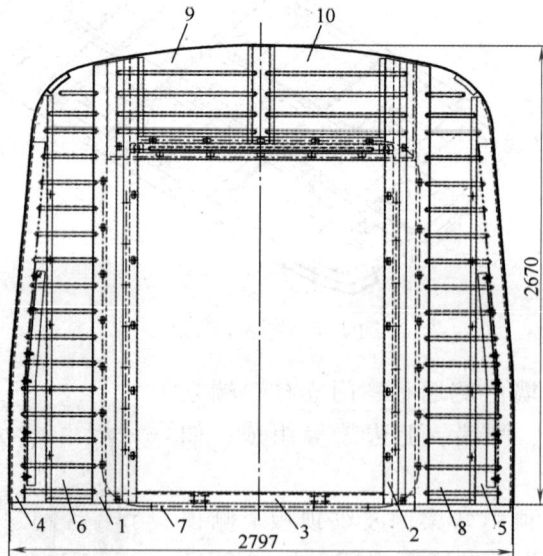

图 2-12　端墙结构

1、2—端门立柱　3—门槛　4、5—端角柱　6～10—端墙板

用螺栓将玻璃钢罩板连接在骨架上，如图 2-13 所示。

2. 铝合金车体结构

铝合金车体结构在世界上经历了板梁结构铝合金车体、板梁和型材混合结构铝合金车体和完全闭式型材结构铝合金车体三个发展过程。

板梁结构铝合金车体结构与钢制车体的构思一样，即骨架、外板结构，车体由挤压型材组成骨架，外部焊有铝板，用点焊方法焊接。由于焊接变形大，必须通过增大板厚来获得刚度，减重效果不明显，车体的平度也不理想。因此，在铝合金车体的发展过程中，纯板梁结构铝合金车体存在的数量并不多。

板梁和型材混合结构铝合金车体在城市轨道交通上应用很多，在该车体结构中，只有牵引梁、枕梁和缓冲梁采用钢结构，其余全部采用铝结构，钢、铝结构之间采用铆钉铆接。

闭式型材结构或开闭式混合结构是目前世界上采用最多的结构，全部结构件采用大型型材及大型中空型材，其宽度为 700～800mm，长度与车体同长，最长可达 30m，薄壁为 1.5mm，取消了柱子、横梁及全部车顶弯梁。其制造工艺简单，车体平度、刚度好，因而被广泛采用。

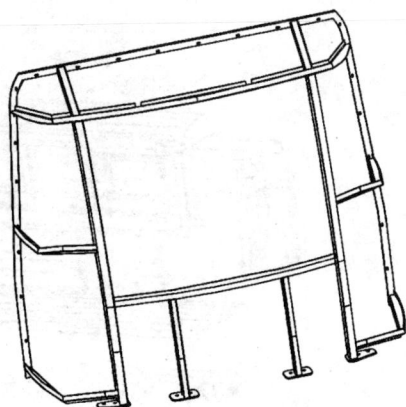

图 2-13　驾驶室前端内部骨架结构

四、车体拼装工艺

就车体拼装形式而言，车体分为一体化结构（也称为整体焊接结构）和模块化结构。

一体化结构即底架、侧墙、车顶和端墙均为焊接而成的部件；然后，这四大部件组成车体时也采用焊接工艺；最后再进行内装、布管和线束。

模块化车体结构将模块化的概念引入车体设计、制造和维修的各个环节之中。将整个车体分成若干个模块，如图 2-14 所示，在每个模块的制造过程中，完成整车需要的内装、布管和布线的预组装并解决相互之间的接口问题。各模块完成后即可进行整车组装。每一模块

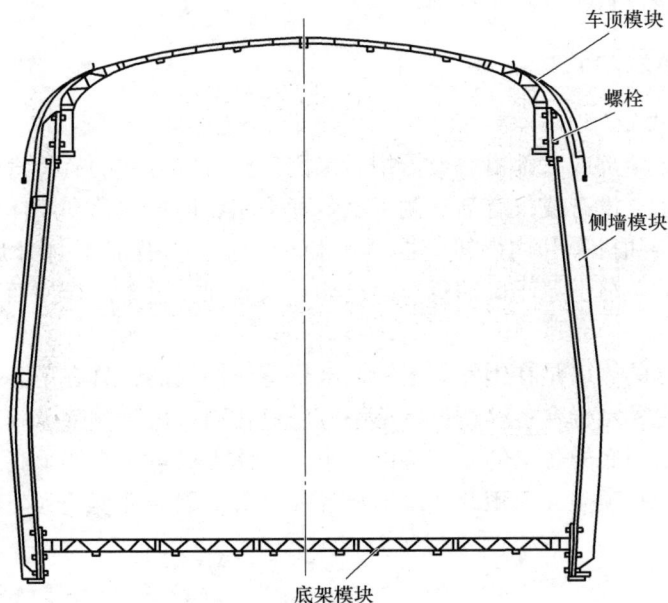

图 2-14　车体模块组成

注：各模块的内装、布管等未示出。

的结构部分本身采用焊接，最后，各模块再通过机械连接形成车体，如图 2-15 所示。

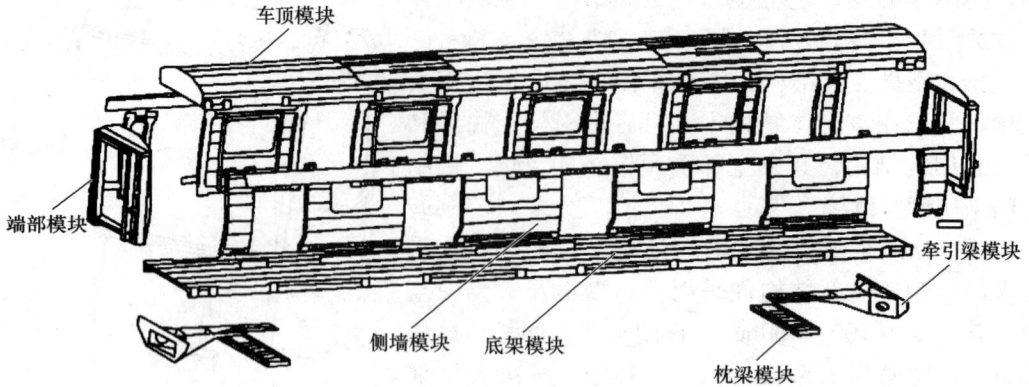

图 2-15　车体组成

模块化结构的优点：

1）模块完成后均需进行试验，从而保证整车组装后试验简单。

2）技术难度大的模块和部件可由国外引进。

3）由于解决了模块之间的接口问题，因此每个模块的制造可独立进行。

4）降低了施工难度，提高了劳动效率。

5）减少工装设备，简化施工程序，降低生产成本。

6）车辆检修中，可采用更换模块的方式，以方便维修。

模块化结构的缺点：个别部件（如驾驶室框架）采用钢材制造，各部件之间又采用钢制螺栓连接，因此车体自重要比全焊结构稍重。

五、车体的承载方式

1. 底架承载方式

车体各项载荷的全部或大部由底架承担。采用这类承载方式的有蒸汽机车、旧型小功率柴油机车和电力机车、没有或仅有活动侧板的各种平车、旧型敞车和车体为木结构的旧型客车等。旧型小功率柴油机车和内燃机车的侧墙和车顶主要起保持车体外形和遮蔽风雨的作用，而不分担底架的载荷。调车柴油机车的机器罩只起保护设备的作用而不起承载作用。

2. 侧壁承载式

侧壁承载式车体的侧墙是在钢骨架上铺以金属薄板构成的，具有足够的强度和刚度，能承受部分纵向力，这种结构在各种新型货车中应用较普遍。由于侧壁承载车体的侧墙能和底架共同承受载荷，因而底架各梁的断面可以减小，车体重量可比底架承载式减轻。大功率柴油机车和电力机车的车顶需大面积开孔以吊装各种设备，因而强度受到削弱，其车体也属于侧壁承载式结构。

3. 整体承载式

整体承载式车体的底架、侧墙和车顶构成一体，共同承受载荷。这种结构在现代客车、棚车和保温车上被广泛采用。整体承载结构具有很大的强度和刚度，它的侧墙和车顶能分担相当大的载荷，因而底架结构可以造得比侧壁承载结构更轻，甚至有可能在适当加强枕梁和侧梁后，取消底架中部很长一段中梁，使之成为无中梁底架结构。

【课后习题】

一、填空题

1. 车体的基本结构由_____、_____、_____、_____和车头五部分组成。

2. 车体在选材时应考虑_____、_____、_____（至少列出三点）。

3. 城轨车辆的常用车体材料有_____、_____和_____。

二、简答题

1. 总结车体的分类。

2. 简述车体模块化的优缺点。

课题二　客　　室

【课题引入】

客室车厢是乘客乘车的区域，既要保证安全，满足功能的需要，又要美观大方，色调协调、明快、柔和，并体现以人为本的人性化设计理念，为乘客提供舒适安全的乘车环境。

【学习目标】

1. 掌握客室的结构和功能。

2. 熟悉客室车厢应急设备的放置位置和操作方法。

一、客室内装

1. 对客室内装的设计要求

1）总体布局、装饰符合现代美学观点，既体现时尚，又具有前瞻性。

2）适合于乘客群体的人机工程学设计。

3）完全协调一致的颜色和质地。

4）具有良好的密封性以防水、防尘。

5）使用不显眼的紧固件及配件。

6）在易磨损部位采用耐久性较高的表面喷漆。

7）材料、安装方法、密封和地板布不受气候条件的影响。

8）牢固可靠，易于保养和清洁。

9）具有良好的防火性能。

2. 客室内装结构

客室内装以车体纵向中心为对称，主要部件有铝蜂窝地板、地板布、车顶二次骨架、中顶板、送风格栅、灯带、侧顶板、侧墙板、门罩板、间壁、座椅、扶手、灭火器等，如

图 2-16所示。

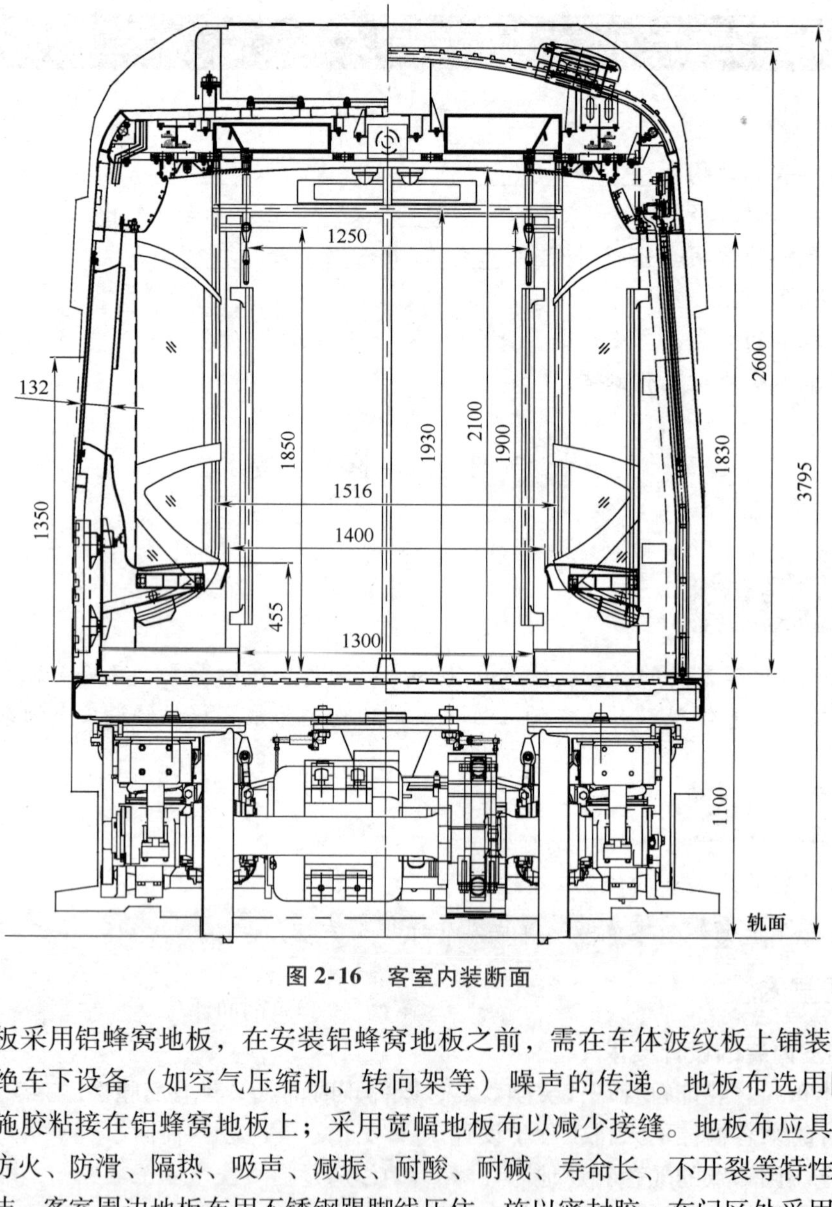

图 2-16　客室内装断面

　　客室地板采用铝蜂窝地板，在安装铝蜂窝地板之前，需在车体波纹板上铺装静香阻尼隔声棉，以隔绝车下设备（如空气压缩机、转向架等）噪声的传递。地板布选用国产耐磨橡胶地板布，施胶粘接在铝蜂窝地板上；采用宽幅地板布以减少接缝。地板布应具有抗压、抗拉、耐磨、防火、防滑、隔热、吸声、减振、耐酸、耐碱、寿命长、不开裂等特性，而且要美观、易于清洁。客室周边地板布用不锈钢踢脚线压住，施以密封胶，在门区处采用防滑踏板压住地板布。地板及地板布的安装应牢固可靠，以保证在长期运营中能够具有良好的外观质量。

　　为降低客室和驾驶室的车外噪声影响，在客室的车顶、侧墙、端墙和驾驶室部位均铺装了超细玻璃丝棉（隔声材料）。

　　针对车外主要噪声源（如车顶空调、车下空气压缩机等）处的梁柱表面，铺装减振隔声垫，以进一步降低车外噪声的传递。

　　3. **客室内装主要参数**（距地板布上平面）

　　1）客室静空高：2100mm。

　　2）座椅座高：455mm。

3）侧墙板厚度：132mm。

4）侧顶板高度：1830mm。

5）水平扶手高度：1850mm。

6）贯通道高度：1900mm。

7）贯通道宽度：1300mm。

二、客室内设备

车辆客室内设有车门、车窗、座椅和挡风板、扶手栏杆、安全锤、灭火器、排水管罩等设备。

1. 客室扶手及吊环

客室扶手包括六人区挡风板扶手、轮椅区挡风板扶手和中立柱。其设计应满足乘坐舒适度、安全要求，各部件应满足防火标准。

六人区挡风板扶手位于门口两侧，上面与车顶型材连接，立面安装在立罩板上，侧面与座椅相连，两个挡风板扶手通过通长的 U 形扶手连接，上面设有吊环，以满足不同身高人的把持需求。风窗玻璃采用钢化玻璃，贴有防爆膜，满足使用安全，如图 2-17 所示。

轮椅区挡风板扶手的安装由于另外一侧装有轮椅腰靠，故仅有一侧由挡风板扶手组成，其连接方式与六人区挡风板扶手基本相同。

图 2-17　客室内扶手及吊环

中立柱位于车体纵向中心线上，立柱分布在门中心和窗中心。中立柱上部与车顶型材固定，下部透过地板直接固定在钢结构上。

2. 客室座椅

国内城市的地铁车辆为保证其载客量达到最大化，客室座椅一般沿车体侧墙纵向布置。按照座椅的椅面材料不同，可以分为不锈钢面座椅和玻璃钢面座椅；按照座椅的安装方式不同，可以分为落地式座椅和悬臂式座椅。另外，作为对座椅功能性的延伸，北方或者沿海城市的地铁车辆中，客室座椅下安装有电加热器。

纵向布置座椅一般是六人座椅，为一个整体结构，它主要由椅面、骨架、端面等部分组成。椅面的作用是提供舒适的乘坐界面，骨架的作用是提供安全的承载结构，端面的作用是提供美观的造型和隔断。

3. 灭火器

客室内设置有 2 个 6kg 灭火器，安装在座椅下方或车辆端部，紧急情况下可打开固定灭火器的翻扣，取出灭火器。

4. 其他设备

另外，现代列车的客室车厢内还装有空调和应急通风系统，它主要由带电加热的冷气机、风道、电加热座椅、座椅下的电加热器、地板电加热器等组成。风口多布置在客室车顶上，吹出的风并不是很大，但强调安静、柔和、舒适，使乘客在车厢任何一个位置都能感觉凉爽舒适。

在每节车厢的两端，还安装有乘客紧急报警器。只要推开滑门（或者打破隔板），按动红色按钮，就可以直接与司机通话报告险情，如图2-18所示。

每节车厢里都安装了8块LED显示屏（乘客信息系统），为乘客提供运行信息、紧急信息、商务广告及新闻娱乐节目等。

在每个车门顶部都安装了门区电子线路图，本车运行的具体方位通过红色和绿色的小灯显示，以防止乘客错过站点。

每节车厢都安装有烟雾传感器和火灾报警设施，可以及时发出火灾预警；每节车厢的座位底下备有两个灭火器，以便发生火灾时使用；每节车厢均安装有全角度的监控摄像头，在司机座位上方的显示屏上，司机在驾驶室里就可以直接观察到各车厢内的情况，从而全方位监控车厢内的情况。

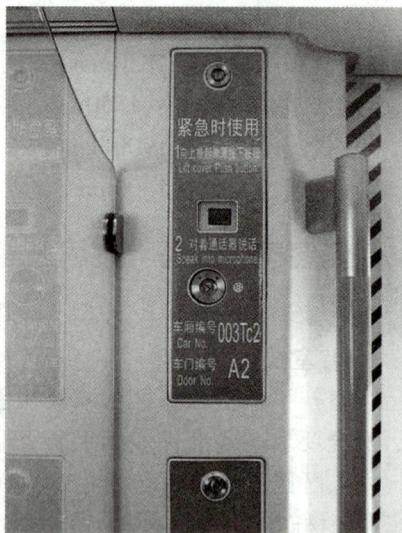

图2-18 乘客紧急报警器

【课后习题】

简答题
列举客室车厢中的安全装置。

课题三 驾驶室

【课题引入】

列车在首尾车前端各设有一个驾驶室，虽然列车型号不同，但是驾驶室的结构和布置原则是基本一致的。驾驶室是司机工作的场所，因此驾驶室布置应既保证清楚的外部视野，又方便司机工作。当司机坐在其座椅上时，应能方便而清楚地观察到前方信号、接触网、轨道设备、前方轨道和车站。同时，驾驶室的设备布置应科学合理，符合人体工程学，满足便于使用和维修的要求。

【学习目标】

1. 掌握驾驶室的结构。
2. 掌握驾驶室中各设备的功能。
3. 了解操纵台各按钮和开关的功能及常规状态。

一、驾驶室的结构

驾驶室与客室之间的间壁上安装有向驾驶室打开的门，驾驶室内的设备设施直接影响列车的安全运营，因此，非紧急情况乘客不允许进入驾驶室。

典型的地铁列车驾驶室由以下几部分组成，如图 2-19 所示：

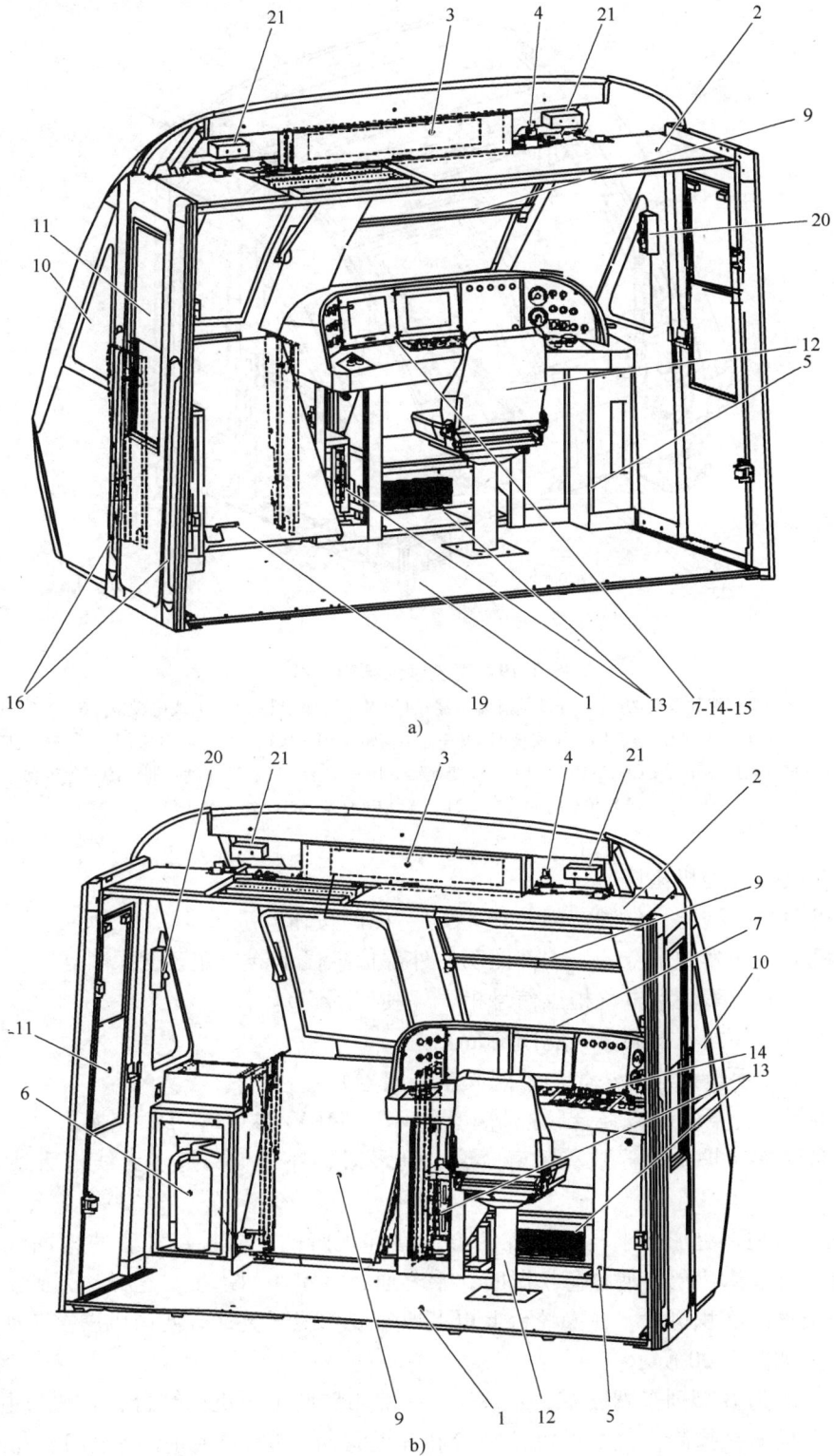

图 **2-19** 驾驶室内结构

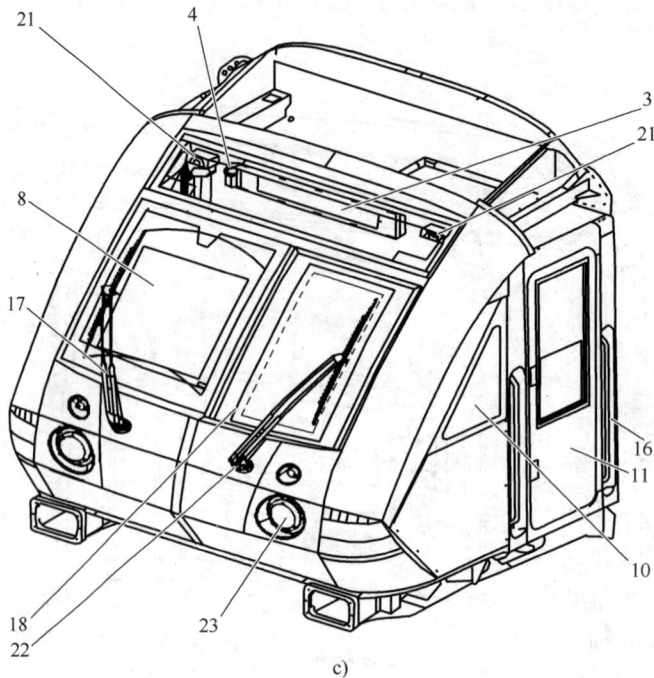

c)

图 2-19　驾驶室内结构（续）

1—驾驶室地板　2—驾驶室空调　3—外部信息显示器　4—光亮度探测器　5—无线电设备　6—驾驶室灭火器
7、14、15—司机控制台　8、18—风窗玻璃　9—遮阳窗帘　10—边窗　11—驾驶室门　12—司机座椅
13—音频控制单元 ACU、110/24 DC-DC 变换器　16—护手　17、22—刮水器　19—逃生梯
20—开关客室门的按钮　21—无线电天线　23—外部车头灯

1）内部设备（司机座椅）。

2）司机两侧（边窗、驾驶室门、开/关客室门的按钮）。

3）司机上部（驾驶室空调、内部照明、外部信息显示器、光亮度探测器）。

4）司机后方（驾驶室电气柜、信号柜、驾驶室隔墙）。

5）司机前方（司机控制台、遮阳窗帘）。

6）司机的左手边（应急逃生门、驾驶室灭火器）。

7）司机控制台下的设备（音频控制单元 ACU、110V/24V DC-DC 变换器）。

8）外部设备（护手、驾驶室风窗玻璃、刮水器、外部车头灯、无线电天线（在驾驶室顶））。

　　现代列车驾驶室更加追求司机操控的方便性和视野的开阔性，在有些地面线路的列车上，在驾驶室不设逃生门，遇紧急情况时，乘客通过客室车门逃生，这样，驾驶室的空间更大，前风窗玻璃的面积更大，在操控台上更多地集成功能开关，方便司机操控，如北京地铁房山线列车，如图 2-20 所示。

　　以上两种均为 B 型列车驾驶室，A 型列车一般布置两个司机控制台，右侧为主司机控制台，左侧是辅助司机控制台，主司机控制台和辅助司机控制台中间是逃生门。北京地铁 14 号线采用 A 型车，其驾驶室设备布置如图 2-21 所示。

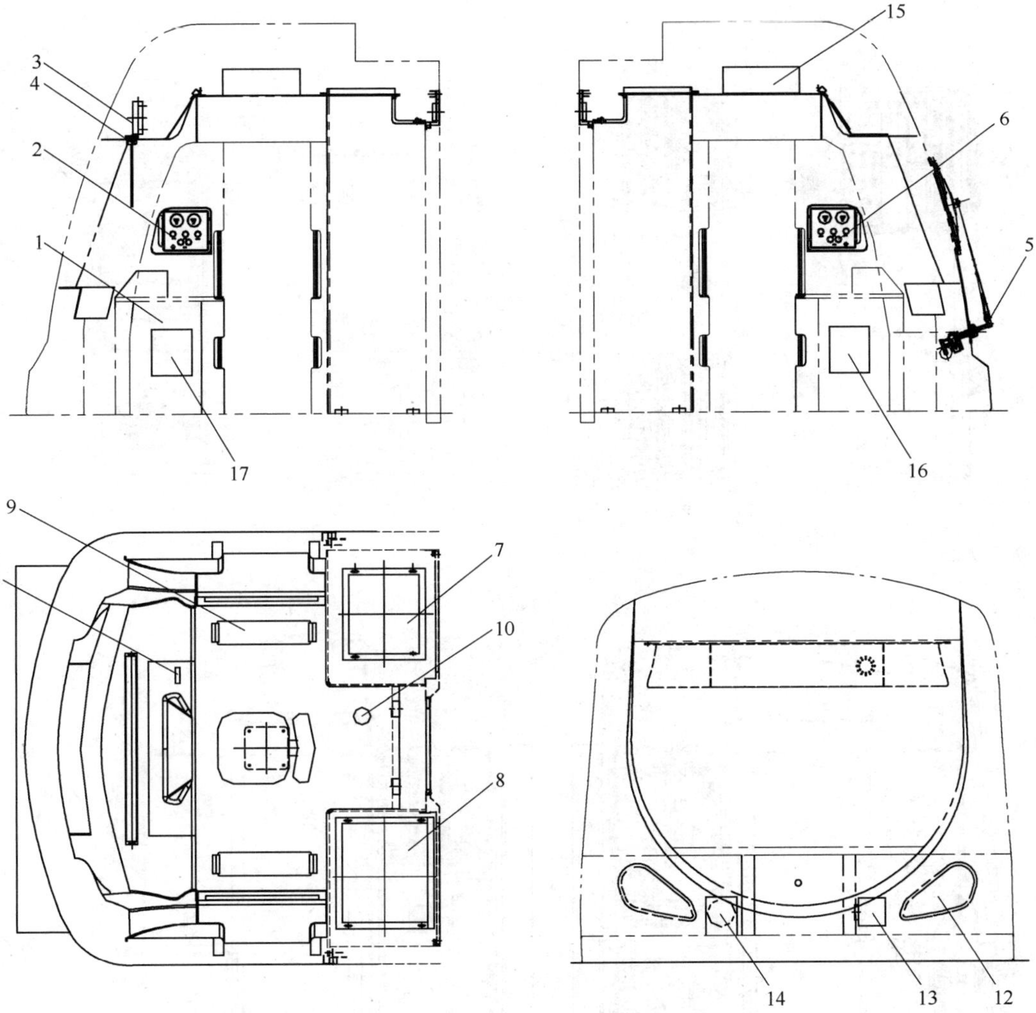

图 2-20　BJD01 列车驾驶室设备布置

1—司机控制台　2—右侧屏　3—终点站显示器　4—遮阳帘　5—刮水器　6—左侧屏　7—控制柜

8—综合柜　9—驾驶室顶灯　10—摄像头　11—扬声器　12—前照灯　13—PIS 天线

14—无线电天线　15—驾驶室通风单元　16—驾驶室电热Ⅰ　17—驾驶室电热Ⅱ

二、驾驶室设备

1. 操纵台

操纵台也称为司机控制台，它安装在驾驶室司机座椅前部，供司机驾驶列车使用。在功能上，操纵台分为列车牵引控制、制动控制、照明控制（驾驶室及客室照明）、门控制、广播控制、无线电台控制、空调控制、自动列车控制、前照灯控制、刮水器控置、电热控制、列车故障诊断及紧急对讲、视频监视等功能。列车操纵台如图 2-22 所示。

虽然不同车型的操纵台各不相同，但其所遵循的布置原则和实现的功能大致相似，下面以北京地铁房山线 BJD01 型列车操纵台为例进行介绍，其外观如图 2-23 所示。

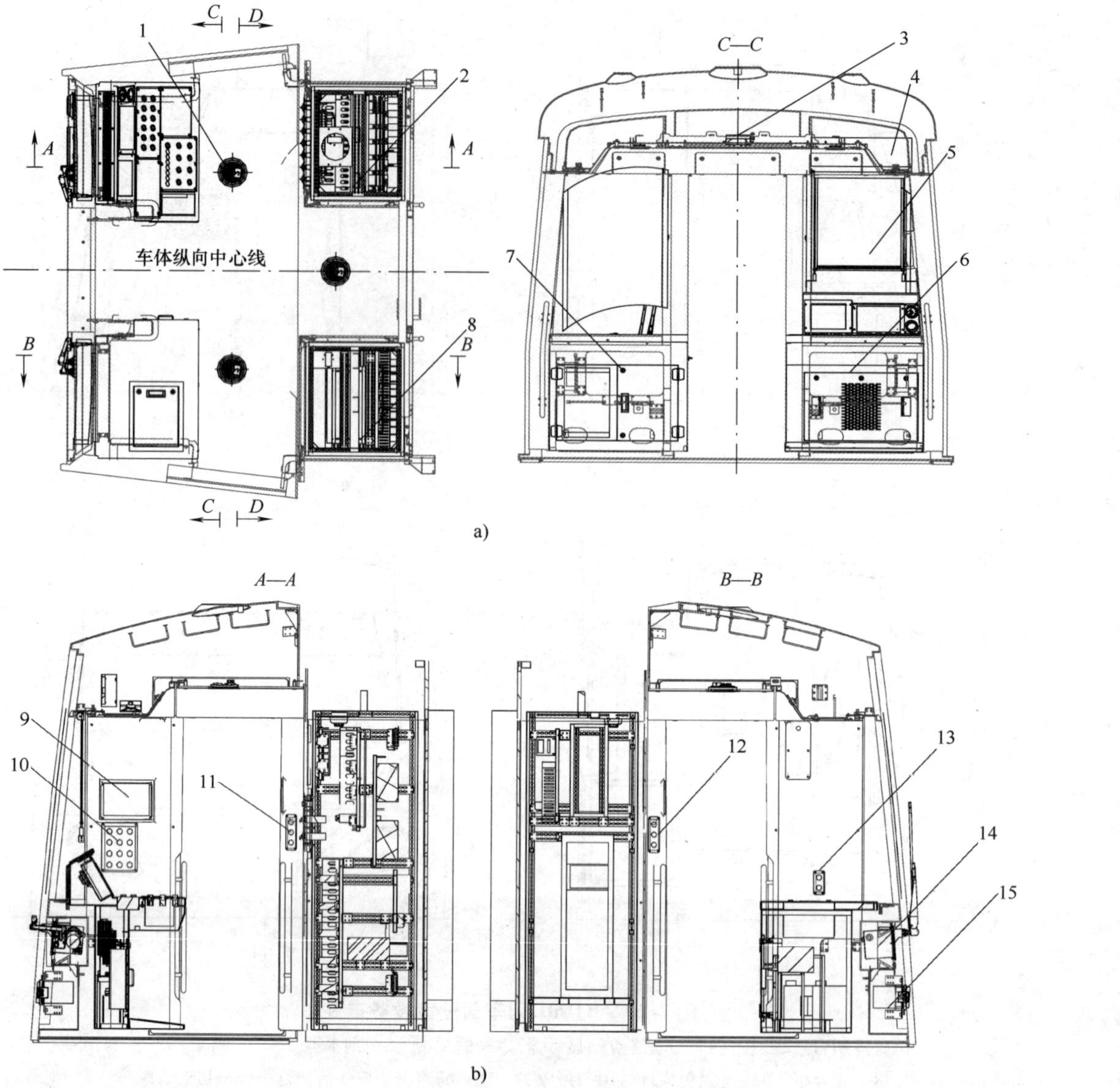

图 2-21 北京地铁 14 号线列车驾驶室设备布置
1—驾驶室顶灯 2—控制柜 3—广播监听扬声器 4—终点站显示器 5—遮阳帘 6—主司机控制台
7—副司机控制台 8—综合柜 9—CCTV 显示屏 10—右侧屏 11—右开关门按钮板
12—左开关门按钮板 13—左侧屏 14—刮水器 15—前照灯及尾灯

（1）操纵台台面　操纵台台面设有信号系统显示器、监控显示屏、视频监控显示器、无线电台控制器、双针压力表、司机控制器、广播控制盒、司机控制单元、按钮及指示灯等。

操纵台台面集合了与驾驶操作有关的大部分功能，如图 2-24 所示。

1）信号系统显示屏（图 2-25）作为信号系统的输入和显示单元，可以显示列车在 ATO 等自动驾驶模式下的相关信息。

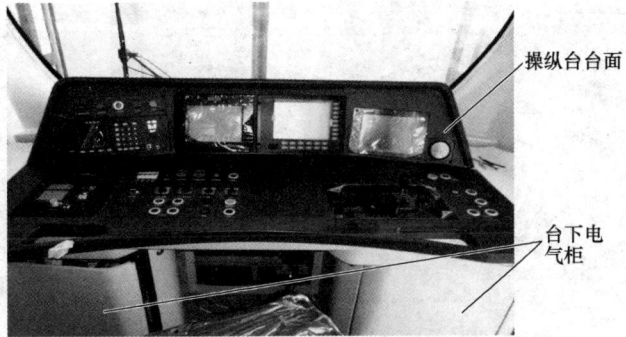

图 2-22　操纵台

图 2-23　BJD01 型列车操纵台

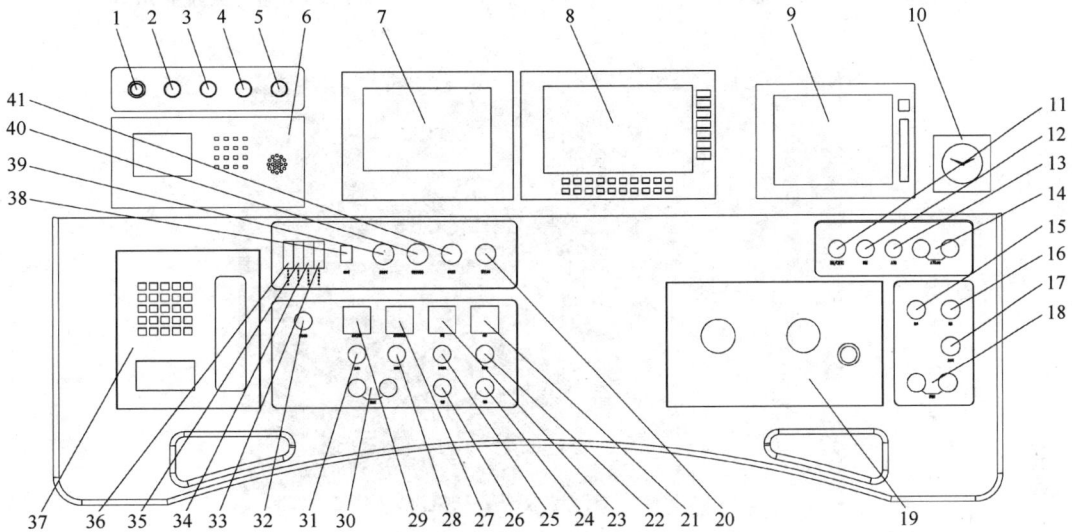

图 2-24　操纵台台面板布置

1—警惕蜂鸣器　2—门允许灯　3—CBTC/BM 指示灯　4—开门灯　5—关门灯　6—车载电台控制盒　7—信号系统显示屏　8—监控系统显示屏　9—视频监控显示屏　10—双针压力表　11—CBTC/BM 按钮　12—RM 按钮　13—ATB 按钮　14—ATO 按钮　15—洗车按钮　16—复位按钮　17—关右门按钮　18—开右门按钮　19—司机控制器　20—SIV 启动按钮　21—头灯转换开关　22—强制泵风按钮　23—刮水器选择开关　24—电笛按钮　25—仪表灯按钮　26—喷淋按钮　27—开门模式选择按钮　28—备用　29—左右门选择按钮　30—开左门按钮　31—关左门按钮　32—紧急制动按钮　33—电制动投入开关　34—BHB 开关　35—空压机开关　36—客室灯开关　37—司机控制单元　38—遮阳帘开关　39—紧急牵引按钮　40—保持制动切除按钮　41—强迫缓解按钮

2）监控系统显示屏（图 2-26）作为列车管理系统的显示单元，可以显示列车子系统的工作状态、故障信息，并可以通过人机界面设置广播、空调、牵引系统的参数。

3）视频监控显示屏（图 2-27）系统接收客室媒体网关发来的经压缩的 14 个视频图像数据，全部记录在本机硬盘中。同时，根据设定的画面显示方式，视频监控主机通过车内网络访问媒体网关，调用所选择摄像机信号在触摸屏的人机界面上予以显示，提供给驾驶室工作人员观看。

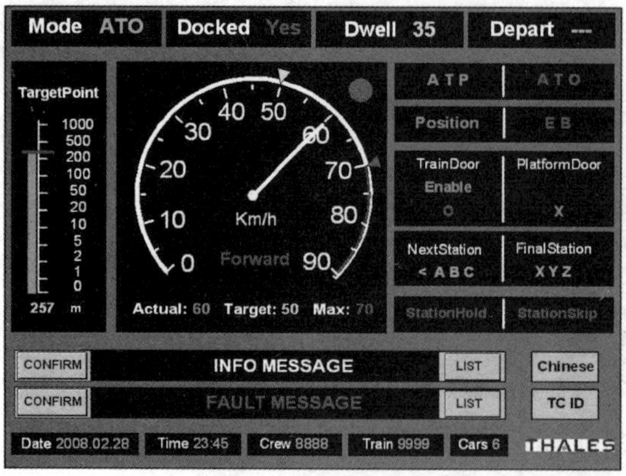

图 2-25 信号系统显示屏

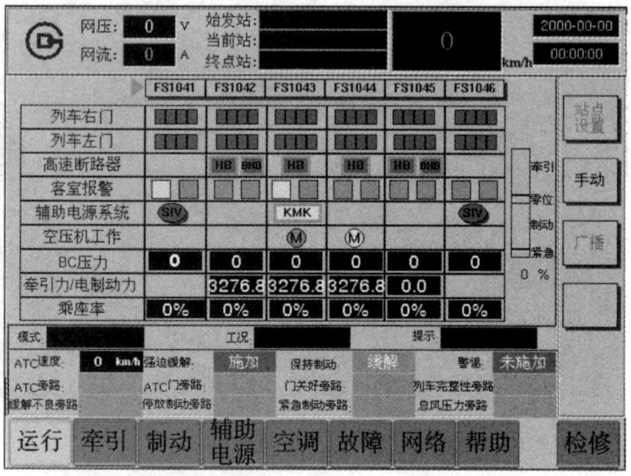

图 2-26 监控系统显示屏

图 2-27 视频监控显示屏

4）司机控制单元（图 2-28）作为广播系统的输入和显示单元，在半自动广播时可以通过广播控制盒进行起点站、终点站、越站、预录紧急广播的设置播放，可以显示紧急报警位置、起始站、终点站、当前站及广播状态。

5）车载电台控制盒（图 2-29）作为无线系统的输入和显示单元，司机通过无线控制盒与 OCC 控制中心进行通话。

6）双针压力表（图 2-30）用来显示制动系统总风压力及制动缸压力值。

7）司机控制器（图 2-31）用来完成整个列车的牵引、制动功能，以及列车的前进方向控制和司机警惕等功能。每个驾驶室设有一个司机控制器，在每个司机控制器上有司机钥匙、方向手柄及牵引/制动控制手柄（带警惕按钮）。

（2）操纵台台下 操纵台台下箱柜电气设备主要有驾驶室交换机、媒体播放主机、CCTV 主机、广播系统主机、车载电台主机、刮水器水箱和 UPS 电源等，如图 2-32 所示。

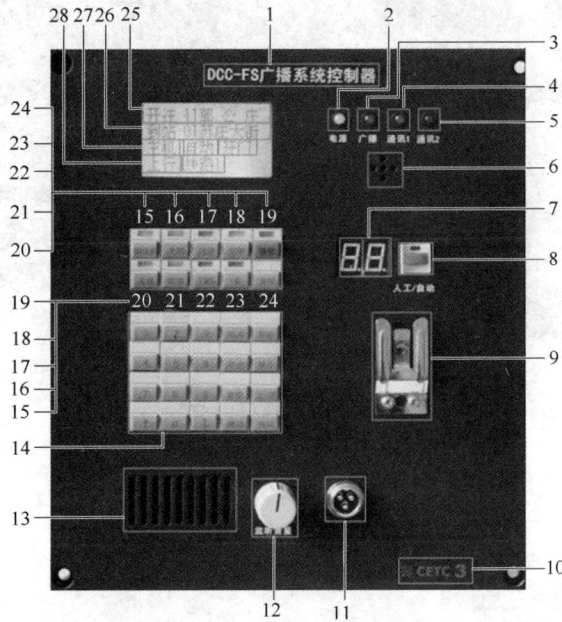

图 2-28 司机控制单元

1—设备编号及型号 2—DCC 电源供电指示灯 3—自动广播播音指示灯 4—通信指示灯 1 5—通信指示灯 2 6—报警蜂鸣器 7—报警位置显示 LED 数码管 8—人工广播按键及状态指示灯 9—话筒挂钩 10—生产厂家图标 11—话筒插座 12—广播监听音量调节电位器 13—广播监听扬声器 14—4×5 矩阵式键盘 15—复位键 16—＊键 17—TMS 键 18—媒体播音键 19—无线电广播指示灯 20—"DCC 主机"键 21—主控按键及指示灯 22—对讲键 23—广播监听键 24—报警键 25—LCD 终点显示区域 26—LCD 当前站显示区域 27—LCD 状态显示区域 28—LCD 运行线路显示区域

图 2-29 车载电台控制盒

图 2-30 双针压力表

图 2-31　司机控制器

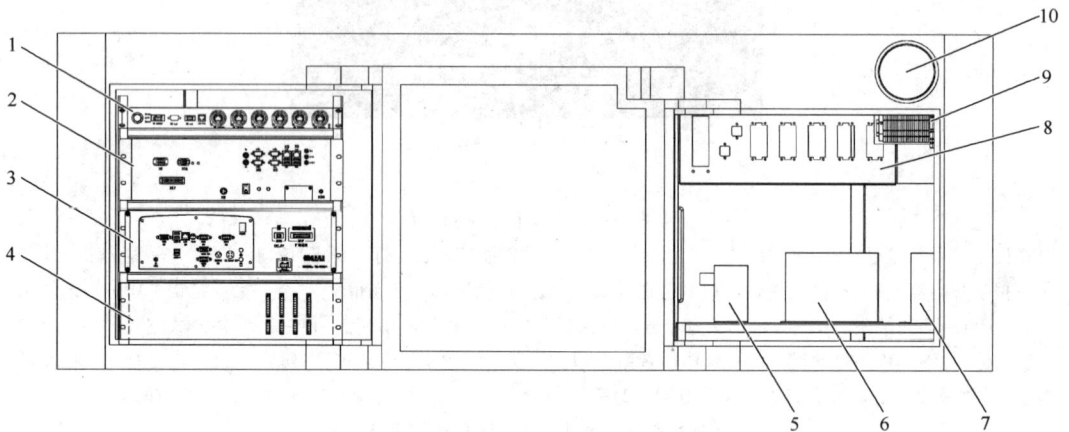

图 2-32　操纵台台下箱柜电器布置
1—驾驶室交换机　2—媒体播放主机　3—CCTV 主机　4—广播系统主机
5—UPS 电源　6—车载电台主机　7—刮水器水箱　8—连机器组成
9—端子排　10—信号系统扬声器

2. 控制柜

控制柜设在驾驶室后面的右侧，负责本车直流配电、列车牵引制动等逻辑控制，其中包括列车网络监控系统以及车辆电气节点。

在结构上，控制柜属于框架式结构。其正面从上到下依次为开关屏、列车网络监控模块、PIS 控制器；背面从上到下依次为：控制柜继电器屏和接线屏，右侧中部有模块用散热风机。其中，控制柜开关屏主要负责本车的 DC 110V、DC 24V 配电；控制柜继电器屏主要负责列车牵引、制动等的逻辑控制。控制柜设备布置如图 2-33 所示。

3. 综合柜

综合柜设在驾驶室后面的左侧，负责列车监控、自动驾驶及列车自动防护等。

在结构上，综合柜属于框架式结构。其设备包括车载 ATC 机柜、司机接口单元、安全继电器屏以及分线屏，如图 2-34 所示。

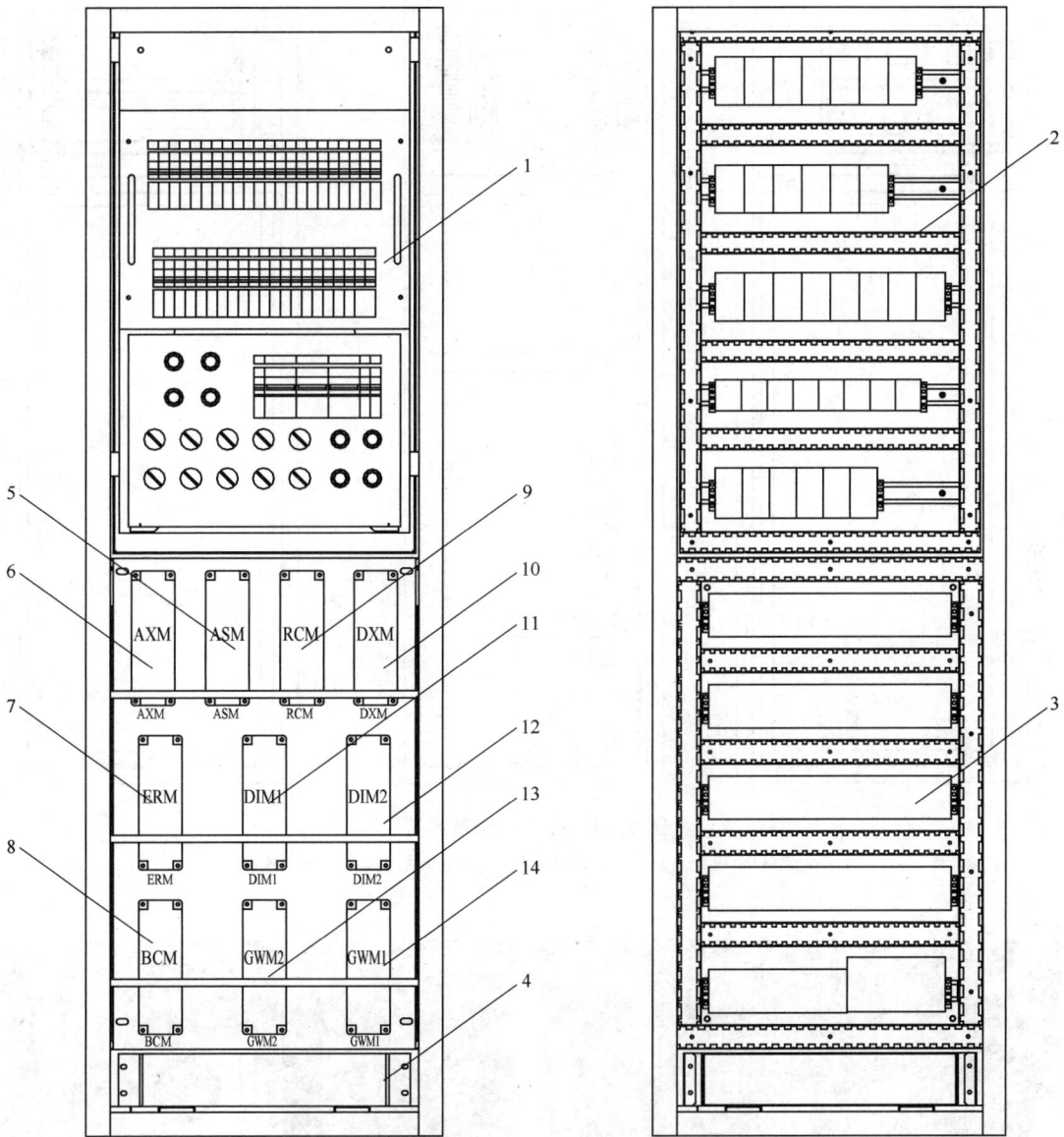

图 2-33 控制柜设备布置
1—开关屏 2—继电器屏 3—接线屏 4—车载 PIS 主机 5—ASM
6—AXM 7—ERM 8—BCM 9—RCM 10—DXM
11—DIM1 12—DIM2 13—GWM2 14—GWM1

4. 左/右侧屏

在驾驶室的左、右侧墙上，还装有一些控制开关、按钮和仪表等，如图 2-35 所示。

对于地下线列车来说，驾驶室前方必须安装紧急逃生门，所以操纵台的宽度小于无逃生门列车的操纵台宽度，一些开关和按钮（如客室电热、门关好指示灯）布置在墙面上，CCTV 监视屏也挂于右侧墙上。

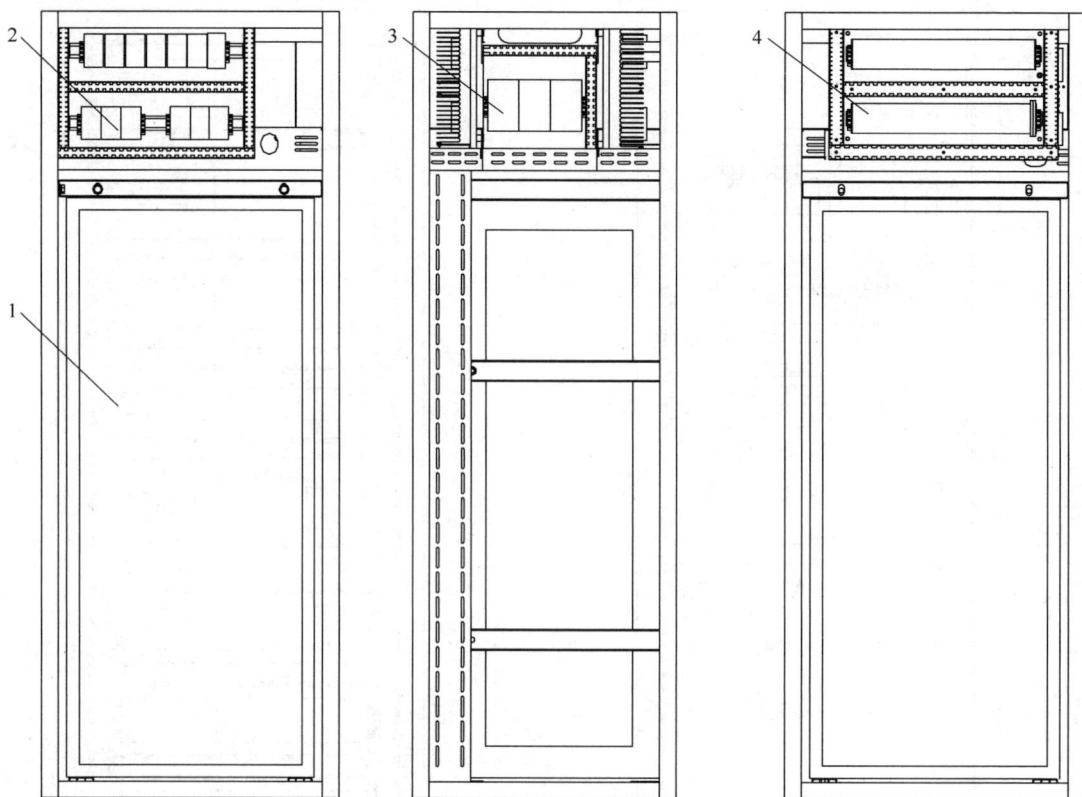

图 2-34 综合柜设备布置

1—车载 ATC 机柜　2—正面继电器屏　3—侧面继电器屏　4—接线屏

a)　　　　　　　　　　　b)

图 2-35 左/右侧墙上的开关、按钮和仪表

a) 驾驶室左侧墙　b) 驾驶室右侧墙

　　为方便司机开关门作业，左、右侧墙上分别有左、右客室车门的开关按钮，BJD01 型列车的左侧屏如图 2-36 所示，右侧屏如图 2-37 所示。

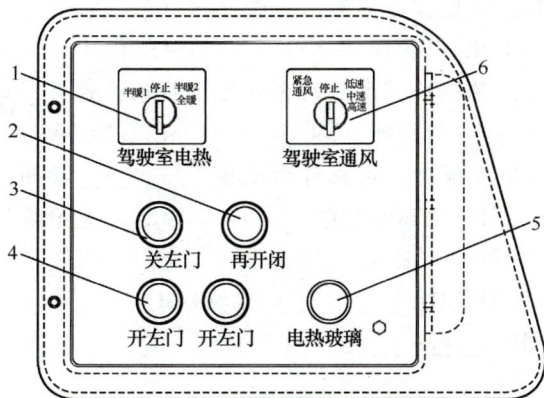

图 2-36 BJD01 型列车左侧屏布置

1—驾驶室电热开关 2—再开闭按钮 3—关左门按钮 4—开左门按钮 1、2
5—电热玻璃按钮 6—驾驶室通风开关

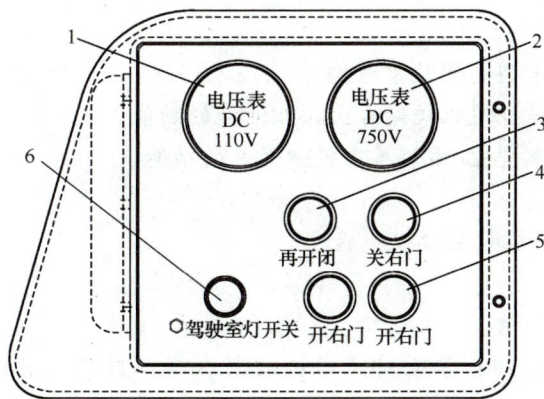

图 2-37 BJD01 型列车右侧屏布置

1—DC 110V 电压表 2—DC 750V 电压表 3—再开闭按钮 4—关右门按钮
5—开右门按钮 1、2 6—驾驶室灯开关

【课后习题】

一、单项选择题

1. 受流器接地需要请求接触轨停电时，司机可以通过_____判断接触轨已断电。

A. 网压表　　　　　　　B. 双针压力表　　　　　C. CCTV　　　　　　　D. PSL

2. 当按压保持制动缓解时，_____会有变化。

A. 网压表　　　　　　　B. CCTV　　　　　　　C. 双针压力表　　　　　D. TCMS

3. 起车作业时，需确认蓄电池表数值为_____V。

A. 0 ~ 50　　　　　　　B. 50 ~ 77　　　　　　C. 77 ~ 110　　　　　　D. 110 ~ 220

4. 列车运行中，当总风缸压力低于_____kPa 时，列车将紧急制动。

A. 600　　　　　　　　B. 700　　　　　　　　C. 800　　　　　　　　D. 900

5. 列车开关门试验时，若监控器画面门光带显示红色，代表_____。

A. 门打开　　　　　　B. 门关闭　　　　　　C. 门故障　　　　　　D. 监控器损坏

6. 列车开关门试验时，若监控器画面门光带显示黄色，代表_____。

A. 门打开　　　　　　B. 门关闭　　　　　　C. 门故障　　　　　　D. 监控器损坏

7. 列车全列常用制动不缓解时，司机可尝试按下_____按钮。

A. 强迫泵风　　　　　B. 空压机切除　　　　C. 零速旁路　　　　　D. 强迫缓解

二、写出下述英文缩写的中文含义

1. HB：_____；2. HSCB：_____；3. VOBC：_____；4. TCMS：_____；
5. BC：_____；6. HMI：_____。

【实训指导】

一、实训任务

驾驶室结构及功能开关指认。

二、实训目标

1. 能正确指认指定车型的驾驶室结构。

2. 能正确指认指定车型司机控制台上按钮开关的功能。

3. 能正确识别指定车型左/右侧屏上按钮开关的功能。

三、实训准备

城市轨道交通列车司机控制台模拟器。

四、实训过程

1. 分组练习，分组考核。

2. 根据模拟器台数分组，学生对照司机控制台模拟器指认各部件名称并简要说明其作用。

3. 教师考核组长，组长对组员逐一进行考核。

03

单元三　车　门

　　客室车门是列车上的关键设备之一，同时也是列车上故障率最高的系统，车门故障占列车总故障的 50％ 以上，如图 3-1 所示。较高的故障率直接影响列车的运行维护及正线列车运营质量，正线运营车辆车门一旦发生故障，将直接影响列车运行，造成运营延误，严重时会造成难以预料的事故，威胁着乘客的生命安全。因此，站务人员既要懂得如何正确操作设备，又要保证在车门发生故障时迅速准确地排除故障，保证系统的运营和乘客的安全。

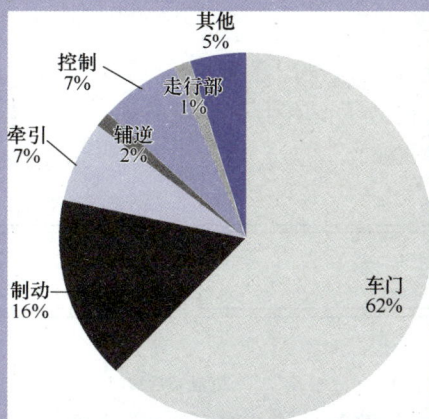

图 3-1　列车各大系统故障导致晚点（5min）的比例

（上海轨道交通列车车门系统可靠性研究（2010 年））

课题一 车门分类

【课题引入】

思考：地铁列车上一共有多少种类型的车门？分别布置在哪里？在单司机制情况下，如果需要站务人员协助处理车门故障，你能顺利找到故障车门吗？

【学习目标】

1. 掌握按驱动方式分类时车门的类型。
2. 掌握按功能分类时车门的类型。
3. 能指认列车上不同类型的车门。

城市轨道车辆门系统是乘客及司机上下车的通道，是车辆车体的一个组成部分，它不仅与客车的动力性、经济性、综合性能密切相关，而且对协调客车的整体造型起着重要的作用。门系统的外形设计、开合方式以及加工制造与控制方式都影响着客车外形的美观与动感，而且直接影响城市轨道车辆的安全运营状况。因此，车辆门系统的重要地位是其他任何部件所不能取代的。

目前，国外知名的车辆门系统厂家包括德国 BODE、奥地利 IFE、日本 Nabco、法国 Faiveley 等。随着我国铁路客运的不断发展，世界各国的车辆门系统纷纷涌入我国，这些门系统生产公司有的已经进入我国成立了合资公司，参与到国内的市场竞争中。

我国掌握车辆门系统技术，并能为各大车辆厂提供配套及技术支持的厂家主要有南京康尼、北京博得、上海法维莱和青岛的 IFE-威奥。这些厂家正逐渐走出国门，成为国际著名车辆生产企业，如法国阿尔斯通、德国西门子、加拿大庞巴迪等公司的车门供应商。

一、按功能分类

城市轨道交通车辆门系统（地铁车门系列）包括客室侧门、驾驶室侧门、驾驶室后端门、客室端门和紧急疏散门，包含了所有上下车辆的通道。各类车门的位置如图 3-2 所示。

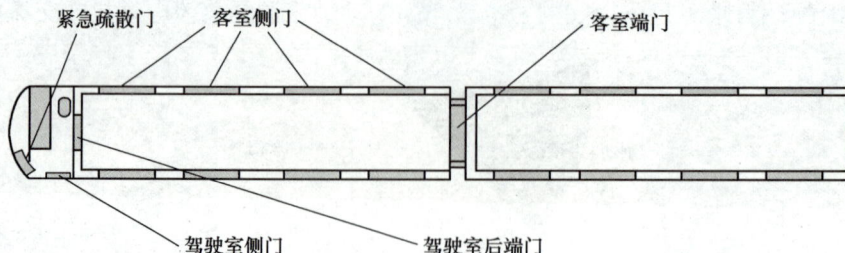

图 3-2　各类车门位置示意图

想一想　根据车门的不同位置，说出各类车门的功能及应用时机。

客室侧门是乘客上下列车的通道，我国设计生产的列车一般在每节车厢两侧对称布置 4 对或 5 对车门，多为电动车门。地铁列车运营时超员情况严重，致使其客室侧门的安全性和可靠性设计显得尤为重要。

驾驶室侧门多采用一扇单叶的内藏式手动移动门，分别设置在驾驶室两侧墙上。驾驶室侧门多采用手动控制，以供乘务人员上下车。

驾驶室后端门是在驾驶室后端墙中间设置的一个与客室相通的通道门。司机可以由后端门进入客室车厢，并通过客室车厢、后端门，进入另一端驾驶室。在客室一侧设置了紧急开门装置，正常情况下不允许乘客开启，当乘客发现危险性事故等特殊情况时，可以起用紧急拉手，开启后端门。

客室端门设置在两节车厢之间的贯通道位置，也称为列车贯通门，它们将列车按编组分成若干个独立空间。现代地铁列车基于列车容量、乘客在各车厢的均匀分布、突发事件疏散等因素的考虑，已经取消了客室端门。

紧急疏散门设置在带驾驶室车厢的前端墙上，如图 3-3 所示。列车在隧道内运行时一旦发生火灾等危险事故，司机可打开紧急疏散门，引导乘客通过紧急疏散门走向路基中央，然后向最近的车站疏散。

图 3-3　列车紧急疏散门

二、按驱动方式分类

按照驱动系统的动力来源不同，可将车门分为电动车门、气动车门和手动车门。

气动车门的动力来源是驱动气缸，电动车门的动力来源是直流电动机或交流电动机。与气动车门相比，电动车门具有结构简单、易于控制、故障率低、维修工作量少等特点，正越来越多地被应用到地铁列车系统当中。

手动车门也称为机械式车门，它不需要任何驱动装置，必须手动操作车门。为了应对断电等突发事件，列车的紧急疏散门即为手动车门。

【课后习题】

简答题

简述城市轨道交通列车门的类型和功能。

课题二 客室车门

【课题引入】

2003 年 2 月 18 日，韩国大邱市地铁中央路站发生火灾，造成 198 人死亡，146 人受伤，298 人失踪。经调查，列车进站后，一名中年男子点燃了手中的易燃物，抛至车厢，导致本列 6 节编组列车起火，4min 之后，另一列沿与起火列车相反方向驶来的列车也进入中央路车站，载有旅客约 400 人。后进站的这组列车的驾驶员因为害怕有毒气体进入车厢而没有及时打开车厢门疏散乘客。等他再想打开列车的车门时，电被切断了，全体乘客都被关在了黑暗的车厢内，而大多数死者都是这列列车上的乘客，如图 3-4 所示。

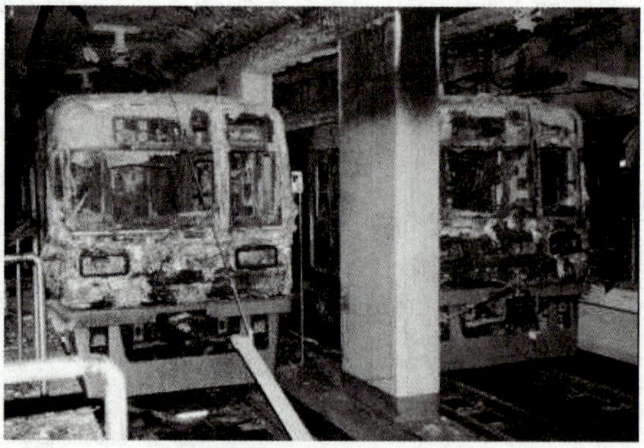

图 3-4　韩国大邱火灾中被烧毁的列车

思考：在紧急情况下，站务人员如何打开客室车门？

【学习目标】

1. 能判断客室车门的类型。
2. 能指认客室车门的结构。
3. 掌握客室车门的控制原理。
4. 能在正常情况及故障情况下控制客室车门。

一、客室车门的作用及设计要求

城市轨道交通车辆的客室车门均匀地分布在列车车体两侧，便于乘客乘降列车。根据城市轨道交通自身的特点，客室车门应满足以下要求：

1）有足够的有效宽度，保证乘客能无障碍通行。
2）车门要均匀分布，以方便乘客上下车，使乘客在车厢内能均匀分布。
3）有足够数量的车门，以使乘客上下车时间满足地铁列车运行密度的要求。

4）车门附近有足够的空间，避免上下车乘客发生冲突，方便乘客上下车时周转。

5）设置自动开关，节省设备操作时间和减少人力劳动。

6）设置应急开关和防夹人功能，以确保乘客的安全。

7）具有较高的可靠性，保证系统的正常运营。

8）美观、简洁，满足现代人的审美。

二、客室车门的类型

按照开关门时车门的运动轨迹以及车体的安装方式不同，客室车门可分为内藏嵌入式车门、外挂式车门和塞拉门。

1. 内藏嵌入式车门

内藏嵌入式车门简称内藏门，车门开/关时，门叶在车辆侧墙的外墙板与内饰板之间的夹层内移动，如图3-5所示。内藏嵌入式车门是地铁和轻轨列车普遍采用的一种车门系统，具有如下优点：

图3-5　内藏嵌入式车门

1）结构简洁、可靠，占用车辆的空间小。

2）对车辆与站台之间的距离要求低，有利于车站建设成本的降低。

3）平移的动作轨迹具有较高的抗乘客挤压能力。

4）维护成本相对较低。

2. 外挂式车门

外挂式车门因其门扇和上、下导轨均设置在轨道车辆的车外侧，门扇通过移动机构挂在外部上导轨上而得名。外挂密闭电动门系统如图3-6所示，它是在传统外挂移门系统的基础上，增加了微小的塞拉行程，使得该门系统既具有塞拉门良好的密封性能，同时保持了外挂移门结构简单、重量轻、易安装调整的特点，是传统外挂移门系统的升级和替代产品。外挂式车门具有如下优点：

1）结构简洁、可靠，占用车辆的空间小。

2）密封性能好，极大地提高了乘客的舒适度。

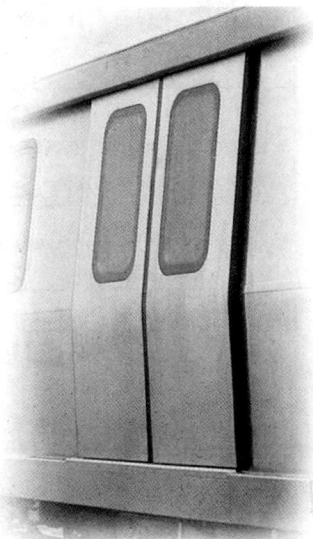

图3-6　外挂密闭电动门系统

3）能最大限度地保证在乘客拥挤状态下实现正常开、关门功能。

3. 塞拉门

塞拉门如图 3-7 所示，车门关闭时，车门外表面与车体外表面平齐，在开门过程中，车门门扇沿车体运行方向和车外方向复合运动，在运动过程中具有塞和拉两种动作，呈塞拉状态而得名。塞拉门开启时，由锁闭位置向车外方向摆出，使之打开；塞拉门关闭时，由开门位置向车内方向塞拉，使之关闭。铁路客车的塞拉门分为内塞拉门和外塞拉两种，分别由车内或车外塞入门口处。日本采用内塞拉门，欧、美一些国家大多采用外塞拉门。我国目前采用的是外塞拉门。电动塞拉门是地铁和轻轨列车普遍采用的一种车门系统，该系统较复杂，与传统的内藏式车门和外挂式车门相比较，该系统具有如下优点：

1）密封性能良好，对噪声有较好的屏蔽作用，同时可降低客室空调的能耗。

图 3-7 塞拉门

2）由于车门在关闭状态时，门叶外表面与车体侧墙在同一平面内，有利于列车高速运行时减小空气的阻力。

3）可靠性高，控制智能化。

4）列车外观平滑，整体和谐美观。

各种类型车门的性能比较见表 3-1。

表 3-1 各种类型车门的性能比较

序号	项 目	外挂式车门	内藏嵌入式车门	塞拉门
1	气密性	密封比较简单，车门的密封部件直接暴露于气流中，且车门与车体的密封只有一对密封条	密封性能较外挂式门好，原因如下： 1）车门不直接暴露于气流中 2）从车体外到车厢内部有两组密封条，气流不容易进入客室	气密性好，但是容易过压
2	关门时间	关门时间较短，实际关门时间主要依赖于车门的净开度，通常≥2.5s	关门时间较短，实际关门时间主要依赖于车门的净开度，通常≥2.5s	关门时间由拉和塞两个时间组成，因此，较移动门的关门时间长 1s
3	外观	车门位于车体侧墙外侧	门叶藏于车体侧墙的外墙与内护板之间的夹层内	当门完全关好后，与车体外墙成一平面
4	车辆限界及对限界的影响	由于车门悬挂于侧墙的外侧，为满足车辆限界要求，在一定程度上减小了车体的宽度，但车门之间的有效空间最大	由于藏于侧墙内，在一定程度上减小了车辆内部的宽度，同时也会减少载客量	车辆内部宽度最大，但是由于塞拉门有立柱，因此乘客站立面积没有外挂式门大
5	维修	结构简单，维修工作量和维修时间较少，可以快速更换门叶，而且可以从外部进行维修	结构简单，维修工作量和维修时间较少，门叶更换较外挂式门复杂，可以从内部对车门进行维修和调整	结构复杂，维修量较大，维修时间长。可以从内部对车门进行维修和调整

（续）

序号	项目	外挂式车门	内藏嵌入式车门	塞拉门
6	隔噪能力	隔噪效果主要取决于门叶与车体的接口面	隔噪效果较外挂式门好	密封性好，具有较好的隔噪性
7	关门过程中可能出现的问题	由于关门过程为直线运动，且关门时间较短，因此关门受阻的可能性较小	由于关门过程为直线运动，且关门时间较短，因此关门受阻的可能性较小	由于内部容易过压，最后一个门在关门的时候可能较难关上。门在塞的过程中可能由于乘客堵在车门口，而使关闭方向受阻，尤其是在大客流的情况下
8	开门过程中可能出现的问题	开门时，车门可能会碰到站台上靠近列车的乘客，从而进入障碍物探测状态。如果在站台上安装屏蔽门，则不会出现这种问题	如果门槛中有异物，则开门过程可能受阻	开门时，车门可能会碰到站台上靠近列车的乘客，从而进入障碍物探测状态。如果在站台上安装屏蔽门，则不会出现这种问题
9	可靠性	部件少，可靠性高	部件少，可靠性高	部件数量多，而且机构的运动较复杂，故可靠性较低
10	质量	较塞拉门轻	较塞拉门轻	较重（加上车体接口等），比前两种门重 40~50kg/门
11	窗	与客室窗无干涉，窗户的宽度可达到最大	由于内藏嵌入式门需要在侧墙内滑动，因此，客室窗的宽度受到了影响	与客室窗无干涉，窗户的宽度可达到最大
12	费用	较塞拉门低很多，和内藏嵌入式门差不多	较塞拉门低很多，和外挂式门差不多	较外挂式门和内藏嵌入式门造价高很多
13	操作环境	适用于大客流量环境，不适用于高速车辆	适用于大客流量环境，不适用于高速车辆	不适用于大客流量环境，适用于高速车辆（120~140km/h）

> **议一议** 回顾你熟悉的线路车辆，总结各线路车辆采用的是上述哪种客室车门类型。

三、客室车门的结构

城市轨道交通车辆客室车门是一种机电一体化设备，不同类型客室车门的组成略有不同，但基本构成都是一样的，包括机械部分和电气部分，如图3-8所示。

1. 机械组成

（1）左、右门叶 左、右门叶为铝蜂窝复合结构，具有铝框架、铝蒙板和铝蜂窝芯，采用热固化。为加强机械强度，蒙板的周边都包在铝框架上。门板的内、外装饰与车体内、外墙装饰一致。

除了一些必要的、用于支承门扇和实现门扇导向运动的部件外，门扇内表面是平的。窗

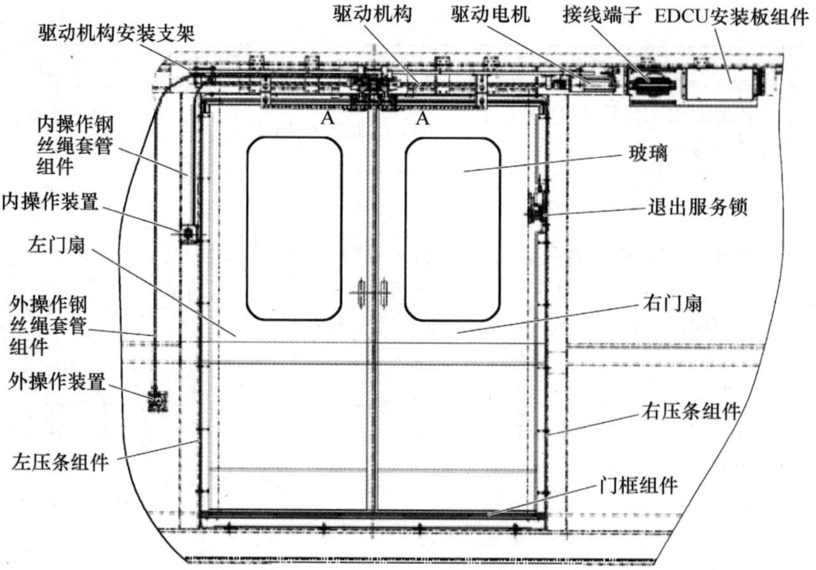

图 3-8　客室车门的结构

玻璃黏接到门扇上并与门扇的外表面平齐。门扇周边装有胶条，以实现门的周边密封。门扇前沿装有一个特殊的中空胶条，以防夹住障碍物。

（2）车门悬挂及导向机构　车门悬挂及导向机构由吊架及携门架等部件组成，用于机构部件与车体之间的连接，并承载左、右门叶及相应导向、驱动机构，如图3-9所示。

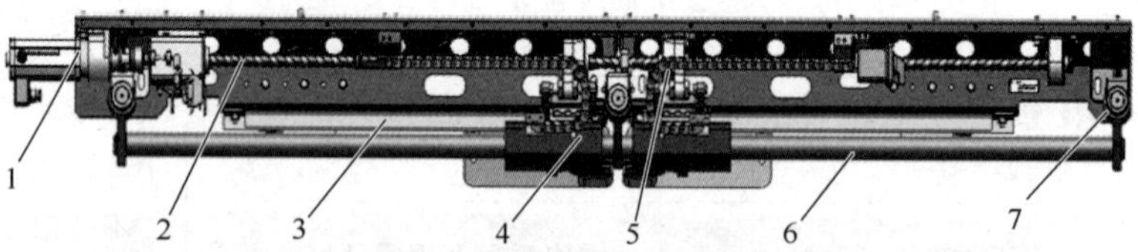

图 3-9　电动塞拉门的结构

1—电机　2—丝杠　3—上导轨　4—携门架组件　5—传动螺母　6—横向导柱　7—纵向导柱

（3）车门驱动装置　车门驱动装置采用的是 DC 110V 电源供电的带减速器的直流电机，安装在顶部机构上。电机正转或反转，带动传动装置运动，实现车门的开/关动作。

（4）车门传动装置　常见的车门传动装置有两种：丝杠、螺母副和齿形带与齿带夹。

对于丝杠螺母副传动装置，门动作由电机驱动丝杠（对于双叶门，丝杠一半是右旋的，一半是左旋的）来实现。螺母与门扇相连，门扇通过携门架系统实现运动。

对于齿形带与齿带夹传动装置，驱动电机得电旋转，输出到电机齿带轮，齿带轮旋转带动齿形带动作，从而使齿形带在齿带轮之间做直线运动。齿形带在做直线运动的过程中，通过齿带夹带动左、右门吊板组件在安装底板的导轨中做方向相反且同步的运动，进而门吊板组件将运动传递给左、右门板，使其在门框范围内做开/关门的动作，如图3-10所示。

（5）锁闭解锁装置　锁闭解锁装置用于保证车门关好后处于锁闭状态，并在接收到开门指令时，能解锁释放车门。

（6）内部紧急解锁装置　为便于乘客在列车出现意外危险的情况下可以及时、迅速地

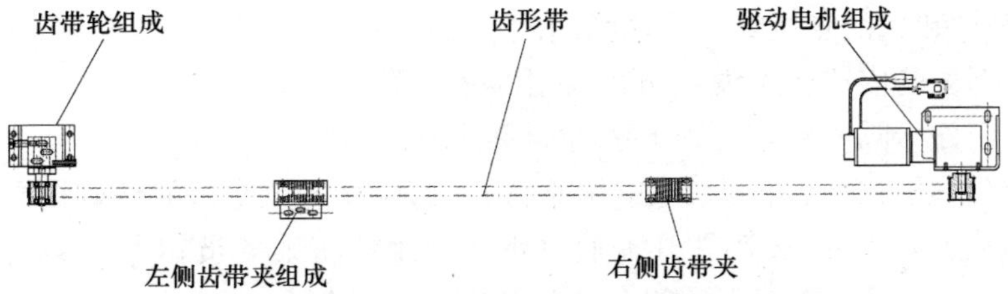

图 3-10　齿形带与齿带夹传动装置

疏散，在客室车厢指定门内部罩板上或门框上配备了内部紧急解锁装置。通过钢丝绳组件将内部紧急解锁装置与车门锁闭装置相连接，如图 3-11 所示。当旋转内部紧急解锁装置的解锁扳手时，钢丝绳带动紧急解锁装置旋转，解锁释放车门，同时触发相应的行程开关，提供客室门系统被紧急解锁信号。

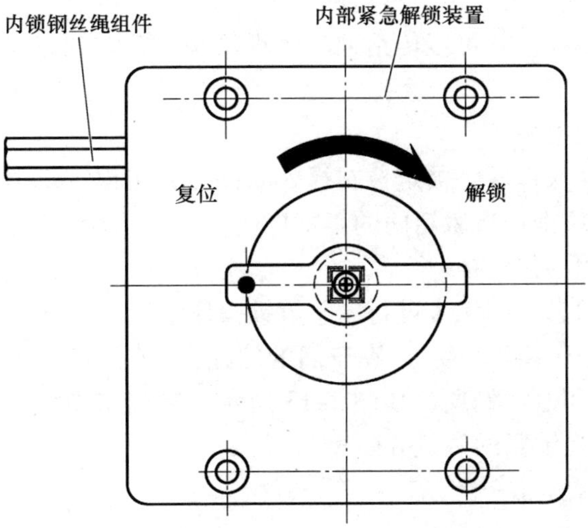

图 3-11　内部紧急解锁装置

　　内部紧急解锁装置有清楚的标记，平时由保护外罩罩住。日常检修时需打开保护外罩，被授权人员可以通过专用钥匙进行操作；紧急情况下，乘客可以打开保护外罩，操作解锁扳手实现车门解锁。

　　在紧急情况下需要从客室内打开门时，必须首先打开保护外罩或由被授权人员使用专用钥匙，然后操作内部紧急解锁装置。操作该装置后，能实现以下功能：

　　1）当车辆处于零速状态（车速≤5km/h）时，无论门系统工作是否正常（门系统隔离状态除外），紧急操作时均可以通过钢丝绳实现门的机械解锁并手动开门，手动开门最大作用力为 150N；当车辆车速大于 5km/h 时（非零速状态），操作内部紧急解锁装置，手动开门力大于 200N，并且手动开门力撤离后，门系统趋向于关门。操作解锁扳手所需的最大转矩不超过 15N·m。

　　2）紧急操作后，紧急解锁信号可以传给列车监视系统，并在列车司机控制屏上显示哪个门的解锁装置被起动。

　　3）门系统上蜂鸣器鸣叫报警。

　　4）内部紧急解锁装置经操作后将被定位在操作状态，并可以手动复位。根据给定的信号，内部紧急解锁装置的复位操作将激活门的正常操作。

5）该装置部位的内罩板上设有防止滥用的保护罩。

6）如果此门处于隔离状态，则无法进行紧急解锁操作。

（7）乘务员钥匙开关（外部紧急解锁装置）　每辆车指定车门的外侧设乘务员钥匙开关（外部紧急解锁装置），乘务员钥匙开关通过钢丝绳组件将乘务员钥匙开关与紧急解锁装置相连接，如图 3-12 所示。在车门关闭并锁闭状态下，被授权人员可以通过专用钥匙经乘务员钥匙开关将车门紧急解锁，同时触发相应的行程开关，提供客室门系统被紧急解锁信号。

操作该装置后，能实现以下功能：

1）当车辆处于零速状态（车速≤5km/h）时，无论门系统工作是否正常（门系统处于隔离状态除外），紧急操作时均可以通过钢丝绳实现门的机械解锁并手动开门，手动开门的最大作用力为 150N；当车辆车速大于 5km/h 时（非零速状态），因此装置设于车外故无法进行操作。操作解锁扳手所需的最大转矩不超过 15N·m。

2）紧急操作后，紧急解锁信号可以传给列车监视系统，并在列车司机控制屏上显示哪个门的解锁装置被起动。

3）门系统上蜂鸣器鸣叫报警。

4）外部紧急解锁装置经操作后将被定位在操作状态，并可以手动复位。根据给定的信号，外部紧急解锁装置的复位操作将激活门的正常操作。

5）该装置设有防止滥用的保护锁。

6）如果此门处于隔离状态，则无法进行紧急解锁操作。

（8）门隔离装置（门故障切除装置）　在车门的门柱上（或门罩板里）装有一隔离锁装置，用于实现门的机械锁闭和电气隔离，如图 3-13 所示。在门出现故障不能进行正常服务时，可以手动将门移至关闭且锁紧的位置并隔离门。

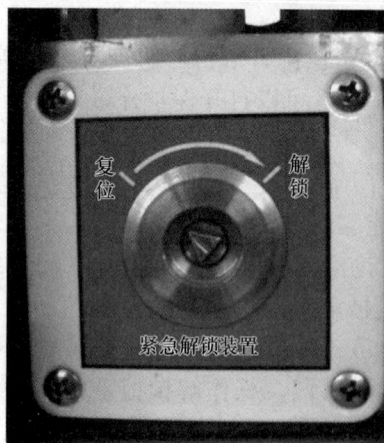

图 3-12　乘务员钥匙开关　　　　图 3-13　门隔离装置

（9）车门密封装置　一套安装在车体上的密封型材包括上压条、左侧密封条、右侧密封条、车门槛、车门上的密封胶条等，以保证车门的密封效果。

2. 电气组成

（1）门控器（EDCU，Electronic Door Control Unit） 门控器组成主要包括门控器以及门控器支架。门控器是整个客室车门系统的"大脑"，每个车门都设置一个门控器，所有的控制命令均由门控器控制。一方面，EDCU 接收、检测来自驾驶室控制单元的控制命令，根据当前状态条件执行相应的动作控制流程；另一方面，EDCU 实时监测车门状态和故障信息，并向 TCMS（列车控制与管理系统）汇报，如图 3-14 所示。

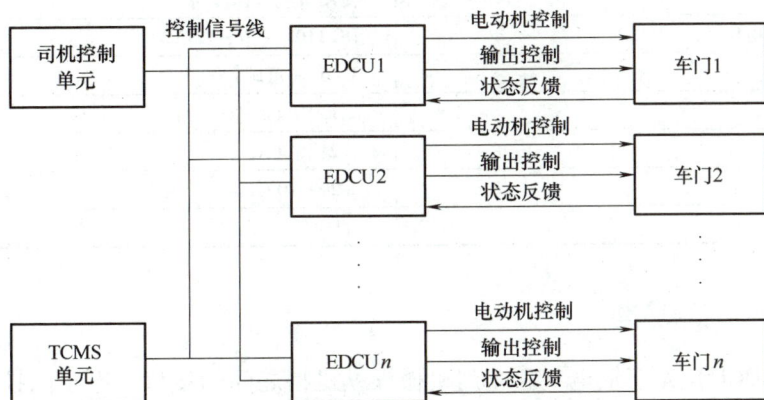

图 3-14　EDCU 的控制原理

（2）各种行程开关 各种行程开关组成的主要用途是负责监测车门的不同状态，对客室门系统的各种状态给予信号（包括门关好信号、门开好信号、隔离信号、紧急解锁信号等）。

（3）端子排 端子排组成主要用于车门系统的配线连接，包括门系统内部的电气连接以及与列车线之间的连接。

（4）其他附件 其他附件组成包括单门试验开关以及蜂鸣器。单门试验开关可以在没有列车控制的情况下，单独控制车门的开闭；按下按钮后，门开启，再次按下按钮，门关闭。每套车门的门控系统中均装有蜂鸣器，在开关门动作前，均给予蜂鸣音提示。

每个车门均设有状态指示灯，用于提示车厢内、外乘客当前车门的状态，如图 3-15 所示。

图 3-15　车门状态指示灯

> **看一看** 观察你经常乘坐的地铁线路列车的车门状态指示灯，看一下有几个指示灯，分别是什么颜色，在什么情况下点亮，指示灯闪烁还是常亮，有什么区别。

四、客室车门的技术参数

根据 GB 50157—2013《地铁设计规范》的设计标准，我国城市轨道交通客室车门的主要技术参数见表 3-2。

表 3-2 客室车门的主要技术参数

项　目	参　数
有效开度	(1300±4) mm
净开高度	(1800±10) mm
驱动装置	电动机或气动驱动装置
传动机构	传动带或丝杠传动
门控装置的工作电压	DC 110V (77～121V)
开、关门时间	3～5s (可调)
车门关紧力	≤150N (每个门叶)
车门隔声量	≥21dB (A)
环境温度	-20～70℃
环境湿度	≤90%

五、客室车门的功能

门控器 (EDCU) 是车辆电气和车门机械操纵机构之间的接口,电子门控单元对车门的控制由可编程序控制器实现。车门电气控制原理框图如图 3-16 所示。当零速信号有效且有开门使能信号时,EDCU 接收到开门指令后,将控制车门电动机朝开门方向动作,并将车门的相关状态传送给列车控制及诊断系统;关门是一个相反的过程。同时,车门具有零速保护和安全联锁电路,开关门有报警装置、障碍物检测等安全保护措施。

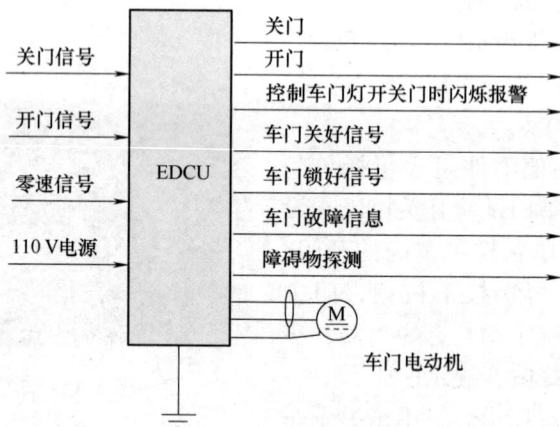

图 3-16 车门电气控制原理框图

1. 初上电自检关门

1) 门控器初上电时,先检测门是否关到位,如果门没有关好,车门将自动关门到位;若门关闭,则保持关闭状态不动。

2) 上电自动关门时,若门超过时限 (10s) 不能完全关闭,则该门开关门指示灯常亮。此时可继续对该门进行开关操作,操作时伴有蜂鸣提示。经过再次关门操作后,只要门被完全关闭,该开关门指示灯即灭。

3）上电关门并完全关闭好后，门控器即处于待命状态。

2. 电控开门

1）只有在车辆处于静止状态（车速≤5km/h），隔离锁未锁闭，且无紧急解锁时，才可以进行电控开门操作。

2）开门操作可通过集控开门或服务按钮来打开相应的门，开门信号为脉冲信号。门控器收到开门信号后（延时0～3s，可调），蜂鸣器开始鸣叫，门开始动作，车门开启，开关门指示灯点亮。开门是否到位是门控器依据编码器输入的两路脉冲信号及对电机电流的实时监控来判断的，调整门的定位止挡，可随时调整门的净开度（可在1300～1310mm范围内调整净开度）。

3）开门信号生效后，若超时（如超过10s）门没有打开（闭锁信号不消失），则该门的门控器报警，这时仍可对该门再次进行开关操作。

4）开门操作需保持200ms，开门信号才能生效，操作时间短暂会被忽略。

5）被隔离锁锁闭的门，门控器对该门的任何电控信号均失效。

3. 电控关门

1）只有在车辆处于静止状态（车速≤5km/h），隔离锁未锁闭，且无紧急解锁时，才可以进行电控关门操作。

2）关门操作可通过集控关门、试验按钮功能键之一来关闭相应的门。门控器收到关门信号后（延时0～3s，可调），蜂鸣器开始鸣叫，门开始动作。同时，门控器接收到关门指令后，橙色指示灯开始闪烁，直至门完全关闭后灯灭。

3）在门扇正常关闭的过程中，如果发生受阻信号（门防挤压功能最小障碍物检测尺寸为25mm×60mm），门会停止关闭并自动开启（此时没有蜂鸣声响），车门完全打开后自动再次关闭（关闭时有蜂鸣器提示一声）。若门不断受阻，则该门不断重复上述过程3次。第4次如果车门仍未关好，车门将停在障碍物大小位置，门控器报警。

4）若门关闭时没有受阻信号且门被关闭，但是门控器没有收到完全关闭信号，又超过时限（10s），此时门控器将停止该次关门动作，门控器报警。但对该门可继续再进行电控开关门操作。

5）关门操作需保持200ms，关门信号才能生效，操作时间短暂会被忽略。

4. 手动开关门

只要隔离锁未锁闭，在任何情况下，车内紧急解锁均可实现机械手动开、关门操作。当车速≤5km/h时，电机断电，门可自由开启；当车速＞5km/h时，电机应保持一定的维持电流，此时需要克服最小150N的力，才能实现手动开门，当开门力消失后，门可以停在任何位置保持静止状态。

当车速≥5km/h时，开门力 = 电机闭锁力 + 断电时的开门力

注意： 在紧急解锁和门控器断电时，开/关门动作时电机转动，此时电机处于发电状态，门控器电路将电机发出的这部分电能释放掉，以保证手动开关门灵活自如。

5. 开关车门的二次缓冲功能

关闭的门接收到开门指令时，首先高速开门，在将要开门到位时，转为低速开门；全开的门接收到关门指令时，首先高速关门，在将要关门到位时，转为低速关门。开、关门时间可以通过调节软件来调整。

6. 防夹人/物功能

防夹人/物功能又称为障碍物探测重开门功能。关门时，若碰到障碍物，则障碍检测功能将被激活。如果关门时碰到障碍物，则车门打开200mm，再重新关闭。如果障碍物仍然存在，则再进行这一循环将如此循环3次；若仍有障碍物，车门将保持在完全打开的位置，司机须再次操作关门开关来关闭车门。

障碍物检测系统有两种监测方式：

（1）电机电流监测 每次关门过程中，电机正常关门电流曲线已被存储并自动调整，如果电机的实际电流超过额定值，则障碍检测功能被激活。最大电流值并不恒定，由门的位置和前几次关门运动的电流决定。

（2）路程/时间监测 通过门位置传感器的检测，将门的运动分成距离段，如果在给定的时间内门未通过这些距离段，则障碍检测功能被激活。

7. 单个车门故障切除功能（故障车门隔离）

当某个车门不投入运行或车门出现故障而不能及时修理时，可锁闭隔离锁。当隔离锁锁闭后，隔离锁将车门机械锁锁闭，同时将隔离信号传至门控器，自动切断该车门的控制回路，并向车辆计算机报告该车门退出服务，以保证车辆的正常运行。

8. 零速保护功能（列车行驶自动锁闭功能）

列车运行时，当车速大于5km/h时，列车所有完全关闭的车门被"5km/h信号"锁闭，没有完全关闭的车门将自动关闭并被"5km/h信号"锁闭。在车速大于5km/h时，自动关门过程中发生挤压时，车门停在原处，3s后继续关门。

9. 安全联锁电路（安全回路）

锁闭开关检测到车门完全关闭后，其常开触点闭合，同一节车同侧所有车门的锁闭开关常开触点串联，形成关门安全联锁电路。

一列车的关门安全联锁电路形成环路，所有车门关好后，驾驶室内"门已锁闭"指示灯亮，列车方可起动。列车左右侧安全联锁电路完全隔离，无共用元件。

由于车门的状态关系到乘客及运营安全，为确保列车运行过程中车门正确锁闭，只要检测到某个车门没有正确锁闭，列车便无法起动。

想一想 在运行过程中，如果有乘客将紧急解锁手柄拉下，列车将如何动作？

10. 门全关旁路功能

在驾驶室后面的电气柜中，设有一个带铅封的车门全关闭旁路开关，如图3-17所示。

当列车客室车门安全联锁环路发生故障，不能使列车门全关闭继电器得电或因列车门全关闭继电器本身故障造成列车无法牵引时，可闭合车门全关闭旁路开关，直接接通牵引电路，使列车在司机的控制下"强制"牵引（必须确认列车的所有车门已关闭到位），进行非正常运行。

11. 门使能旁路功能

当车门控制线出现故障，车门无法响应命令时，可尝试使用门使能旁路开关控制车门的动作，以维持列车的运行。

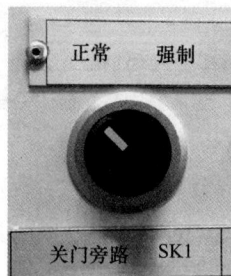

图3-17 车门全关闭旁路开关

12. 故障自动诊断与显示

车门控制系统具有故障自动诊断功能和车门状态指示功能。故障诊断功能可以用数值或 LED 显示，不同数值或 LED 的组合代表不同的故障现象。

在线诊断软件可通过 RS232 接口与计算机连接，从而对车门的状态和故障实现在线诊断。诊断软件可在 Windows2000/WindowsXP 操作系统下运行，且对计算机无特殊要求。

六、客室车门的操作

因为客室车门数量多（A 型车一节车有 10 对车门，B 型车一节车有 8 对车门），动作频繁，所以车门是站台作业的关键设备，也是故障频发设备。特别是在单司机制情况下，一名司机很难保证在 5min 内处理好车门故障，因此，需要站务人员的协助与配合，才能够顺利找到故障车门，并正确处理车门故障。

1. 正常情况下车门的控制方式

列车司机在每次出车前必须进行开关门试验，在确认门的各种动作及所有显示均正确后，方可出库运行。在确认各车车门电源正常后，确认头车控制，然后进行开、关门操作。

（1）车门控制方式选择　首先通过"开门模式选择"开关（或"开门方式选择"开关）选择车门的控制方式，如图 3-18 所示。开门模式选择开关有两种控制模式：自动和手动。

手动模式（M/M）：手动开门，手动关门。

自动模式（A/M）：自动开门，手动关门（只有在列车自动驾驶模式下才能使用）。

（2）列车在各种运行模式下的开关门选择　在 ATO 模式（列车自动驾驶）下，打开车门由列车自动控制或人工控制，但仅在车载信号设备给出门释放信号时才允许操作。车载

图 3-18　开门模式选择开关

信号设备仅在列车停准在站台的情况下才给出允许信号。在该驾驶模式下，司机人工关门，一旦停站时间结束，人工关闭车门、站台安全门，列车司机按下发车按钮，列车起动离站。

在 ATP 模式（带防护的人工驾驶）下，开、关车门由司机人工控制，但开车门仅在车载信号设备给出门释放信号时才允许操作。

在 RM 模式（限制人工驾驶）下，开、关车门由司机人工控制，开门考虑车载信号设备允许信号。

在 NRM 模式（非限制人工驾驶）下，司机将"零速选择"开关闭合，TCMS 系统输出的零速信号回路导通；将左侧或右侧车门的"门使能"开关闭合，手动打开车门。

（3）开左门（或右门）操作　首先操作司机控制台上的左/右门选开关，选择左侧（或右侧），门允许指示灯点亮后，操作司机控制台上或左侧屏（或右侧屏）上的开左门（或右门）按钮，实现列车开左门（或右门），司机控制台上的开门指示灯点亮，关门指示灯熄灭，司机控制台上监控显示屏显示开门状态。

（4）关左门（或右门）操作　操作司机控制台上的左/右门选开关，选择左侧（或右侧），司机操作司机控制台上或左侧屏（或右侧屏）上的关左门（或右门）按钮，经过一段时间的延时后，左门（或右门）全关闭，此时客室门蜂鸣器响，司机控制台上门全关闭指示灯亮。

注： 在 ATO 驾驶模式下，将"开门方式选择"开关扳到"自动"位，由 ATO 系统控制列车左、右门的开启，由人工进行关门操作。

2. 客室车门的故障处理

由于客室车门的开关频率非常高，每天每对车门至少开关 300 次以上，因此容易出现故障。客室车门的故障会直接影响乘客的出行，给乘客和运营公司带来损失。因此，当车门发生故障时，需要司机和站务人员立即做出反应，在最短的时间排除故障，恢复正常运营。

（1）部分车门无法关闭故障

1）司机。当司机发现一对或一对以上车门无法关闭时，尝试把车门开关三次，如果不成功，会上报行车调度员，并把所有安全门/车门重新打开，等候站务人员来处理，同时用广播通知乘客列车有所延误。

2）站务人员。

① 收到值班站长的通知后，复述故障车门位置和状态，把手台调到"正线组"，立即携带处理工具备品（钥匙、门故障帘和告示，如图 3-19 所示）赶往现场。

② 到达现场后，马上用手台报告行车调度员，如果不能与行车调度员联络上，应先处理事故。

③ 确定故障车门位置，检查是否有异物，如图 3-20 所示。

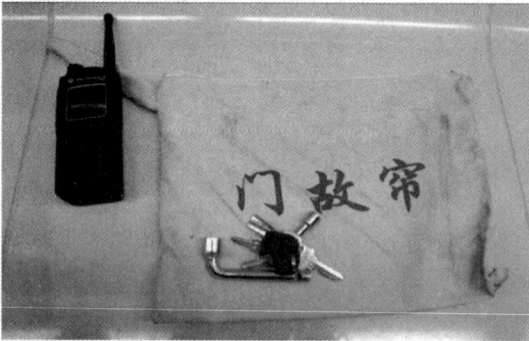

图 3-19 门故障处理工具备品

图 3-20 检查车门处是否有异物

具体情况 1： 有异物，且能取出。

发现有异物后应马上取出，用手台通知司机按"关门"按钮一次。如果司机确认车门关闭成功，则通知行车调度员；如果车门仍然不能关闭，则用力把车门关上并反向试拉一次确认车门已关闭，然后用手台通知司机再按一次"关门"按钮。如果司机确认列车监控显示器上显示车门关闭成功，站务人员需将车门隔离，并检查门侧面的门缝，确认锁止门闩落入门扇锁止卡槽内（听到两声"咔"的声音）。并通知行车调度员隔离成功。接着把告示贴到车门内侧，跟车到下一个车站后返回原站。

如果司机确认列车监控显示器显示车门关闭不成功，则马上隔离车门，通知行车调度员。站务人员通知司机车门处理完毕、发车，然后跟车监护，确认无误后回原工作岗位。

如果手动操作也不能把门体关闭，则上报行车调度员。当只有一对车门关不上时，挂好门故障帘，如图 3-21 所示，通知司机车门处理完毕、发车，跟车监护，提醒乘客远离故障车门，确认无误后回原工作岗位。当有两对或两对以上车门关不上时，上报行车调度员，听候行车调度员命令清客。

具体情况2：有异物，但不能取出。

发现有异物，经尝试无法取出时，尝试将故障门拉一半，若可以拉动，则再次尝试能否取出异物。若仍无法取出，则报行车调度员，听候调度命令；若可以取出，则按照具体情况1的程序处理。

具体情况3：无异物。

用力把车门关上并反向试拉一次确认车门已关闭，用手台通知司机再按一次"关门"按钮，如果司机确认列车监控显示器上

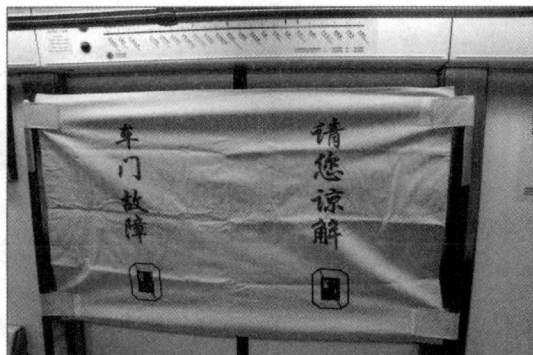

图3-21 车门故障帘的使用

显示车门关闭成功，则把车门隔离，并检查门侧面的门缝，确认锁止门闩落入门扇锁止卡槽内（听到两声"咔"的声音）。通知行车调度员隔离成功，把告示贴到车门内侧，然后跟车到下一个车站才返回原站。

如果司机确认列车监控显示器显示车门关闭不成功，则马上隔离车门，通知行车调度员。通知司机车门处理完毕、发车，跟车监护确认无误后回原工作岗位。

如果手动也不能把门体关闭，则上报行车调度员。当只有一对车门关不上时，挂好门故障帘，通知司机车门处理完毕、发车，跟车监护，提醒乘客远离故障车门，确认无误后回原工作岗位。当有两对或两对以上车门关不上时，上报行车调度员，听候行车调度员命令清客。

【小贴示】

在车门无法关闭的故障处理中，站务人员应注意：

1）尝试取出异物时，注意安全，避免夹手。

2）提醒乘客注意安全，从其他车门上下车。

3）与行车调度员保持联系，听从行车调度员的安排（车门被隔离后，需要站务员跟车回段）。

（2）部分车门无法打开故障 在列车站台作业过程中，如果发现一对或一对以上车门无法打开时，应遵循以下操作程序。

1）司机。司机发现车门无法打开时，把车门开关三次，如果不成功，则采用门使能旁路进行开门操作，具体步骤如图3-22所示：①确认列车已停准；②确认列车监控显示屏上显示车门没有故障；③将"开门模式选择"开关打到"手动"位置；④将要开门侧的"门使能旁路"开关打到"旁路"位置；⑤按下相应的开门按钮开门。

如果仍不能打开车门，则上报行车调度员，并把所有安全门/车门重新打开，等候站务人员来处理，同时用广播通知乘客列车有所延误。

2）站务人员。

① 收到值班站长的通知后，复述故障车门位置和状态，把手台调到"正线组"，立即携带处理工具备品（钥匙、门故障帘和告示）赶往现场。

图 3-22　门使能旁路开门操作

② 赶到现场后，马上用手台报告行车调度员，如果不能与行车调度员联络上，应先处理事故。

③ 用手反向拉车门，确认不能拉开后，将车门隔离。检查门侧面的门缝，确认锁止门闩落入门扇锁止卡槽内，然后通知行车调度员。把告示贴到车门内侧（如果没有告示，则通知行车调度员下一个车站派人送告示贴上），跟车到下一个车站才坐车回原站。

（3）列车监控显示器上显示车门红色故障　列车运营时，司机可以通过列车监控显示器查看列车的状态，包括网压、速度、时间日期等主要信息，以及车门、制动、牵引、空调等设备的状态，如图 3-23 所示。正常情况下，车门在关闭状态下显示为绿色，开启状态下显示为黄色，故障状态时显示为红色。当列车监控显示器上显示车门红色故障时，站务人员应遵循表 3-3 中的处理流程。

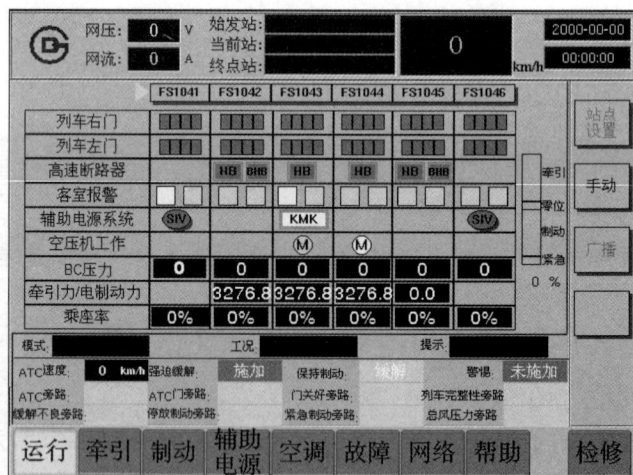

图 3-23　列车监控显示器门状态界面

表 3-3　列车监控显示器显示车门红色故障时的处理流程

人　员	操　作
值班站长	① 接到行车调度员通知列车车门红色故障（当判别故障车门是列车的非乘降侧时，需再次与行车调度员确认），复述故障车门位置和状态，把相关处理事故员工的"手台呼号"告诉行车调度员 ② 派站务员马上到现场进行处理，并提醒其把手台调到"正线组"。当故障车门为非乘降侧时，值班站长需向站务员强调是非乘降侧车门故障并要求其复诵

（续）

人　员	操　作
站务员	① 接到值班站长通知后，复述故障车门位置并用笔记录相关资料，把手台调到"正线组"后赶往现场 ② 到达现场后，查看车门状态并马上用手台报行车调度员 ③ 用手反向拉车门，确认车门无法打开后直接将故障车门隔离。检查门侧面的门缝，确认锁止门闩落入门扇锁止卡槽内。然后通知行车调度员，把告示贴在车门内侧（如果没有告示，则通知行车调度员下一个车站派人将告示贴上），跟车到下一个车站才坐车回原站 ④ 如该车门无法关闭，则按照"单对车门无法关闭"故障执行

（4）全列车门无法打开　在列车站台作业时，若全列车门均无法打开，则站务人员应遵循下列指示。

1）值班站长。前往站台列车后端驾驶室控制车门。

2）站务员。

① 接到综控室通知后将手台调到"正线组"，做好清人准备。

② 如整列车门开启，则进行清人作业；如整列车门无法开启，在接到"进行人工解锁车门"通知后，听从值班站长安排从车厢内部解锁车门。

③ 清人完毕后通知行车调度员。

站务人员进行车门故障处理作业的时间标准见表3-4。

表3-4　车门故障处理作业时间标准

站务员到现场确认，手台调到"正线组"向行车调度员汇报现场情况时间	30s
车门现场操作（隔离）处理时间	60s
处理完毕通知司机和行车调度员时间	10s

【新技术】

北京地铁1号线列车为我国首列设置自动伸缩轮椅渡板，以便于残疾人乘降的列车，如图3-24所示。

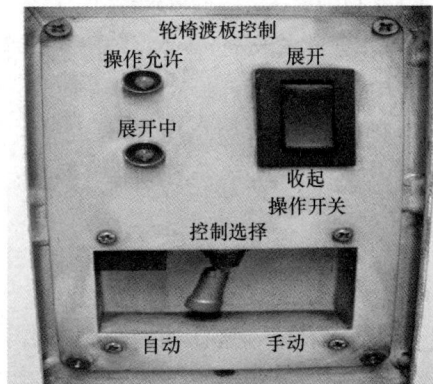

图3-24　轮椅渡板装置

【课后习题】

一、单项选择题

1. 北京地铁 14 号线列车（A 型车）每节车辆有_____对车门。

A. 3　　　　　　　B. 4　　　　　　　C. 5　　　　　　　D. 6

2. 在以下客室侧门系统中，隔声效果最好的是_____。

A. 外摆式车门　　B. 微动塞拉门　　C. 内藏嵌入式车门　D. 外挂式车门

3. 北京地铁 1 号线的客室车门门体形式为_____。

A. 外摆式车门　　B. 塞拉式车门　　C. 内藏嵌入式车门　D. 外挂式车门

4. 在电动塞拉式侧门机械结构中，属于传动机构元件的是_____。

A. 闭锁装置　　　B. 门体　　　　　C. 电动机　　　　　D. 丝杠螺母

5. 地铁电动列车电动门系统的电源是_____。

A. DC 60V　　　　B. DC 110V　　　C. DC 24V　　　　D. AC 220V

6. 门控制单元的英文缩写是_____。

A. EDCU　　　　　B. DCU　　　　　C. BCU　　　　　　D. ECU

7. 车门的零速保护功能是指当车速高于_____ km/h 时，视为车辆运行状态，没有完全关闭的车门将自动关闭。

A. 0　　　　　　　B. 2　　　　　　　C. 3　　　　　　　D. 5

8. 当车速大于_____ km/h 时，列车客室门将不能打开。

A. 0　　　　　　　B. 10　　　　　　C. 15　　　　　　　D. 5

9. 列车在运行过程中，门选向开关必须扳至_____位。

A. L　　　　　　　B. 0　　　　　　　C. R　　　　　　　D. 任意位置

10. 手动开关客室侧门使用的装置为_____。

A. 门隔离开关　　　　　　　　　　B. 门紧急解锁开关

C. 门旁路开关　　　　　　　　　　D. 开门按钮和关门按钮

11. 单个车门在关闭过程中若出现防挤压动作，且最终停留在开启状态，可使用_____按钮使未关好的车门关闭。

A. 开门　　　　　　B. 关门　　　　　C. 再开闭　　　　　D. 门旁路

12. 门控器在收到_____信号且相应侧的开关门按钮被按下后，对应侧车门才会产生动作。

A. 制动缓解　　　B. 门使能　　　　C. 牵引无流　　　　D. 屏蔽门打开

13. 地铁电动列车客室门具有防挤压功能，如果_____次未关好门，则此门报障碍物检知。

A. 1　　　　　　　B. 2　　　　　　　C. 3　　　　　　　D. 4

14. 当列车中某一车门因夹人或夹物等原因未能关好时，门控器会检测门控电机_____和持续时间判断门未关好，并自动完成本门再开闭动作，从而无需乘务人员进行操作。

A. 电压　　　　　　B. 转速　　　　　C. 电阻　　　　　　D. 电流

15. 当线上运行的列车有一扇客室侧门出现故障时，可以使用_____开关暂时将此扇门与车门集控系统的连接切断。

A. 车门紧急解锁　　B. 门隔离　　　　　　　C. 门旁路　　　　　　　D. 车门行程

16. 当司机确认客室车门都关好，但信号显示没有关好而无法发车时，可以使用_____开关，使列车出发。

A. 车门紧急解锁　　B. 门隔离　　　　　　　C. 门旁路　　　　　　　D. 车门行程

17. 当客室车门不能正常打开、确认是信号系统故障时，可将_____开关扳到旁路位，进行开关门作业。

A. 门旁路　　　　　　B. 门使能旁路　　　　C. EB 旁路　　　　　　D. 驾驶室门旁路

二、多项选择题

1. 地铁电动列车客室门系统组成包括_____。

A. 门扇组成　　　　　　　　　　　　B. 驱动机构组成

C. 基础安装组成　　　　　　　　　　D. 采用电机驱动、齿带传动

2. 在客室车门机械结构中，属于传动机构的是_____。

A. 闭锁装置　　　　B. 门体　　　　　C. 齿形带　　　　　　D. 丝杠螺母

3. 地铁电动列车客室门系统主要功能_____。

A. 开/关门功能，包括车门开、关状态显示

B. 未关闭好车门的再开闭功能，已关好的车门不再打开

C. 开关车门的二次缓冲功能、防夹人/物功能

D. 自诊断功能

4. 门控器的主要功能是_____。

A. 防夹人保护　　　　　　　　　　　B. $v>5km/h$ 时车门自动锁闭

C. 关车门的二次缓冲功能　　　　　　D. 未关闭好车门的再开功能

5. 车门故障隔离开关的作用包括_____。

A. 当本车某一车门发生故障不能正常开闭时，需手动操作隔离开关

B. 车门隔离后门控器失电

C. 避免影响列车正常运行

D. 车门隔离后司机仍能对此车门进行集控

三、识图题

写出图 3-25 中各开关的名称。

图 3-25　识图题

四、简答题

1. 简述城市轨道交通客室车门的基本结构。
2. 城市轨道交通车门应符合哪些设计要求？
3. 简述内藏嵌入式门、外挂式门、塞拉门在开关门时门叶的动作轨迹。
4. 写出列车监控显示屏上可能出现的车门光带颜色及其对应的门状态。
5. 简述单个车门关不上故障的处理程序。

课题三　列车上的其他门

【课题引入】

2011 年 9 月 27 日 14 时 10 分，上海地铁 10 号线由于新天地站设备故障，在交通大学至南京东路上下行采用电话闭塞方式，列车限速运行；14 时 51 分一列列车行至豫园至老西门下行区间不慎与前车发生追尾，造成 270 多名乘客受伤，如图 3-26 和图 3-27 所示。思考：在隧道区间发生列车故障或突发事故时，司机及站务人员应如何疏散乘客？

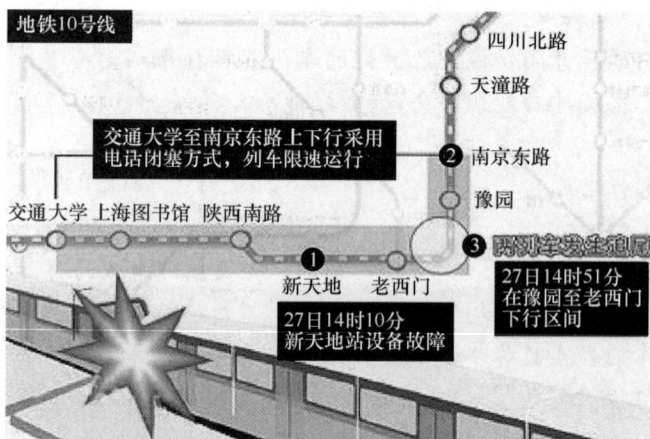

图 3-26　上海地铁 10 号线列车追尾事故模拟图

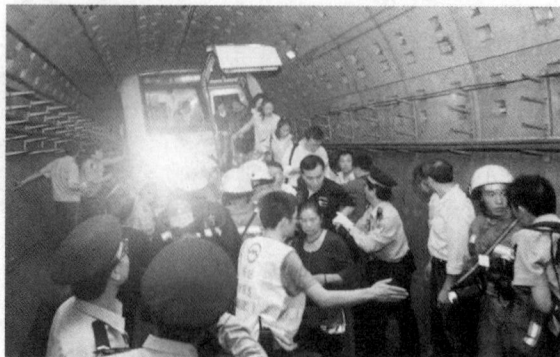

图 3-27　上海地铁 10 号线列车追尾事故救援现场

【学习目标】

1. 掌握紧急疏散门的结构及控制方式。
2. 掌握驾驶室侧门的结构及控制方式。
3. 掌握驾驶室后端门的功能及控制方式。

一、紧急疏散门（逃生门）

　　紧急疏散门也称逃生门，它是安装在地铁或城轨列车上的一种逃生装备，在发生紧急或意外情况下，逃生门展开能形成一个人员撤离通道。逃生门一般设置在车辆头部，每列地铁列车设置两套逃生门。GB 50157—2013《地铁设计规范》明确规定，在未设安全通道的线路上运行的列车两端应设紧急疏散门。

　　为便于快速疏散乘客，逃生门应具备以下特点：操作简单、结构空间小、足够的载荷强度、使用寿命长、疏散能力高、防锈、耐腐蚀和防火等。

1. 逃生门的类型

　　目前国内运营的地铁车辆上的紧急疏散门有多种形式，归纳起来主要有两种结构形式：坡道式和踏梯式。其中，坡道式又分为两种结构形式：结合式和分开式。各种形式的地铁车辆紧急疏散门对比见表3-5。

表3-5　各种形式的地铁车辆紧急疏散门对比

形　式		结　构　特　点		应　用　举　例
		优　点	缺　点	
坡道式	结合式	操作步骤少，操作时间短，疏散能力强	不带玻璃视窗，驾驶室视野较差；结构较复杂，质量较大，成本高	
	分开式	带玻璃视窗，驾驶室视野较好；操作步骤少，操作时间短，疏散能力强	采用空气弹簧提供动力，要求空气弹簧质量较好；结构较复杂，质量较大，成本高	

（续）

形　式	结　构　特　点		应用举例
	优　点	缺　点	
踏梯式	带玻璃视窗，驾驶室视野较好；结构简单，质量小，价格便宜	采用空气弹簧提供动力，要求空气弹簧质量较好；操作步骤较多，操作时间较长，疏散能力较差	

紧急疏散门选型时，优先选择易于操作、疏散能力强的坡道式紧急疏散门系统。

2. 逃生门的结构

以北京地铁 14 号线坡道式逃生门为例，其关闭状态和打开效果如图 3-28 所示。

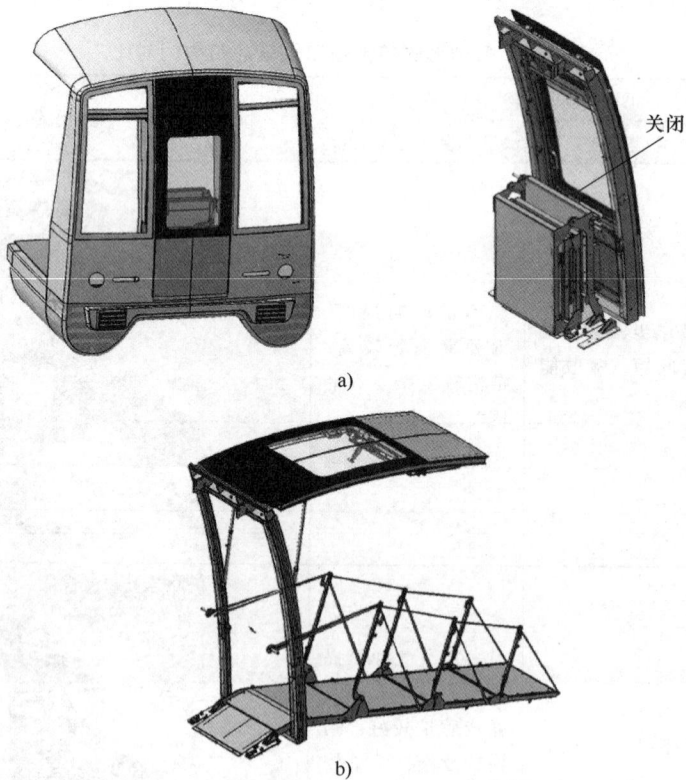

a)

b)

图 3-28　坡道式逃生门的关闭和打开状态

a）关闭状态　b）打开状态

地铁车辆逃生门主要由门扇、铰链部分、折叠坡道、开门机构以及防护装置等组成，如图 3-29 所示。门扇通过铰链和空气弹簧与车体连接，门扇上带有玻璃视窗，门扇内部为密封框架，通过双层密封达到隔声、隔热、防水渗漏等要求。

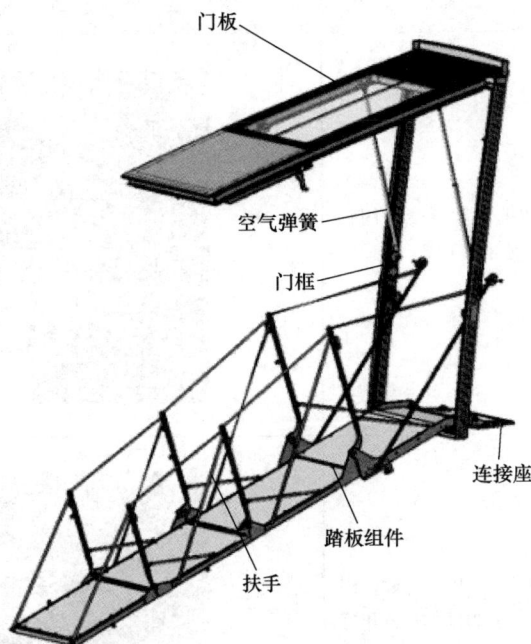

图 3-29 逃生门的展开结构图

坡道安装在主、副司机控制台之间，不影响门扇上方的玻璃视窗。坡道上设有防护罩，以保证驾驶室美观；坡道上带有阻尼装置，以缓冲展开时的重力冲击；其上还带有自锁装置，坡道必须在解锁的状态下才能被展开，保证列车在运行过程中需要紧急制动时，坡道不会展开。

3. 紧急疏散门的技术参数（见表 3-6）

表 3-6 紧急疏散门的主要技术参数

项　目	参　数
通过高度/mm	≥1800
通过宽度/mm	≥640
环境温度/℃	−25~45
疏散速度	在 30min 内将列车定员乘客全部疏散完毕
开门时间/s	≤20
开门操作力/N	≤80
使用寿命/年	≥30

4. 紧急疏散门的操作方法

下面以北京地铁 4 号线坡道式紧急疏散门为例，介绍紧急疏散门的操作方法。

开门方式：紧急疏散门门锁在驾驶室内或外都可手动开启，一旦门锁开启，通过空气簧执行机构的机械动作，车门能自动倒向路基。紧急疏散门开启步骤见表 3-7。

表 3-7　紧急疏散门开启步骤

步　　骤	操 作 内 容	图　　例
第一步	利用三角钥匙将紧急疏散门锁闭装置打到释放准备位置	
第二步	推动紧急疏散门上的门锁，门扇必须推动到约 20°时才松开把手，如提前松开手，则门扇有可能往回运动	
第三步	及时松开把手，释放紧急疏散梯，扣住紧急疏散梯上的四个安全扣件，对乘客进行紧急疏散	

对于六辆编组的 B 型车，紧急疏散门的通过高度应大于 1800mm，通过宽度不小于 640mm，疏散速度要保证在 30min 内将六辆编组列车定员乘客全部疏散完毕。

在车上乘客疏散完毕后，需由司机或站务人员配合回收紧急疏散梯，紧急疏散梯的回收操作见表 3-8。

表 3-8　紧急疏散梯的回收操作

步　骤	操作内容	图　例
第一步	利用三角钥匙将紧急疏散门锁闭装置打到回收准备位置	
第二步	扳起紧急疏散梯上的四个安全扣件	
第三步	用棘轮扳手通过紧急疏散门两侧的螺栓手动回收紧急疏散梯	
第四步	左手握住解锁手柄，右手握住下摆杆向车内方向拉动门扇，结合车门惯性将锁叉卡到轴上。处在二级啮合位置时，确认紧急疏散门完全锁闭到位	

注意： 回收时要缓慢，不要冲击坡道。

想一想 是不是所有地铁线路的列车均设有逃生门？如果没有逃生门，则列车迫停在隧道区间时如何疏散乘客？

一些地铁线路中装有区间疏散平台，以方便地铁列车在区间内发生意外时对乘客进行有序的疏散，这些线路的列车一般不需要设置紧急疏散门。疏散平台安装在隧道壁或高架路旁，如图 3-30 所示。疏散平台采用的是高分子复合材料，每段长 6m，宽度根据线路限界的不同取 60～110cm，通过支架支承并固定在隧道壁上，高度与地铁列车车厢的地板持平（即与车站站台等高）。当列车在区间内被迫停车需要进行紧急疏散时，乘客可以根据列车广播，在司机的指引下，

图 3-30　隧道内的疏散平台

操作疏散平台侧的车门紧急开门装置，手动打开车门，然后在工作人员的指引下通过疏散平台进行疏散。

二、驾驶室侧门

驾驶室侧门多采用内藏式或塞拉式手动移门，它是在目前我国铁路上广泛使用的手动移门的基础上发展而来的，具有运动阻力小、结构简单、操作方便等特点。

1. 关门操作

在驾驶室内、外侧，均可直接操作门把手对门扇施加关门力，使门扇往关门方向运动而实现关门动作。门扇到达关闭位置时，锁钩锁闭到位，同时行程开关动作发出信号。

2. 开门操作

（1）驾驶室内侧开门　操作小把手旋转使保险锁解锁，再操作门锁上的大把手转动约15°对门锁解锁，同时使门扇往开门方向运动，从而实现门扇的开门动作。

（2）驾驶室外侧开门　用钥匙操作三角锁芯进行解锁，同时推或拉动门扇往开门方向运动实现开门动作；门锁解锁的同时，微动开关动作发出信号使安全回路断开。驾驶室侧门内、外解锁装置如图 3-31 所示。

三、驾驶室后端门

驾驶室后端门也称为驾驶室间壁，如图 3-32 所示，它是在驾驶室后端墙中间设置的一个与客室相通的通道门。其用途是在列车运行中，便于司机进入客室车厢查明情况或处理事故等。驾驶室后端门多采用手动移门，其操作与驾驶室侧门基本一致。在客室一侧一般设有紧急开门装置，正常情况下不允许乘客使用，当乘客发现危险性事故等特殊情况时，可以起用紧急拉手开启后端门。

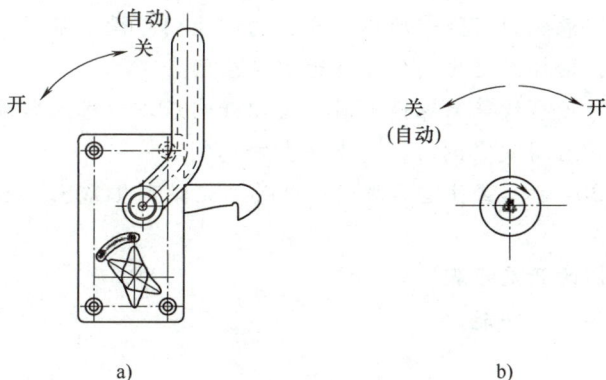

(自动)
关

开

关
(自动)
开

a) b)

图 3-31 驾驶室侧门解锁装置

a）驾驶室内侧 b）驾驶室外侧

图 3-32 驾驶室后端门

【课后习题】

一、单项选择题

1. 从驱动方式看，紧急疏散门属于_____。

A. 气动门 B. 电动门 C. 手动门 D. 液压门

2. 紧急疏散门设计要求 30min 内将列车_____工况下的乘客疏散完毕。

A. 定员 B. 超员 C. 座席 D. 站席

3. 紧急疏散门释放后，车门会自动倒向_____。

A. 站台 B. 路基 C. 隧道 D. 钢轨

4. 紧急疏散门的回收需要下列_____。

A. 扭力扳手 B. 螺钉旋具 C. 棘轮扳手 D. 无需工具

5. 按驱动方式，驾驶室门多采用_____。

A. 手动门 B. 气动门 C. 电动门 D. 液压门

二、判断题

1. 因为逃生门的疏散能力有限，所以列车上的逃生门可设或不设。 （　　）

2. 从疏散能力看，踏梯式逃生门优于坡道式逃生门。 （　　）

3. 当乘客发现危险性事故等特殊情况时，可以开启后端门进入驾驶室。 （　　）

4. 若列车运行中开启驾驶室侧门，列车将会紧急制动。 （　　）

5. 开关门不超过30s时，驾驶室后端门的开关不记录到TCMS。 （　　）

三、简答题

1. 简述紧急疏散门的开启步骤。

2. 简述驾驶室后端门的功能。

【实训指导】

一、实训任务

1. 客室车门结构指认。

2. 客室车门故障处理。

二、实训目标

1. 能正确指认客室车门的结构。

2. 能完成单个车门发生故障时的应急处理。

三、实训准备

城市轨道交通车辆客室车门实训设备。

四、实训过程

1. 分组练习，分组考核。

2. 根据客室车门实训设备数量分组，学生对照客室车门实训设备指认各部件名称并简要说明其作用；学生对照客室车门完成单个车门的紧急解锁及隔离操作。

3. 教师考核组长，组长对组员逐一进行考核。

04

单元四 转向架

转向架是轨道交通车辆中最为重要的部件之一，它的结构直接影响着车辆的动力性能、运行品质和行车安全。车辆性能飞速发展的一项重要成果，就是转向架技术的进步，转向架技术是"靠轮轨接触驱动运行的现代轨道交通车辆"得以发展的核心技术之一。

课题一　转向架概述

想一想：各条地铁线路的列车、运行速度、行驶环境都不一样，转向架有什么区别？这些转向架又有什么共同的结构特点？

【学习目标】

1. 能判断转向架的类型。
2. 能说明转向架的作用。
3. 能指认转向架的结构。

一、转向架的安装位置

转向架是城市轨道交通车辆的走行部，起到引导车辆沿轨道行驶、支承车体的作用，它位于车体与轨道之间，如图4-1所示。

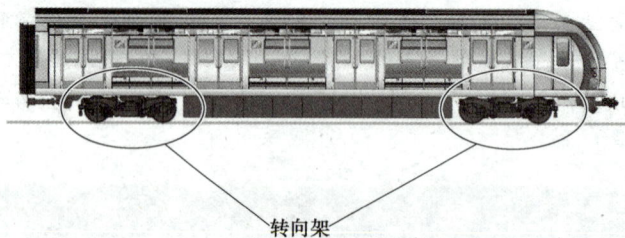

转向架

图4-1　转向架的安装位置

一般来说，一个车辆上设置两台转向架，布置在车体两端，如图4-1所示；也有一些车辆设计为两个车辆共用一台转向架，如图4-2所示。法国的TGV高速列车采用铰接式结构，其结构上的最大特点就是中间车辆都采用铰接（关节）结构和相邻两车端共用一台转向架，其结构简图如图4-3所示。

二、转向架的作用

车体坐落在转向架上，转向架要相对于车体转动，以便车辆通过曲线；转向架上还设有缓冲减振装置、制动装置和驱动装置，以满足车辆的运行要求及提高车辆的运行品质。任何

图4-2　铰接式转向架

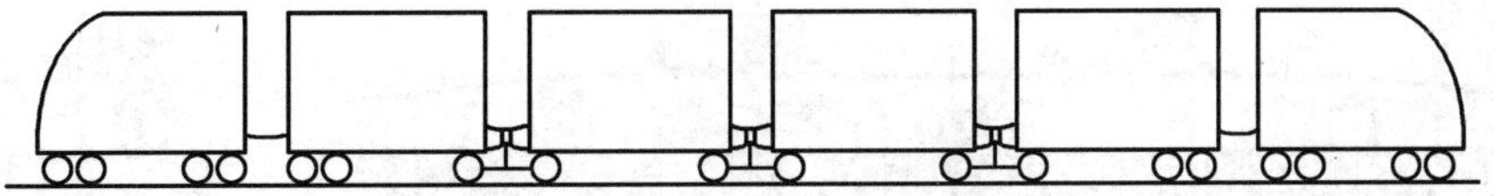

图 4-3 铰接式列车结构简图

轨道交通车辆的转向架都必须完成以下任务。

（1）承载 转向架用于支承车体，承受并传递来自车体与轮对之间或钢轨与车体之间的各种载荷和作用力，并使轴重均匀分配，以保证在正常运行条件下，车体能可靠地坐落在转向架上。

（2）牵引 保证必要的轮轨粘着，并把在轮轨接触处产生的轮周牵引力传递给车体、车钩，通过轴承装置使车轮沿着钢轨的滚动转化为车体沿线路运动的平动，牵引全列车前进。

（3）缓冲 转向架上的弹簧减振装置有良好的减振性能，用以缓和车辆与线路间的相互作用，减小线路不平顺等原因对车辆造成的冲击，提高车辆的运行平稳性。

（4）转向 保证车辆安全运行，能灵活、顺利地通过曲线。

（5）制动 产生必要的制动力，使车辆在规定的距离内减速或停车。

需要注意的是，转向架是车辆的一个独立部件，在转向架和车体之间应尽可能减少连接件，简化结构，使得拆装方便，便于转向架的独立制造和维修。

三、转向架的类型

1. 按轴数分类

城市轨道交通车辆通常采用两轴转向架，在铁路机车车辆上还有三轴转向架和四轴转向架。图 4-4 所示为 DF8B 型机车三轴径向转向架结构图。

2. 按轴箱定位形式分类

常见轴箱定位装置的结构形式有拉板式定位、拉杆式定位、转臂式定位、层叠橡胶弹簧定位、导柱式定位等。

3. 按车体与转向架间的连接装置形式分类

按车体与转向架间的连接装置不同，可分为有心盘（或有牵引销）转向架、无心盘（或无牵引销）转向架和铰接式转向架。其中，铰接式转向架又可分为具有双排球形转盘的铰接转向架、具有球心盘的铰接转向架、TGV 高速列车式铰接转向架。

城市轨道交通车辆转向架通常采用有心盘（或有牵引销）转向架。

4. 按是否安装驱动装置分类

按是否安装驱动装置，分为动车转向架和拖车转向架。动车转向架上装有驱动和传动装置，拖车转向架上没有驱动和传动装置。

四、转向架的结构

目前城市轨道交通车辆采用的转向架均为无摇枕结构，动车转向架和拖车转向架的主要区别是：动车转向架有驱动和传动装置（牵引电机、齿轮传动装置、联轴器），拖车转向架没有驱动和传动装置。二者的其他结构基本相同。动车转向架的结构如图 4-5 所示，拖车转向架的结构如图 4-6 所示。

图 4-4　DF8B 型机车三轴径向转向架结构图

1—构架　2—轴箱　3—轮对　4—旁承　5—牵引杆装置　6—基础制动装置
7—砂箱　8—电机悬挂装置　9—手制动装置　10—径向机构

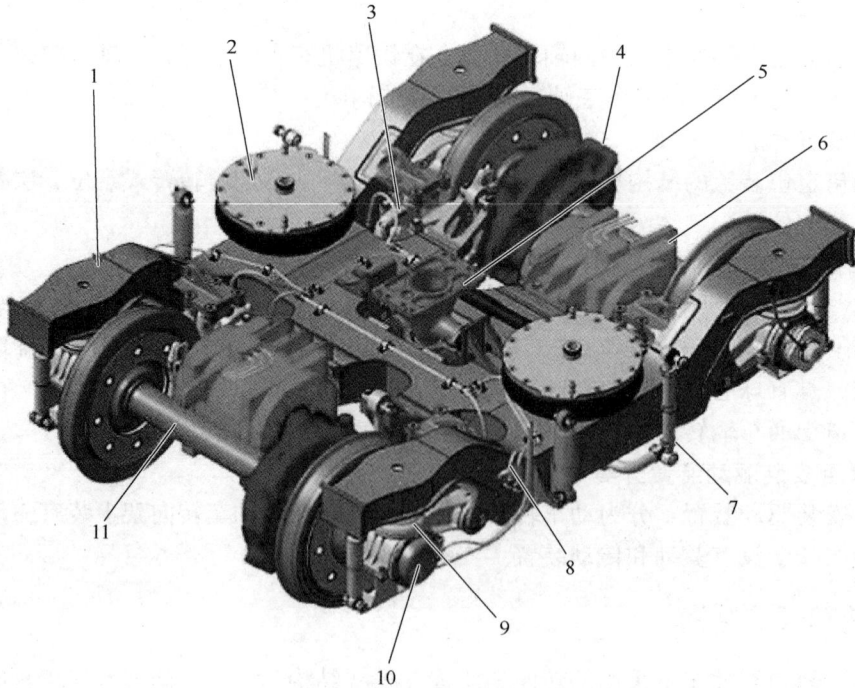

图 4-5　动车转向架的结构

1—构架　2—空气弹簧　3—基础制动装置　4—齿轮箱　5—牵引连接装置　6—牵引电机
7—扭杆　8—制动管路　9—一系悬挂　10—轴箱装置　11—轮对

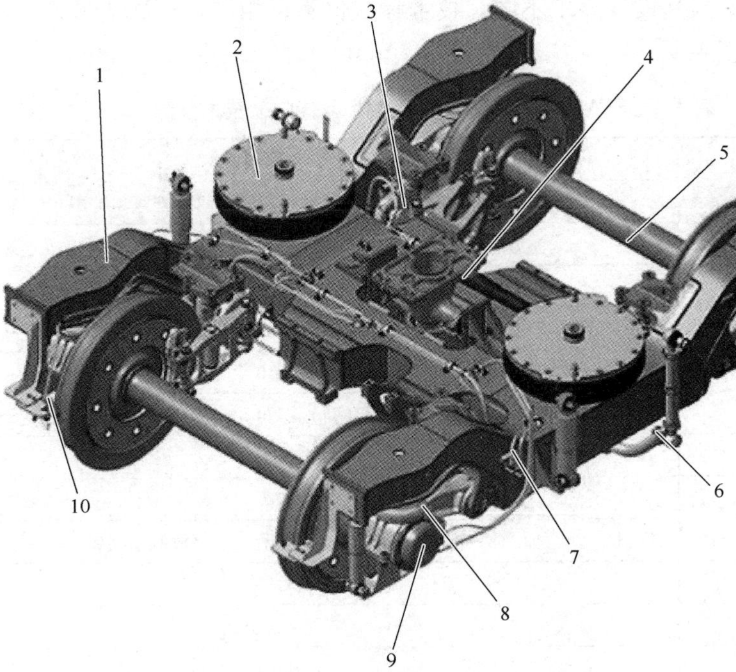

图 4-6 拖车转向架的结构
1—构架 2—空气弹簧 3—基础制动装置 4—牵引连接装置 5—轮对 6—扭杆
7—制动管路 8——系悬挂 9—轴箱装置 10—轮缘润滑

（1）构架 构架是转向架的基础，它将转向架的各个零部件组成整体，并承受和传递各种力，还要提供各种设备的安装或悬挂支座。

（2）轮对 轮对直接向钢轨传递重量，通过轮轨间的粘着产生牵引力或制动力，并利用车轮的回转实现车辆在钢轨上的运行。

（3）轴箱装置 轴箱装置是联系构架与轮对的活动关节，它除了保证轮对进行回转运动外，还能使轮对适应线路不平顺等条件，相对于构架上下、左右和前后运动。

（4）一系悬挂 用来保证一定的轴重分配，缓和线路不平顺对车辆的冲击，并保证车辆运行的平稳性。它由轴箱弹簧、垂向减振器、轴向定位装置等组成。

（5）二系悬挂 减缓车体与转向架间的冲击振动，保持转向架稳定。

（6）牵引连接装置 牵引连接装置用于传递车体与转向架间的垂向力和水平力，使转向架在车辆通过曲线时能相对于车体回转。

（7）驱动装置 驱动装置布置在动车转向架上，它将动力装置的转矩有效地传递给车轮，由牵引电机、齿轮箱、联轴器等组成。

（8）基础制动装置 由制动缸传来的力传给基础制动装置，使其将摩擦力作用在车轮上，对车辆施加制动。

五、转向架的主要技术参数

转向架的主要技术参数有重量、运行速度、轴距、轴颈间距、车轮直径、轮对内侧距、空气弹簧有效直径、基础制动装置形式、轴重、运行平稳性、车轮满载率、脱轨系数、最小曲线半径等。各转向架因其设计要求不同，技术参数也不尽相同。SFM13 型列车的 SDB-140 型转向架技术参数见表 4-1。

表 4-1　SFM13 型列车的 SDB-140 型转向架技术参数

项　目	转向架形式	
	动车（M 车）	拖车（T 车）
重量/t	≈7.6	≈5.4
运行速度/（km/h）	140	
轴距/mm	2300	
轴颈间距/mm	2010	
车轮直径/mm	840（新）/770（全磨耗）	
轮对内侧距/mm	1353±2	
空气弹簧有效直径/mm	505	
基础制动装置	轮装盘形制动，每轴配一个停放制动夹钳	
轴重/t	≤15	
运行平稳性	<2.5	
车轮满载率	≤0.6	
脱轨系数	<0.8	
最小曲线半径/m	110	

【课后习题】

一、填空题

1. 转向架安装于＿＿＿＿＿＿＿＿＿与＿＿＿＿＿＿＿＿＿之间。
2. 按是否安装驱动装置，转向架分为＿＿＿＿＿＿＿＿＿和＿＿＿＿＿＿＿＿＿。
3. ＿＿＿＿＿＿＿＿＿是转向架的基础，它将转向架的各个零部件组成整体。
4. 转向架上安装在构架与轮对之间的是＿＿＿＿＿＿＿＿＿。
5. 转向架上安装在构架与车体之间的是＿＿＿＿＿＿＿＿＿。

二、简答题

简述转向架的作用。

课题二　构　架

【课题引入】

想一想：构架的作用是什么？构架设计成什么形状能最大限度地发挥它的作用？

【学习目标】

1. 能描述构架的作用。
2. 能判断构架的损坏形式。

一、结构

构架是钢板焊接 H 形结构。一般由左、右侧梁和一个或几个横梁及端梁组成。没有端梁的构架称为开口式构架,有端梁的构架称为封闭式构架。开口式构架(动车转向架)如图 4-7 所示。

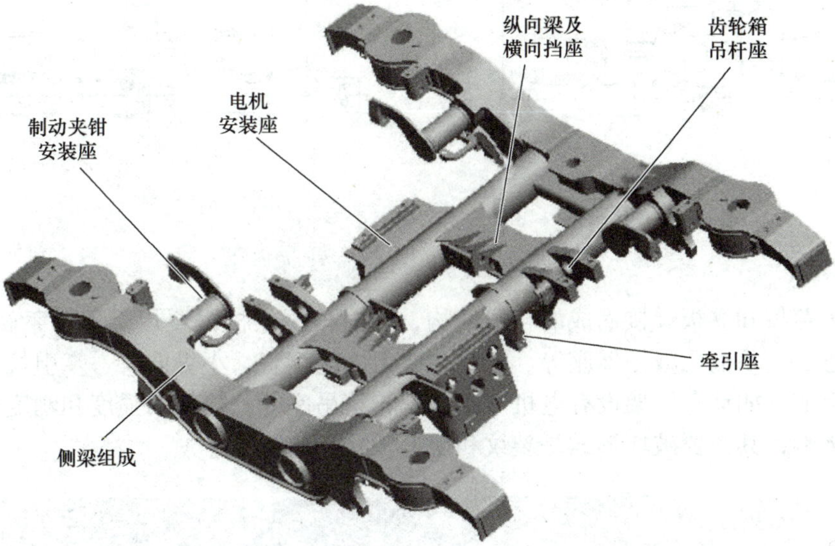

图 4-7 开口式构架

侧梁是构架的主要承载梁,是传递纵向力、横向力和垂向力的主要构件,同时侧梁还确定了轮对位置。横梁和端梁用来保证构架在水平面内的刚度,使两轴平行。

二、特点和作用

构架是转向架的骨架,用于安装转向架各组成部分,传递各方向的力,并用来保持车轴在转向架内的位置。设计构架时要求:①各部分尺寸精度高;②便于各部件与附加装置的安装;③具有足够高的强度,并充分考虑刚度要求;④在构架上需要考虑设置车辆脱轨后使其复位的支承部位。

动车转向架构架和拖车转向架构架的主干部分完全相同,可以互换,二者的结构如图 4-8 所示。动车转向架上设计有牵引电机的安装座、齿轮箱吊杆座等。

三、常见破坏形式

构架由侧梁和横梁组焊而成,侧梁采用钢板焊接结构,横梁采用无缝钢管结构。侧梁是

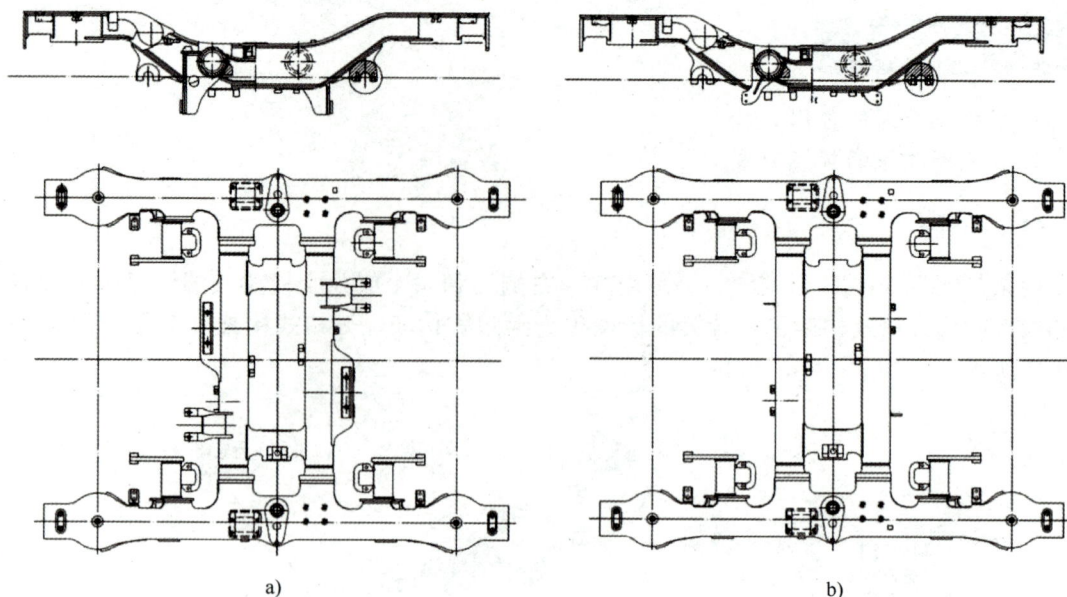

a)　　　　　　　　　　　　　　　　　　　　b)

图 4-8　转向架构架的互换性

a）动车转向架构架　b）拖车转向架构架

由上盖板、下盖板和立板焊接而成的箱形结构，同时根据结构需要焊接了一系转臂定位座、一系钢弹簧座、一系液压减振器座等。横梁主要由无缝钢管、小纵向梁、牵引拉杆座和横向减振器座等组成，如动车构架设有电机吊座、齿轮箱吊座等。构架的强度和刚度对转向架的性能有显著影响，其主要破坏形式是裂纹和变形。

【课后习题】

一、填空题

1. 构架是钢板焊接_____形结构。

2. 构架的主要破坏形式是_____和_____。

二、简述题

根据构架的作用，简述设计构架时应考虑哪些因素。

课题三　轮对轴箱装置

【课题引入】

1998 年 6 月 3 日，德国 ICE884 次高速列车在运行过程中轮毂发生破裂，引发列车脱轨撞桥事故，造成 101 人死亡，88 人重伤，如图 4-9 所示。

想一想：转向架的车轮如何设计才能保证列车顺利沿钢轨运行？车轮的回转如何转换为

图 4-9　德国 ICE 884 次高速列车事故

列车向前或向后的运行？

【学习目标】

1. 掌握轮对的作用。
2. 理解轮对的结构特点。
3. 能指认轴箱结构。
4. 能判断轴箱定位装置的类型。

一、轮对

轮对是转向架重要的部件之一，它承受着从车体、钢轨两方面传递来的各种力，并引导车轮沿着钢轨滚动，完成列车的运行。

轮对由一根车轴和两个同型号车轮通过过盈配合组装而成，如图 4-10 所示。轮对的组装通常采用冷压落热套的工艺，将车轮与车轴牢固地结合在一起，以保证其在使用过程中没有松脱。

图 4-10　轮对

轮对的内侧距是左、右轮对内侧面之间的距离，它是保证车辆运行安全的一个重要参数。我国地铁采用与铁路通用的 1435mm 标准轨距，轮对在钢轨上滚动时，轮对内侧距应保证在最不利的条件下，车轮踏面与钢轨之间仍有足够的安全搭接量，不致造成掉道；同时还应保证车辆在线路上运行时，轮缘与钢轨之间有一定的游隙。对轮对内侧距有严格的规定：我国地铁车辆轮对内侧距为（1353±2）mm。内侧距过小（即轮缘与钢轨之间的游隙过大）会导致车辆蛇形运动振幅增大，同时有可能发生掉道现象；若内侧距过大（即轮缘与钢轨之间的游隙过小），则会导致轮缘与钢轨的严重磨耗。轮对的结构还应有利于车辆顺利通过曲线和安全通过道岔。

1. 车轴

车轴一般为圆截面实心轴，采用优质碳素钢加热锻压成形，再经热处理和机械加工制成。车轴是轮对的主要配件，它除与车轮组成轮对外，两端还要与轴箱油润装置配合，保证车辆安全运行。此外，动车的车轴要考虑传动齿轮的安装。车轴的形状如图4-11所示。

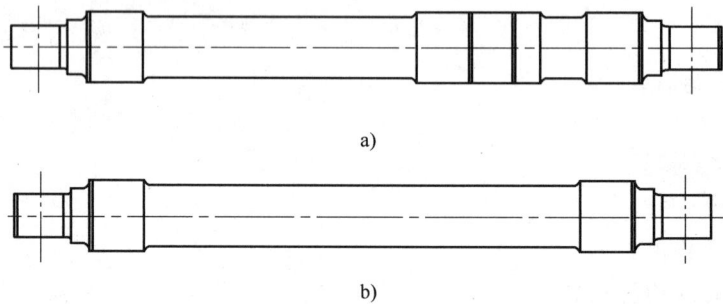

a)

b)

图4-11 车轴

a）动车车轴 b）拖车车轴

有些列车采用空心车轴，以减小轮对质量，降低车辆簧下部分质量，这对改善车辆运行平稳性和减小轮轨间动力作用有显著效果。目前，高速客车普遍采用空心车轴。

2. 车轮

车轮的结构、形状、尺寸和材质多种多样，城市轨道交通车辆多采用辗钢整体车轮和弹性车轮。辗钢整体车轮用圆钢锭切成轮坯，经锻压和加热辗轧后，再经机械加工而成，制造过程中对车轮进行淬火和热处理以提高其强度。弹性车轮的轮心与轮毂之间安装有弹性元件——橡胶垫，其作用是使车轮在空间三维方向上更柔软。

辗钢整体车轮如图4-12所示，它由踏面、轮缘、辐板和轮毂等组成。

车轮与钢轨的接触面称为踏面，轮对踏面具有一定的斜度，所以称为锥形踏面，如图4-13所示。锥形踏面的作用为：

1）直线运行时，轮对能自动调中。在重力的作用下，车辆纵轴会尽量与线路中心线保持重合，减少车辆侧摆，从而减少了轮轨间的磨耗，减小了运行阻力。

图4-12 辗钢整体车轮结构

2）曲线运行时，由于离心力的作用使轮对偏向外轨，而踏面锥形的存在使外轨上的车轮以较大的滚动圆滚动。内轨上的车轮以较小的滚动圆滚动。因此轮对转过同一周时，外轮沿外轨走过的路程长，内轮沿内轨走过的路程短，这正好与曲线区间外轨长、内轨短的情况相适应，从而减少了车轮在钢轨上的滑动，减少了轮轨间的磨耗，减小了曲线阻力，使轮对

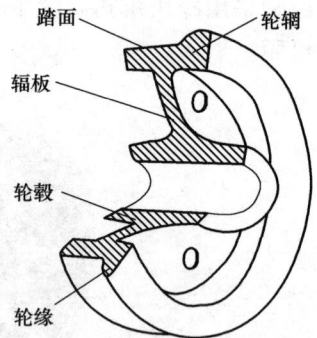

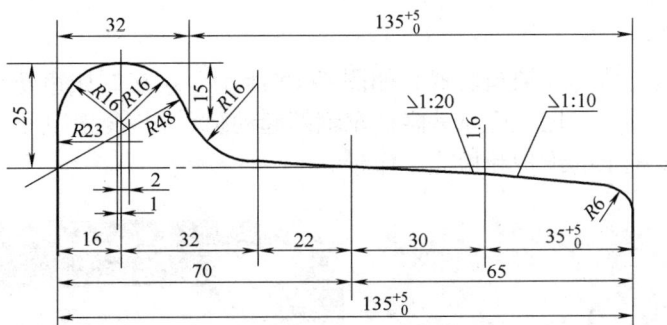

图 4-13 锥形踏面

及车辆能够顺利通过曲线。

3）踏面的斜度还使得运行时车轮与钢轨接触的滚动直径不断变化，致使轮轨的接触点也在不停地变换位置，从而使踏面磨耗更均匀。

实践表明，锥形踏面车轮的初始形状在运行中将很快被磨耗，而磨耗成一定形状后，踏面的磨耗开始变得缓慢，形状相对趋于稳定。因此，在研究轮轨磨耗的基础上又提出了磨耗形踏面，即将新造轮的踏面制成类似磨耗后相对稳定的形状，则在相同的走行公里下，可明显地减少踏面磨耗量，延长轮对的使用寿命，减少换轮、镟轮的工作量。LM 型磨耗形踏面如图 4-14 所示。

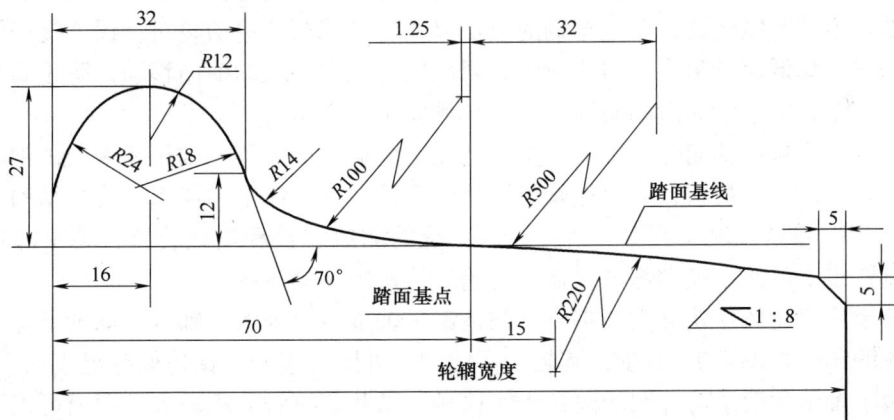

图 4-14 LM 型磨耗形踏面

由于车轮踏面有斜度，各处直径都不同，根据国际铁路组织的规定，在距轮缘内侧 70mm 处测量所得的直径为名义直径，作为车轮的直径，简称轮径。轮径小，可降低车辆的重心，增大车体容积，减小车辆簧下质量，缩小转向架固定轴距，但也有阻力增加、轮对接触应力增大、踏面磨耗加快等不足之处。我国规定地铁车辆的车轮直径为 840mm（新轮时为 840mm，半磨耗时为 805mm，最大磨耗时为 770mm），新造车辆同轴的两轮直径之差不超过 1mm，同一动车转向架的各轮径之差不超过 2mm。

轮对的日常检查十分重要，其主要破坏形式为轮缘及踏面磨耗过限、踏面擦伤、轮毂弛缓、车轴裂纹等。

二、轴箱装置

轴承与轴箱的组合体称为轴箱装置，如图 4-15 所示。现在的城市轨道交通车辆多采用滚动轴承，它与滑动轴承相比，能显著降低车辆的起动阻力和运行阻力，改善车辆走行部的工作条件，大大减少轴承的维护和检修工作量。

图 4-15　轴箱装置的组成
a）轴承　b）轴箱体

轴箱装置是实现轮对与构架既相互连接又相互运动的关键部件，使轮对沿钢轨的滚动转化为车体沿轨道的直线运动，并把车辆的重量以及各种载荷传递给轮对；保证良好的润滑性能，减少摩擦，降低运行阻力；防止热轴，限制轮对出现过大的横向移动；防止雨水、灰尘等异物侵入，避免对油脂润滑的破坏，保证车辆安全可靠运行。

轴箱装置主要包括轴箱体、轴承、防尘挡圈、前盖、压盖等。轴箱体采用铸钢材料，轴箱前、后盖采用铝合金材料，有效地减轻了簧下重量。轴箱体采用迷宫式防尘结构。在拖车轴端安装有 ATP 系统的测速装置、滑行控制系统的测速装置和接地装置；动车滑行控制系统的测速装置也安放在车轴端部，其输出的信号传送给制动系统。

滚动轴承按滚动体形状分类，主要有圆柱滚子轴承、圆锥滚子轴承、球轴承等。圆柱滚子轴承装置的结构如图 4-16 所示，其轴承由内圈、外圈、滚子、保持架等组成。

圆柱滚子轴承的滚子与外圈的滚道为线接触，承载后接触面积较大，因而可以承受较大的径向载荷。轴承外圈两侧都有挡边，内圈只有一侧有挡边，滚子端面与挡边接触，产生滑动摩擦，因接触面积较小，只承受较小的轴向载荷。

轴承内圈与车轴轴颈采用过盈配合，轴承装在轴箱体内，外圈与轴箱体为过渡配合。

三、轴箱定位装置

约束轮对与轴箱之间相对运动的机构称为轴箱定位装置，它对转向架的横向动力性能、抑制蛇形运动具有决定性作用。轴箱定位装置在横向和纵向上应具有适当的弹性定位刚度，以避免车辆在运动速度范围内产生蛇形运动而失稳；应保证曲线运行时的良好导向性能，以减轻轮缘与钢轨的磨耗和噪声，确保运行安全和平稳性。

常见的轴箱定位形式有拉板式定位、拉杆式定位、转臂式定位、层叠式橡胶弹簧定位和

图 4-16　圆柱滚子轴承装置

1—车轴　2—防尘挡圈　3—密封　4—圆柱滚子　5—轴承外圈　6—轴箱

7—轴承内圈　8—内圈压板　9—螺栓　10—轴箱盖

导柱定位等。

1. 拉板式定位

用特种弹簧钢材制成的薄片形成定位拉板，一端与轴箱连接，另一端通过橡胶节点与构架连接。利用拉板在横向和纵向的不同刚度来约束构架与轴箱的相对运动，实现弹性定位，如图 4-17 所示。

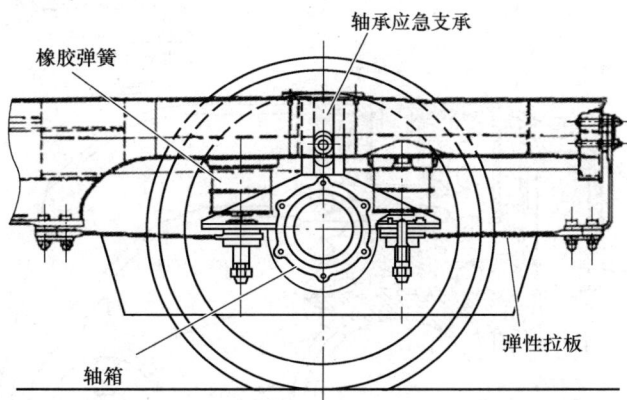

图 4-17　拉板式定位

2. 拉杆式定位

拉杆的两端分别通过与构架和轴箱连接，拉杆两端的橡胶垫和套分别限制轴箱与构架之间的横向和纵向相对位移，实现弹性定位，如图 4-18 所示。

3. 转臂式定位

转臂式定位的一端通过弹性节点与构架上的定位转臂座相连，另一端用螺栓固定在轴箱体的承载座上，如图 4-19 所示。弹性节点由弹性橡胶套、定位轴和金属外套组成，其中弹

图 4-18 拉杆式定位

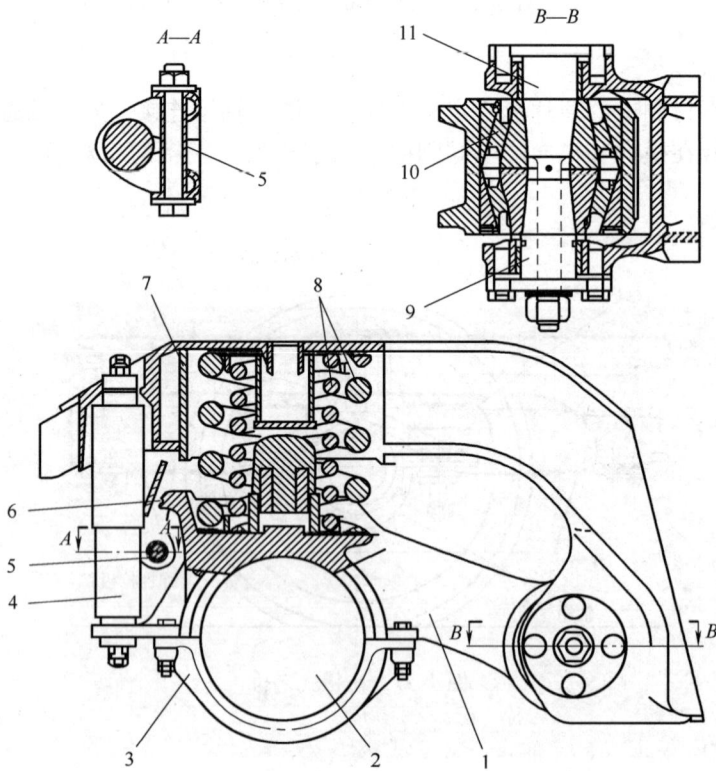

图 4-19 转臂式定位

1—定位转臂（包括弹簧座） 2—轴箱 3—底部压板 4—垂向减振器 5—止挡管
6—转臂凸台 7—弹簧套 8—螺旋弹簧 9—锥形套 10—柱形橡胶套 11—锥形销轴

性橡胶套的形状和参数对转向架的走行性能影响较大。

4. 层叠式橡胶弹簧定位

在构架与轴箱之间装设压剪型层叠式橡胶弹簧,其垂向刚度较小,使轴箱相对构架有较大的上下方向位移,而其横纵方向又有适宜的刚度,从而实现良好的弹性定位,如图4-20所示。

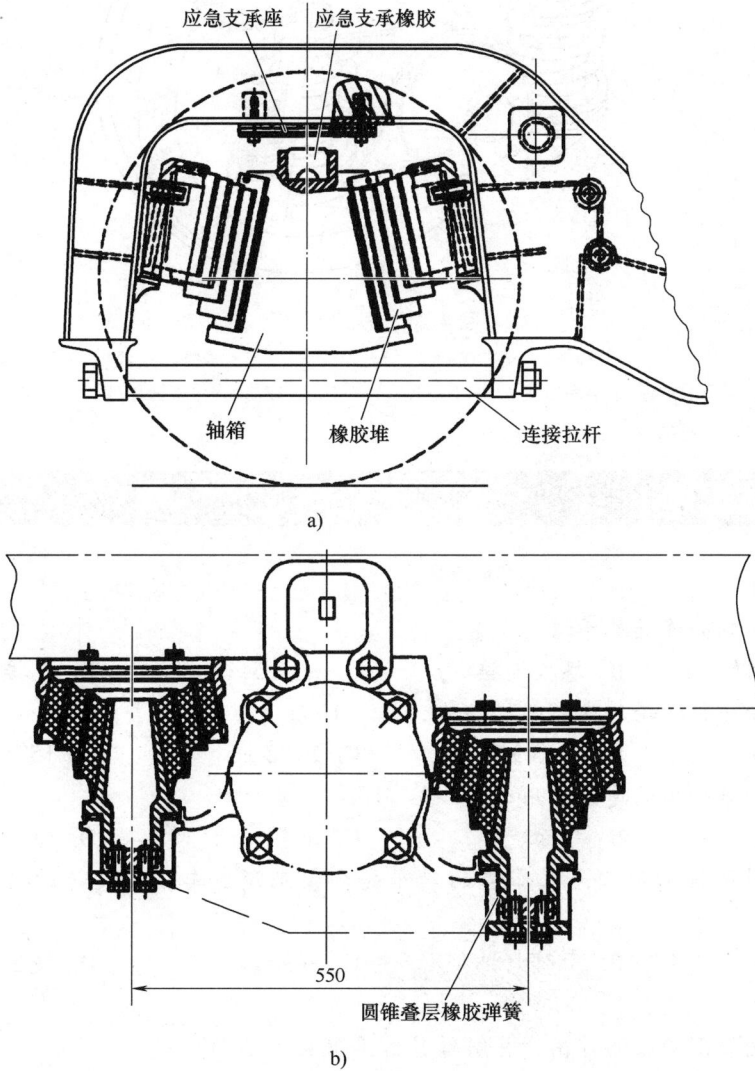

a)

b)

图4-20 层叠式橡胶弹簧定位

a)人字形层叠橡胶弹簧定位 b)锥形层叠橡胶弹簧定位

5. 导柱定位

坐落在轴箱弹簧托盘上的支持环装有磨耗套,安装在构架上的导柱(同样装有磨耗套)插入支持环,当构架与轴箱之间发生上下运动时,两磨耗套产生干摩擦。它是通过导柱与支持环传递纵向力和横向力,再通过轴箱橡胶垫产生不同方向的剪切变形,实现弹性定位的。导柱定位结构如图4-21所示。

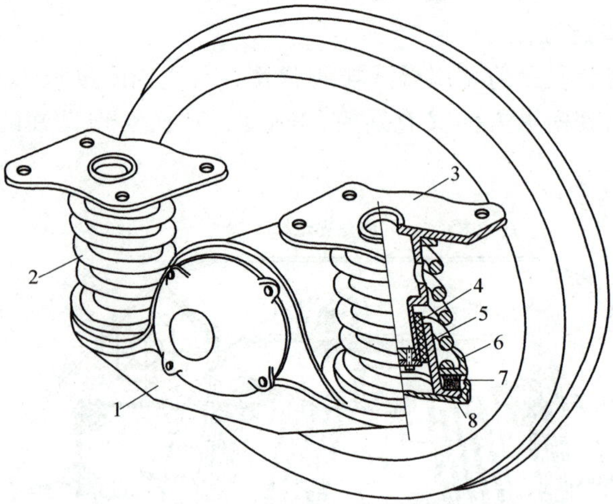

图4-21 导柱定位

1—轴箱体　2—轴箱弹簧　3—弹簧支柱　4—弹性定位套
5—定位座组成　6—支持环　7—橡胶缓冲垫　8—弹簧托盘

【课后习题】

一、选择题

1. 车轮与车轴的连接属于（　　）。

A. 过渡配合　　　　B. 螺栓连接　　　　C. 过盈配合　　　　D. 直接铸为一体

2. 我国地铁车辆的轮对内侧距标准为（　　）mm。

A. 1205±5　　　　B. 1353±2　　　　C. 1472±5　　　　D. 1575±2

3. 新设计的车轮踏面建议采用（　　）形。

A. 锥　　　　　　B. 平面　　　　　　C. 磨耗　　　　　　D. 圆

4. 对于牵引电机采用架悬式布置的动车转向架来说，车轴在设计时应考虑（　　）的安装。

A. 齿轮箱　　　　B. 牵引电机　　　　C. 联轴器　　　　D. 液压减振器

二、简述题

1. 简述车轮锥形踏面的作用，并解释什么是磨耗形踏面。

2. 轮对内侧距为什么规定为（1353±2）mm？

课题四　弹簧减振装置

【课题引入】

想一想：什么样的装置可以起到缓和冲击的作用？车辆在空载和满载的状态下，车厢地板面高度有变化吗?

【学习目标】

1. 掌握并能辨别一系悬挂的位置、作用和类型。
2. 能指认二系悬挂的位置,并能辨别其组成。
3. 能分析空气弹簧的工作原理。
4. 认识抗侧滚扭杆和液压减振装置。

弹簧减振装置也称弹簧悬挂装置,包括弹性元件和减振器,其作用主要有两方面:一是使载荷均匀地传递给各车轴,分配到各轮对,并使车辆在静载状况下(包括空车、重车),两端车钩距离轨面高度满足规定,以保证车辆的正常联挂和乘客在车站的正常乘降;二是缓和因线路的不平顺、轨缝、道岔、钢轨磨耗、车辆擦伤、车轮不圆等原因引起的振动和冲击。车辆动力性能的好坏与弹簧减振装置的结构形式及参数选择有密切的关系。城市轨道交通车辆转向架一般采用两系弹簧悬挂系统,有效缓和了来自轨道和车体两方面的振动和冲击,保证了车体的正常高度,如图4-22所示。

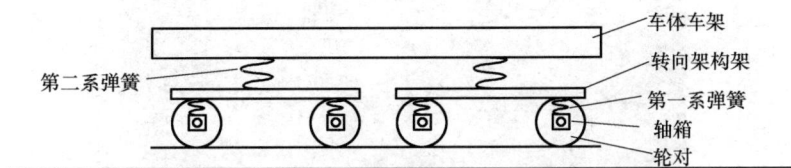

图4-22 城市轨道交通车辆的两系弹簧悬挂系统

一、一系悬挂

一系悬挂又称轴箱悬挂装置,它位于构架侧梁与轮对轴箱装置之间,其作用是提供轮对与构架之间的连接和定位轴箱。

一系悬挂传递轮对和转向架之间的驱动力和制动力,提高轮对刚度并确保转向架动态性能稳定;将车体重量分配给各个车轮,保证轴重分配;缓和轨道不平顺对车辆的冲击,保证车辆运行的平稳性。

一系悬挂的形式有双侧拉板式、单侧拉板式、圆柱层叠橡胶弹簧式、圆锥层叠橡胶弹簧式、圆筒橡胶弹簧式、转臂式等,城市轨道交通车辆转向架上常见的是圆锥层叠橡胶弹簧一系悬挂和转臂式一系悬挂。

1. 圆锥层叠橡胶弹簧一系悬挂

圆锥层叠橡胶弹簧一系悬挂主要由两个并联的圆锥形金属橡胶弹簧及一个轴箱组成,如图4-23所示。其结构简单,组装、拆卸及维修维护方便。弹簧单元安装在轴箱的两侧,其支承面的高低有所不同。这种定位方式使轴箱在纵向、横向和垂直方向实现了无间隙、无磨耗的弹性定位,既能保证一系悬挂所需要的弹簧静挠度,又能满足轴箱弹性定位的要求,同时具有良好的吸收高频振动和隔声性能。

圆锥层叠橡胶弹簧一系悬挂还包括轮对起吊止挡和撞击止挡,以防止轮对的过量偏移。

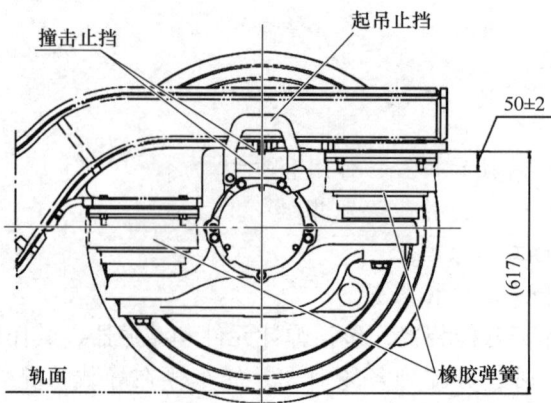

a)

b)

图 4-23　圆锥层叠橡胶弹簧一系悬挂

a）结构示意图　b）实物图

橡胶弹簧的纵向和横向刚度相同，其垂向刚度根据车辆重量的不同可进行车调度员整，实现纵向、横向和垂向刚度的合理匹配，改善轮轨间的动作用力，有效降低构架和牵引电机的振动加速度，还可吸收高频振动和减小运行噪声。此外，橡胶弹簧组装、维修方便，性能良好。

2. 转臂式一系悬挂

转臂式一系悬挂主要包含的零部件有轴箱弹簧组、转臂轴箱体、垂向减振器、橡胶定位节点、调整垫等，如图 4-24 所示。它可以有效地缓冲和衰减车辆的垂向振动，其特点如下：

1）便于一系悬挂定位刚度的选择（要求的刚度值可以在垂向、纵向和横向进行独立选择），可兼顾稳定性和曲线通过性能。

2）零部件数量较少，结构简单，可靠性高。

3）便于一系悬挂的分解和组装作业。

4）无磨耗，可实现免维护。

轴箱弹簧组由两个嵌套的螺旋钢弹簧、安装在弹簧下面的橡胶减振垫、弹簧上下夹板等

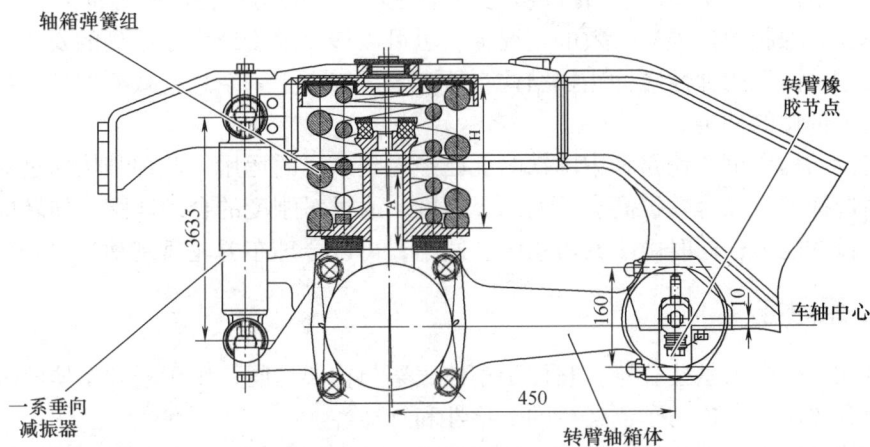

图 4-24 转臂式一系悬挂

a) 结构示意图 b) 实物图

组成,主要承受构架的垂向载荷,以及隔离来自轨道的振动。

转臂轴箱体作为连接轮对与构架的重要部件,为了简化结构,降低自重,采用转臂轴箱体一体化结构,便于组装和维护检修。转臂轴箱体的一端通过弹性橡胶节点安装在构架上,另一端通过轴箱轴承及轴承压盖与车轴连接在一起。

转臂节点分为外套、橡胶层和心轴三部分,外套和心轴通过橡胶硫化成一个整体,外套与轴箱转臂间采用过盈配合,心轴与构架的定位座间采用圆柱面和侧面的止挡面配合,由中间的橡胶层提供轮对的定位刚度,在纵向、横向上实现无间隙、无磨耗的弹性定位。此种定位方式的优点是可以通过改变橡胶层的形状来实现不同的定位参数,进而获得车辆不同的临界速度。垂向的载荷和振动全部由一系钢弹簧、橡胶垫和一系减振器来缓解和衰减。

垂向减振器安装在轴箱外侧,位于构架端部和转臂轴箱体之间,方便检查与维护。

橡胶定位节点结构采用金属-橡胶硫化的弹性元件，结构符合故障导向安全理论，安装可靠，即使在有橡胶部件损坏失效的情况下，也可以最大限度地保证车辆的安全。

一系悬挂垂向采用弹性缓冲止挡结构，可有效缓解由于一系悬挂减振部件失效带来的对轮对、轴箱等部位的冲击。

转臂定位结构在世界铁路和中国铁路上已经得到广泛的运用，此种结构通过对定位节点刚度的合理选择，可以有效提高车辆的临界速度；通过对刚度的合理匹配，使转向架具有通过小曲线半径的能力；同时由于其占用的空间小，可以合理布置轮盘制动。

二、二系悬挂

二系悬挂又称中央悬挂装置，它位于车体底架与构架之间，用于缓和车体的垂向和横向振动、控制车体高度、提高车辆运行的平稳性和舒适性。

二系悬挂装置由空气弹簧、横向液压减振器、高度调整阀、水平杠杆、调整杆、差压阀等组成，如图 4-25 所示。部分车辆的二系悬挂还装有抗侧滚扭杆。

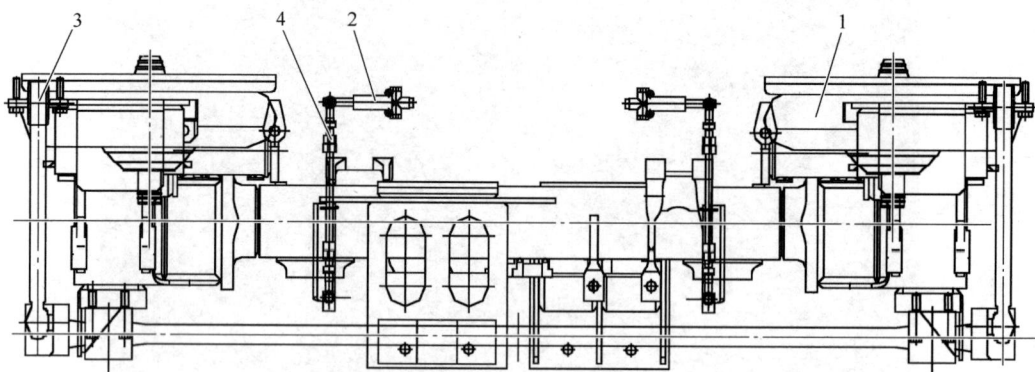

图 4-25 二系悬挂
1—空气弹簧 2—高度调整阀 3—抗侧滚扭杆 4—高度阀调节杆

1. 空气弹簧

目前，城市轨道交通车辆转向架的二系悬挂普遍采用低横向刚度的空气弹簧，它具有如下优点：大幅度降低车体的振动频率；可根据车辆性能的需要，设计其弹性特性；使空车和重车状态的运行平稳性保持一致；使车体在不同静载荷下，保持高度基本不变；可取消传统的摇枕装置，简化了结构；具有良好的吸收高频振动和隔声性能；能改善乘坐舒适性和通过曲线的性能，缓和车体的垂向和横向振动。

转向架构架内部做空气弹簧的附加空气室，空气弹簧的下部通风口与附加空气室连接，上部进风口与车体的管路连接。空气弹簧的胶囊气室与附加空气室间的节流孔对车体的垂向振动起到一定的衰减作用，因此不需要加装垂向液压减振器。

空气弹簧由胶囊与紧急橡胶堆组成，如图 4-26 所示。胶囊与橡胶堆串联工作，通过对两个部件的优化，可以获得较高的乘坐舒适性。在正常工况下（充气状态），紧急橡胶堆有助于胶囊适应转向架的转动。如果胶囊失效（即空气弹簧无气），紧急橡胶堆将独立工作，提供紧急状态下的支承刚度，保证车辆能够正常运行。紧急橡胶弹簧内还设有金属止挡，当胶囊失效时，该止挡能够保证车辆地板面高度的下降量不超过 45mm。

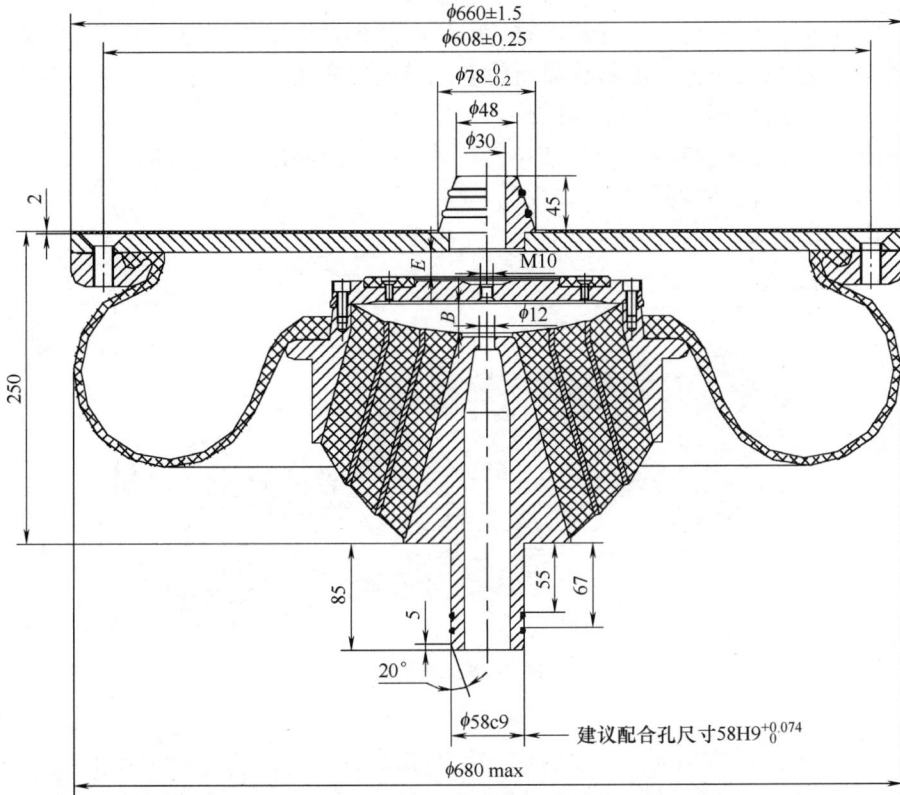

图 4-26 空气弹簧

2. 高度调整阀、水平杠杆、调整杆

在每辆车的转向架和车体之间装有 4 个高度调整阀，用于维持车体在不同静载荷下都与轨面保持一定的高度。直线运行时，车辆在正常振动情况下不产生进、排气作用；在车辆通过曲线时，如果车体倾斜程度超过无感区，则转向架左、右侧的高度控制阀分别产生进、排气的不同作用，从而减少车辆的倾斜。高度调整阀只能用来检测车体与转向架之间由乘客负载引起的高度变化，使得车辆处于稳定的高度，而不能用于补偿车轮和转向架等零件的磨损。

水平杠杆和调整杆的功能是将由乘客负载引起的高度变化信息，准确地传递给高度调整阀。调整杆安装在构架与车体底架上高度阀的水平杠杆之间，两端使用球形关节轴承，能满足车体与转向架间足够的容许位移。水平杠杆和调整杆如图 4-27 所示。

图 4-27 水平杠杆和调整杆

3. 差压阀

在每个转向架的两个空气弹簧的附加空气室之间设有一个差压阀，如图 4-28 所示。当两个空气弹簧之间的压差超出允许范围时，差压阀就会发生动作，使两个空气弹簧处于导通状态，这样就能避免某一个高度阀故障而使空气弹簧过充或任意一个空气弹簧爆破而导致的车辆过度倾斜，从而保证了车辆安全运行。

一般情况下，差压阀两侧的允许压力差有 100kPa、120kPa、150kPa 三种。在条件允许的情况下，应尽可能选择压差较小的值。

供给

供给

图 4-28　差压阀

想一想　两个空气弹簧为什么要有一定的压力差？

在曲线上，两个空气弹簧必须保持一定的压力差，否则车体将发生倾斜；车体左右摇摆时也必须保持一定的压力差，否则会加剧摇摆。

---

4. 横向液压减振器

每台转向架采用两个横向液压减振器，它们安装在构架侧梁与中央牵引梁之间，如图 4-29 所示。在其端部装有允许车体和转向架之间发生位移的弹性节点。在车辆发生横向振动时，横向减振器会施加适当的阻尼力，来改善车辆的横向特性。横向液压减振器性能参数的选择是根据车辆的动力学性能进行优化的结果。

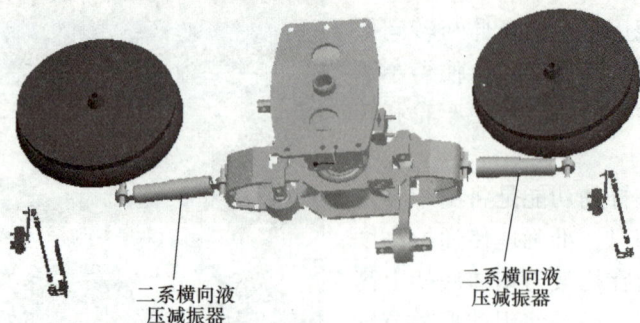

二系横向液压减振器

二系横向液压减振器

图 4-29　二系悬挂横向液压减振器安装位置示意图

城市轨道交通车辆一般都使用液压减振器，主要利用液体黏滞阻力所做的负功来吸收振动能量。减振器为免维修部件，有寿命限制。

5. 二系悬挂系统自动调节车辆高度的原理

车辆静载荷增加时，空气弹簧被压缩而使其工作高度降低，这时高度控制阀随车体下降，由于高度调整连杆的长度固定，使高度调整杠杆发生转动，打开高度控制阀的进气机构，压力空气由供风管通过高度控制阀的进气机构进入空气弹簧和附加空气室，直到高度调整杠杆回到水平位置，即空气弹簧恢复其原来的工作高度。车辆静载荷减小时，空气弹簧伸长，其工作高度增大，高度控制阀随车体上升，同样由于高度调整连杆的长度固定，高度调整杠杆发生反向转动，打开高度控制阀的排气机构，压力空气由空气弹簧和附加空气室通过高度控制阀排气机构的排气口排入大气，直到高度调整杠杆回到水平位置，如图 4-30 所示。

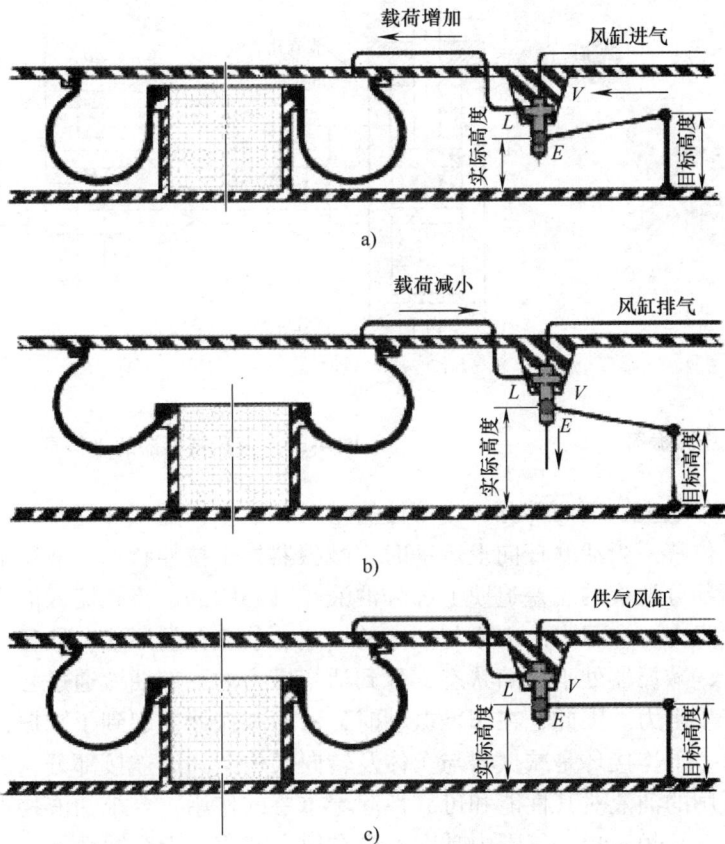

图 4-30　二系悬挂系统的工作原理

a）载荷增加，充气不足　b）载荷减小，充气过量　c）压力合适　L、V、E—高度控制阀的 3 个通路

三、其他减振装置

1. 减振器

一系悬挂和二系悬挂普遍采用减振器作为其一部分。弹簧元件主要起缓冲作用，缓和各

种冲击、振动和激扰力。而减振器的作用是减小振动，它的作用力总是与运动方向相反，起着阻止振动、消耗振动能量的作用。城市轨道交通车辆一般都使用液压减振器，如图4-31所示。

液压减振器利用液体黏滞阻力所做的负功来吸收振动能量，它的优点在于其阻力是振动速度的函数，振幅的衰减与幅值大小有关：振幅大时衰减量也大，反之亦然。这种"自动调节"减振的性能，正好符合城市轨道交通车辆的需求。

液压减振器主要由活塞、进油阀、缸端密封、上下连接环、液压缸、储油筒和防尘罩等部分组成，其内部充有专用油液。它的工作原理如图4-32所示。

图 4-31 液压减振器   图 4-32 液压减振器的工作原理

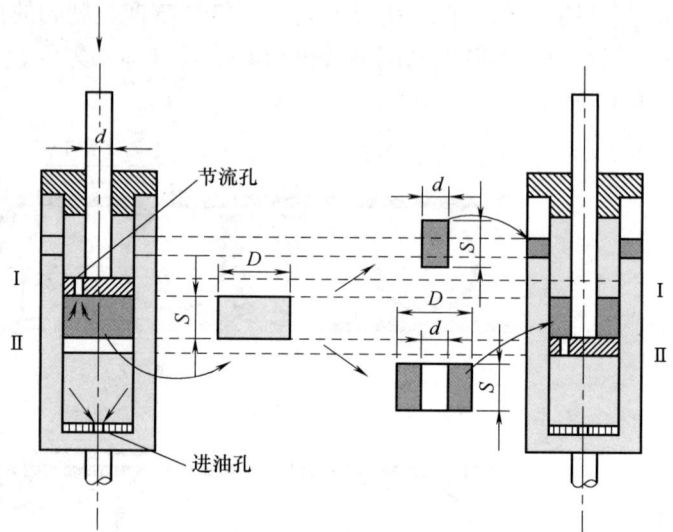

活塞把液压缸分成上、下两部分，当车体振动时，活塞杆随车体运动，与液压缸之间产生上下方向的相对位移。当活塞杆向上运动时，减振器处于拉伸状态，液压缸上部油液的压力增大，上、下两部分油液的压差迫使上部分油液经过心阀的节流孔流入液压缸下部。油液通过节流孔时产生阻力，该阻力的大小与油液的流速、节流孔的形状和孔径的大小有关。当活塞杆向下运动时，减振器处于压缩状态，受到活塞压力的下部油液通过心阀的节流孔流入液压缸上部，也产生阻力。因此，在车辆振动时，液压减振器便起到了减振作用。

液压减振器上、下连接环是减振器与车体及转向架构架间的连接部分，通过传入短销与其连接。减振器所用的油液对其性能和可靠性起着重要的作用，要求油液物理、化学性能稳定，具有防冻性，在 -40~40℃ 范围内黏度不应有很大变化，无腐蚀性等。

2. 抗侧滚扭杆

二系悬挂采用大挠度的空气弹簧后，虽较好地改善了车辆的垂向性能，但也带来一个较大的问题，就是导致了车辆侧滚刚度的减小，特别是当车辆经过"S"形曲线和道岔时，侧滚角会增大。另外，高度调整阀系统的滞后效应，也会影响乘坐的舒适性及安全性。此时，可在车体和转向架之间安装抗侧滚扭杆装置，以提高车辆的运行平稳性和抗侧滚能力。

抗侧滚扭杆装置主要由扭杆、扭臂、垂向连杆和安装座等组成，如图4-33所示。该装置对车辆的垂向、横摆、点头、摇头及沉浮等振动不产生影响，只抑制车辆的侧滚振动，能有效抑制车辆通过曲线区段的侧滚振动幅值，提高车辆的乘坐舒适度。其工作原理为：当车辆产生侧滚运动时，扭杆弹簧能产生扭转变形，缓解车辆的侧滚运动；当摆臂受力转动时，扭杆产生扭转变形，当摆臂所受力撤除时，扭杆的扭转变形消失。

扭杆通过橡胶轴承固定在构架侧梁下部的两个安装座上，安装座与扭杆可以相对转动。垂向连杆上端通过橡胶节点与车体连接，下端通过关节轴承与扭杆转臂连接。

加装抗侧滚扭杆的优点：①抑制车辆侧滚振动的幅值，提高车辆通过小半径曲线的运行品质，提高乘坐舒适度；②增加车辆抵抗侧向风载的能力，提高车辆的抗倾覆能力，有利于提高车辆运行的安全性；③有效地降低车辆的柔性系数，提高车辆通过曲线的运行安全性。BD24 型车的抗侧滚扭杆如图 4-34 所示。

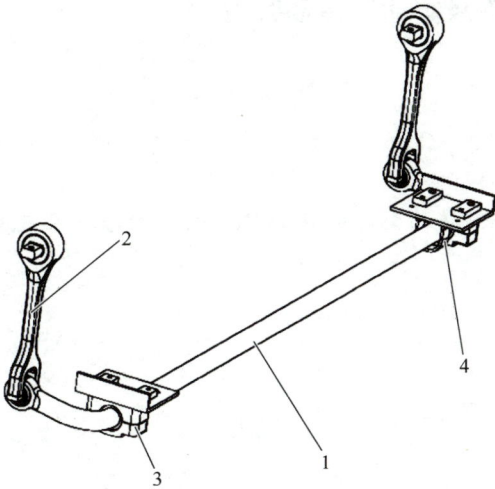

图 4-33　抗侧滚扭杆
1—扭杆轴（含转臂）　2—垂向连杆
3—安装座　4—安全吊

图 4-34　BD24 型车的抗侧滚扭杆

【课后习题】

一、不定项选择题
1. 转向架上起到轮对轴箱定位作用的装置是（　　）。
A. 空气弹簧　　　B. 牵引连接装置　　　C. 抗侧滚扭杆　　　D. 一系悬挂
2. 二系悬挂的横向液压减振器安装在（　　）和（　　）之间。
A. 构架　　　B. 轴箱装置　　　C. 轮对　　　D. 牵引梁
3. 装在车体与构架之间的弹簧减振装置属于（　　）。
A. 一系悬挂装置　B. 三系悬挂装置　　　C. 二系悬挂装置　　　D. 没有安装
4. 装在构架与轮对轴箱装置之间的弹簧减振装置属于（　　）。
A. 一系悬挂装置　B. 三系悬挂装置　　　C. 二系悬挂装置　　　D. 没有安装
5. 转向架上的（　　）能根据车辆载荷变化自动调节空气弹簧内部压力，从而使车体保持一定高度。

A. 空气弹簧　　　　B. 高度控制阀　　　　C. 抗侧滚扭杆　　　　D. 差压阀

6. 采用两系弹簧减振系统，可以改善车辆（　　　）的运动平稳性。

A. 纵向　　　　　　B. 横向　　　　　　C. 垂向

7. 车辆上弹簧减振装置的作用包括（　　　）。

A. 缓和冲击　　　　B. 衰减振动　　　　C. 弹性约束　　　　D. 增强刚度

二、简答题

1. 简述一系悬挂的类型及作用。

2. 简述二系悬挂系统的组成和工作原理。

课题五　牵引连接装置及驱动和传动装置

【课题引入】

牵引电机产生的转矩是如何传递给轮对的？轮对转动引起的在钢轨上的向前滚动又是如何转换为车体向前的平动的？

【学习目标】

1. 能分析列车牵引力的传递路径。

2. 能指认牵引连接装置的结构。

3. 了解驱动和传动装置的组成及作用。

一、牵引连接装置

城市轨道交通车辆采用了无摇枕结构的转向架，车体直接坐落在空气弹簧上，摇枕所具有的传递纵向力和转向功能必须靠牵引连接装置来实现。牵引连接装置的作用：①传递纵向的驱动力和制动力，同时允许二系悬挂的空气弹簧在垂向和横向上柔软地动作；②纵向具有适当的弹性，以缓和由于转向架点头、车轮重量不平衡等引起的纵向振动；③结构上要便于实现车体与转向架的连接和分离。

每台转向架设有一套牵引连接装置，它主要包含的零部件有横向止挡、中心销、中心销套、牵引梁、牵引拉杆等，如图4-35所示。

中心销的上端通过螺栓固定在车体的枕梁中心，下端插入牵引梁的孔内，通过中心销套将中心销与牵引梁固定在一起。牵引梁和构架之间通过两个呈"Z"字形布置的牵引拉杆连接；中心销套和中心销之间由定位销定位，保证二者没有相对转动，中心销套和中心销上涂抹润滑油膏，以减少磨耗。中心销套的橡胶变形可以满足车体和转向架之间的相对转动，从而消除了磨耗。中心销、中心销套、牵引梁之间是无间隙配合，实现了无间隙牵引。

1. 牵引梁

牵引梁可视为小型化摇枕，它是传递牵引力和制动力的中间载体，一方面通过中心销套

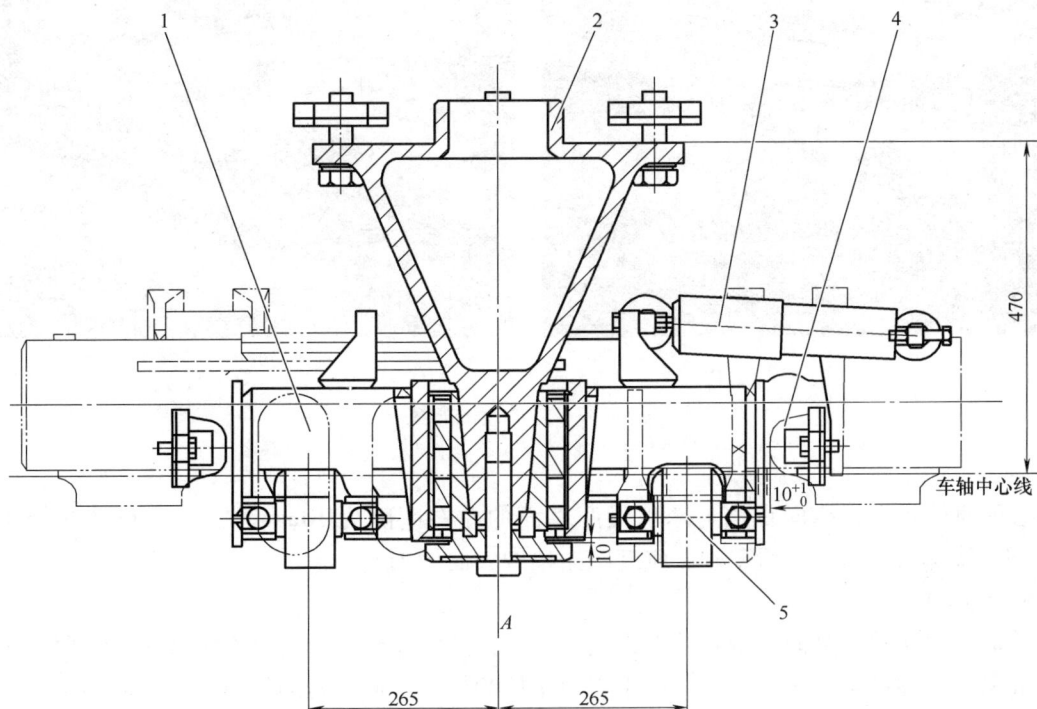

图 4-35　牵引连接装置

1—牵引梁　2—中心销　3—横向减振器　4—横向挡　5—牵引拉杆

与中心销连接，另一方面通过两根呈"Z"字形布置的牵引拉杆与构架相连。

2. 牵引拉杆

每套牵引装置使用两个呈"Z"字形布置的牵引拉杆，它的两端为弹性橡胶节点，实现车体和构架间的相对运动。牵引拉杆的一端与构架相连，另一端与牵引梁相连，如图 4-36所示。

3. 中心销

中心销的上端通过螺栓固定在车体的枕梁中心，下端插入牵引梁的孔内，如图 4-37所示。

4. 横向止挡

横向止挡安装在构架侧梁上，用来限制车体的横向摆动，使用弹性橡胶堆，同时具有适当的弹性，以满足运行平稳性和舒适度要求。

图 4-36　牵引拉杆

当车辆发生一定的横向位移后，横向止挡能够为车辆提供附加的非线性横向刚度，控制车辆的动态横向偏移，以及提高横向的乘坐舒适性。另外，横向止挡还能够限制车体与转向架间产生过量的横向位移，保证车辆满足限界要求。

图 4-37　中心销的布置

a）中心销　b）牵引梁上的孔

在平直轨道上，横向止挡与牵引梁两端面的左右间隙为 10mm。在横向止挡初始压缩时，弹性特性很柔软，其后稍硬，刚度随振幅增大而增加。

5. 垂向止挡

垂向止挡用螺栓紧固到中心销上，充当转向架的整体起吊和防过充装置。当需要对车辆进行起吊时，在吊起车体的同时，由于垂向止挡的作用，使得转向架也可以一同被吊起。

【知识拓展】

转向架不同、牵引连接装置的结构也不尽相同，图 4-38a 所示牵引连接装置采用单牵引拉杆结构，使转向架具有相对于车体在横向、垂向、侧滚、点头等方向的自由度，只传递车体纵向的牵引力和制动力。牵引拉杆距轨面的高度经优化后，可减少转向架的点头振动，降低牵引和制动时对轮重转移的影响。牵引拉杆的两端都装有弹性橡胶节点，可以吸收一定的振动。

图 4-38b 所示牵引连接装置用牵引层叠橡胶来连接牵引梁和构架横梁。

二、驱动和传动装置

驱动和传动装置是指在动车转向架上，将牵引电机的转矩转化为轮对转矩的执行装置，包括牵引电机、齿轮箱、联轴器等，如图 4-39 所示。每台动车转向架装有两套驱动和传动装置，各与一个轮对轴箱装置连接。

1. 牵引电机

牵引电机的布置形式直接影响转向架的动力性能。牵引电机根据其在转向架上悬挂方式的不同，可以分为轴悬式、架悬式和体悬式。

（1）轴悬式牵引电机　轴悬式牵引电机的一侧通过轴承抱合在车轴上，另一侧则通过悬挂元件弹性地吊挂在转向架构架上，如图 4-40 所示。其全部质量的一半由车轴承担，另一半由构架承担，驱动转矩的传递，由安装在牵引电机输出轴上的小齿轮直接驱动固定在车轴上的大齿轮来实现。该驱动装置结构简单、检修容易、拆装方便。但由于牵引电

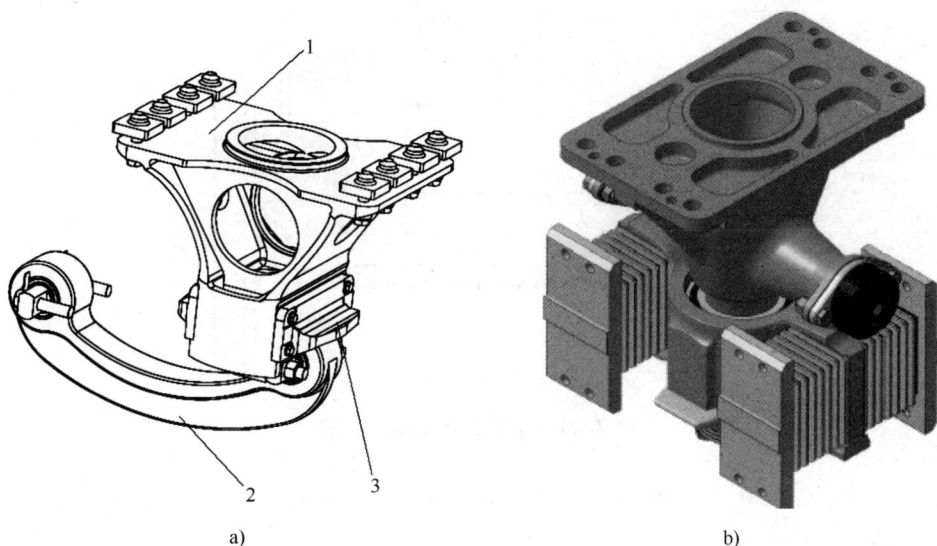

图 4-38 不同结构的牵引连接装置
a）单牵引拉杆 b）牵引层叠橡胶
1—中心销 2—牵引拉杆 3—垂向止挡

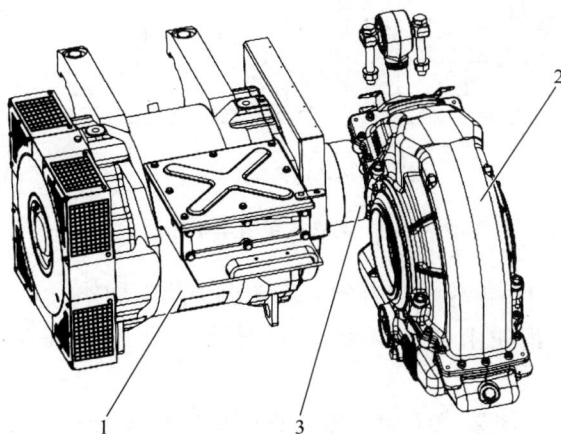

图 4-39 驱动和传动装置
1—牵引电机 2—齿轮箱 3—联轴器

机一半以上的质量为簧下质量，既增加了车辆对轨道的动力破坏作用，又将轮轨间产生的冲击与振动直接传递给了牵引电机，加大了电机的机械载荷。所以，该结构一般应用在低速动车上。

（2）架悬式牵引电机 架悬式牵引电机整体悬挂在转向架构架上，属于一系弹簧以上的质量。其全部质量由构架承担，不再与车轴发生直接的联系，而驱动转矩则可通过一套灵活的机构传递给车轴，如图 4-41 所示。

架悬式牵引电机由于簧下质量小，适用于快速和高速动车。架悬式牵引电机和转向架构

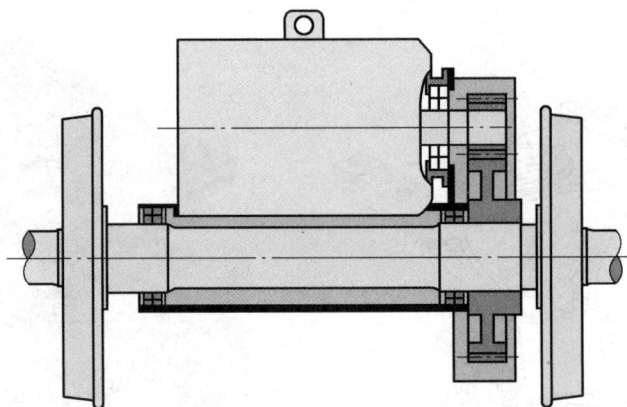

图 4-40 轴悬式牵引电机布置

图 4-41 架悬式牵引电机布置

架一起振动，与电枢轴上的小齿轮相啮合的大齿轮也必须随构架振动，以使大、小齿轮的中心距保持不变。把从动大齿轮上的力矩传到轮对的驱动装置上是架悬式牵引电机的关键技术。

（3）体悬式牵引电机 体悬式结构通常是把牵引电机悬挂在车体的底部，使其成为二系弹簧以上的质量。这样，转向架构架的质量及回转惯性矩就大为减小，容易保持转向架高速时的蛇形稳定性，对减轻轮轨的垂向及横向动载荷也有所帮助。体悬式牵引电机的工作条件比其他任何悬挂方式都好，无需将转向架与车体分离就可以卸下牵引电机，但其驱动机构最为复杂、制造成本高，故只有必要时才采用体悬式牵引电机。我国 CRH5 型高速动车组采用垂直万向轴驱动的体悬式牵引电机结构，其目的是进一步减轻簧间质量，如图 4-42 所示。

2. 齿轮箱

城市轨道交通车辆多采用架悬式牵引电机布置，与其配合的齿轮箱为减速齿轮箱（图 4-43），包括小齿轮（主动齿轮）、大齿轮（被动齿轮）、齿轮箱及轴承。齿轮箱的功能是将牵引电机输出的转矩传递给轮对，从而驱动转向架运动。齿轮箱箱体的一端通过轴承安

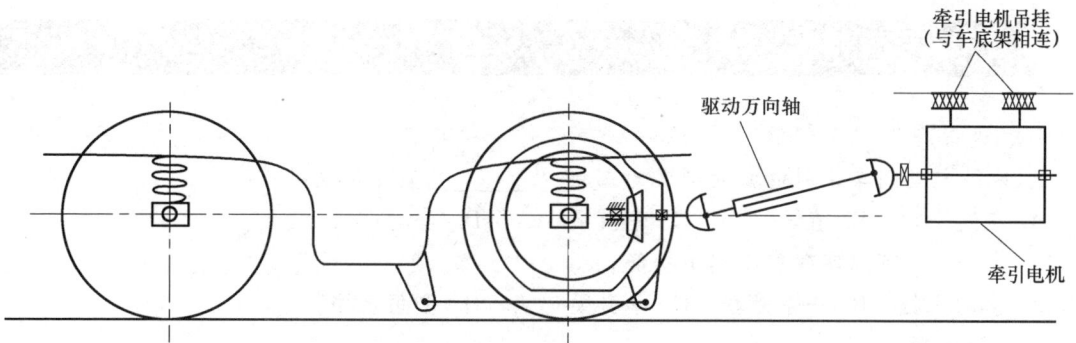

图 4-42 CRH5 型车体悬式牵引电机布置

装于车轴上，箱体的另一端通过吊杆弹性地吊装于构架横梁的齿轮箱吊座上。齿轮箱应有良好的润滑系统和密封系统，以保证润滑油不会泄漏。

3. 联轴器

联轴器（图 4-44）是用来连接不同机构中的两根轴（主动轴和从动轴）使之共同旋转以传递转矩的机械零件。牵引电机的转矩通过联轴器传递给齿轮箱内的小齿轮，联轴器应能确保牵引电机轴与小齿轮轴在产生径向偏移时，仍能正常传递牵引电机转矩。

图 4-43 减速齿轮箱

牵引电机的牵引转矩经联轴器、齿轮传动机构传至轮对，轮对将牵引力经一系悬挂的弹簧装置传至构架，再经牵引连接装置传至车体。这样，牵引电机的驱动力就转化为了车体向前的运动；而动车的驱动力又经过车钩缓冲装置的连接作用传至拖车，实现了全列车的运行。

图 4-44 联轴器

【课后习题】

一、选择题

1. 地铁电动列车牵引电机的型式为三相_____笼型异步电机。

A. 交流　　　B. 直流　　　C. 牵引梁　　　D. 垂向止挡

2. _____可以实现整车起吊功能。

A. 横向止挡　B. 一系悬挂　C. 牵引梁　　　D. 垂向止挡

二、简答题

分析牵引电机的驱动力是如何从动车转向架传递到拖车转向架的。

【实训指导】

一、实训任务

转向架结构认知。

二、实训目标

1. 能正确判断转向架的类型。

2. 能正确指认转向架结构，并描述各组成部件的功能。

三、实训准备

城市轨道交通车辆转向架实训设备。

四、实训过程

1. 分组练习，分组考核。

2. 根据转向架实训设备的数量分组，学生对照转向架实训设备指认各部件名称并说明其作用。

3. 教师考核组长，组长对组员逐一进行考核。

05

单元五　车辆连接装置

【学习导入】

车辆连接装置位于列车的车辆之间，用于将车辆与车辆连接起来。车辆之间要求实现四种连接：机械连接；气路连接，连接全列压缩空气管路；电气连接，既包括强电（电力）连接，也包括弱电（通信控制信号）连接；空间连接，通过贯通道实现客室车厢的空间连接。因此，车辆连接装置由车钩缓冲装置和贯通道两部分组成。

课题一　车钩缓冲装置

【课题引入】

　　车钩缓冲装置简称车钩或钩缓，是车辆连接、列车救援和调车作业的重要设备。随着列车运行速度的提高，以及乘客对乘车舒适性要求的提高，作为传递列车纵向牵引力、压缩力与缓和列车纵向冲动的车钩缓冲装置的作用变得越来越重要。

【学习目标】

　　1. 掌握车钩缓冲装置的作用。
　　2. 掌握车钩缓冲装置的分类。
　　3. 能指认不同类型车钩缓冲装置的结构。
　　4. 理解半自动车钩的解挂钩原理。

一、车钩缓冲装置的作用及基本要求

1. 车钩缓冲装置的作用

　　1）位于列车车辆底架的两端，用来连接列车中各车辆，使之彼此保持一定的距离。
　　2）连通列车内部的机械、风路和电路，使车辆形成一个整体。
　　3）传递列车在运行中或在调车时所产生的纵向力或冲击力。
　　4）缓和列车在运行中或在调车时所产生的纵向力或冲击力。
　　5）转动，使列车能够顺利通过曲线。

2. 对车钩缓冲装置的基本要求

　　1）有足够的强度，能承受并传递纵向载荷。
　　2）应具有较大的缓冲容量，能缓和车辆正常运行和连挂时出现的纵向冲击。
　　3）连挂后的间隙尽量小，不至于产生附加的纵向加速度。
　　4）能够灵活、安全地通过曲线。
　　5）车钩应方便连挂和解钩，能够快速实现车辆之间的机械、空气和电气连接。
　　6）须保持一定的车钩高。
　　7）具备防止因振动自动脱钩的防跳功能。
　　8）具有吸能保护装置，在列车发生超过允许连挂速度的冲撞（如列车正面冲突事故）时，能够有效地保护车辆车体不受损坏，以及车内的乘客不受伤。

二、车钩缓冲装置的分类

1. 按连接特点分类

　　车钩缓冲装置按连接特点分为非刚性车钩和刚性车钩。

　　（1）非刚性车钩　允许两个相连接的车钩钩体在垂直方向上有相对位移，两个车钩呈

阶梯形状，并且各自保持水平，在水平面内可以摆动。非刚性车钩具有两车钩纵向中心线高度偏差大时也易相互连挂；强度大；不需对中装置；钩体结构和铸造工艺简单的特点，多用于货车或普速客车上。

（2）刚性车钩　刚性车钩也称为密接式车钩。这种车钩不允许两连挂车钩存在相对位移，如果在车辆连挂之前两车钩的纵向轴高度已有偏差，那么在连挂后，两车钩的轴线将处在同一条直线上并呈倾斜状态。两车钩钩体的尾端具有完全的交接，可保证两连挂车辆之间可以具有相对的水平和垂向角位移。密接式车钩的特点是连接间隙小，磨耗小，降低了纵向力；改善了自动车钩零件的工作条件；降低了车钩冲击噪声；可避免发生事故时后面车辆爬到前一车辆上的危险。所以在世界范围内，刚性车钩在动车组和城市轨道交通车辆上得到了广泛的应用。非刚性车钩和刚性车钩的区别如图5-1所示。

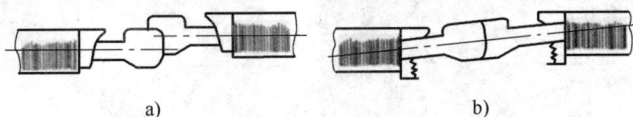

a)　　　　　　　　　　　　b)

图 5-1　非刚性车钩和刚性车钩的区别

a) 非刚性车钩　b) 刚性车钩

2. 按各部分连接方式分类

车钩缓冲装置按各部分连接方式不同，分为全自动钩缓装置、半自动钩缓装置和半永久钩缓装置。

（1）全自动钩缓装置　全自动钩缓装置简称全自动车钩，它位于列车端部，其电气、风路都组装在车钩上，如图5-2所示。车辆连挂时，机械、电路、风路自动接通，解钩可在驾驶室控制自动操作或手动操作，之后车钩处于待挂状态，电路断开，盖板自动关闭，风路自动关闭。动车组列车，例如武汉地铁2号线，上海地铁1、2、3号线，广州地铁3、4号线等城轨列车均使用全自动车钩，方便列车的连挂和救援。

图 5-2　全自动车钩

（2）半自动钩缓装置　半自动钩缓装置（图5-3）简称半自动车钩，它一般设置在列车编组两单元之间，主要用于两单元之间的连挂，有时也设置在列车端部，可以实现机械、气路的自动连接和分离，但电路的连接和分离需要人工进行，以便进行检修作业。由于全自动车钩的造价高、使用频率低，国内有一些城市的城轨列车采用半自动车钩，如北京地铁各线路，西安地铁1、2号线，成都地铁1号线，沈阳地铁1号线列车。

（3）半永久钩缓装置　半永久钩缓装置简称半永久牵引杆或半永久棒式车钩，用于同一编组单元内车辆之间的连接，确保机械连接和车辆主风管的连贯性，如图5-4所示。其机械、气路和电路的连接和解钩都需要人工操作。一般不分解，只有在维修时才需要分解。其特点是连接间隙小，刚度大，列车出轨时仍能保持相对位置，可防止重叠、颠覆，并可以支承连接通道。

图5-3　半自动车钩

图5-4　半永久牵引杆

3. 密接式车钩缓冲装置的不同制式

所谓车钩的制式不同，指的就是车钩的机械连挂和闭锁机构的原理不同。不同制式的车钩是不能连挂在一起的。

目前，国内常见的密接式车钩缓冲装置主要有三种：一种是日本的柴田式密接式车钩；另一种是德国的Scharfenberg（夏芬伯格）型密接式车钩；第三种是我国国产的密接式车钩，如由四方车辆所研制的CG系列车钩。

（1）日本柴田式车钩　柴田式车钩的主要钩头形状为凸锥式，它通过一个在车钩头内可以旋转的半圆形钩锁实现车钩的密接式连接和锁闭，如图5-5所示。连挂时，对面车钩的凸锥会推动钩锁旋转，车钩面密贴到位后，钩锁在拉伸弹簧的作用下回复至倾斜位置，卡住连挂车钩的钩头体，实现连挂和锁闭。目前，我国使用这种车钩的车辆有CRH-2动车组、25T型提速客车、北京地铁早期列车等。

（2）Scharfenberg型密接车钩　Scharfenberg型密接车钩的主要钩头形式是棱锥式，如图5-6所示。它是德国人Karl Scharfenberg于1903年发明的，在欧洲铁路和城市轨道交通中已经成为标准配置。Scharfenberg型车钩近年在中国铁路高速动车和城市轨道交通中也得到了广泛应用，如CRH-1动车组、CRH-5动车组、CRH-3动车组、上海地铁、广州地铁、深圳地铁、北京地铁等。

三、车钩缓冲装置的结构

1. 车钩缓冲装置的主要技术参数

车钩缓冲装置的主要技术参数有纵向拉伸屈服载荷、纵向压缩屈服载荷、最大主动对中角、最大垂直转角、压溃管行程及稳态力、缓冲器行程、过载保护螺栓触发力等。各钩缓装置因其设计要求不同，技术参数也不尽相同。以国产CG-12型车钩为例，其主要技术参数见表5-1。

图 5-5　日本柴田式车钩

图 5-6　Scharfenberg 型密接车钩

表 5-1　国产 CG-12 型车钩的主要技术参数

参　　数		全自动车钩	半自动车钩	半永久牵引杆
纵向拉伸屈服载荷/kN		≥850	≥850	≥850
纵向压缩屈服载荷/kN		≥1250	≥1250	≥1250
最大主动对中角		±15°	±15°	±35°
最大垂直转角		±6°	±6°	±6°
压溃管参数	行程/mm	295	295	330
	稳态力/kN	1000	1000	950
缓冲器行程/mm		≤55	≤55	≤73
过载保护螺栓触发力/kN		1200	1200	—

2. 半自动钩缓装置的主要结构部件

半自动钩缓装置由连挂系统、压溃装置、缓冲装置和内置过载装置等组成，如图 5-7 所示。

（1）连挂系统　国产 CG-12 型车钩的连挂系统采用 330 型密接式地铁机械钩头，集成机械连挂和风路连通的功能，能手动（或自动）进行解钩操作。

机械钩头内部由钩舌、连挂杆、回复弹簧、解钩手柄等构成（图 5-8），确保两辆车的机械连接可靠。其表面有凸锥和凹锥，允许车钩自动对齐和同心，在水平和垂直方向提供一个大的连挂范围。有的车钩钩头还增加了导向杆，进一步增大了连挂范围，其外形和连挂范围如图 5-9 所示。

车钩有待连挂位（同时也是锁定位）和全开位两种状态。车钩的连挂靠可绕着中心销旋转的钩舌板和连挂杆完成。当车钩处于准备连挂状态时，车辆相对移动，两车钩相互撞击，钩体内部的钩舌等机构顺时针旋转，对方钩体的凸锥推动本钩钩舌等连挂机构旋转到最大角度，到达全开位，如图 5-10 所示。当车钩前端面密贴后，连挂杆前端的钩锁杆即卡入对面车钩的钩舌板缺口内，形成稳定的、间隙非常小的连接，对于新造的车钩，此间隙可以

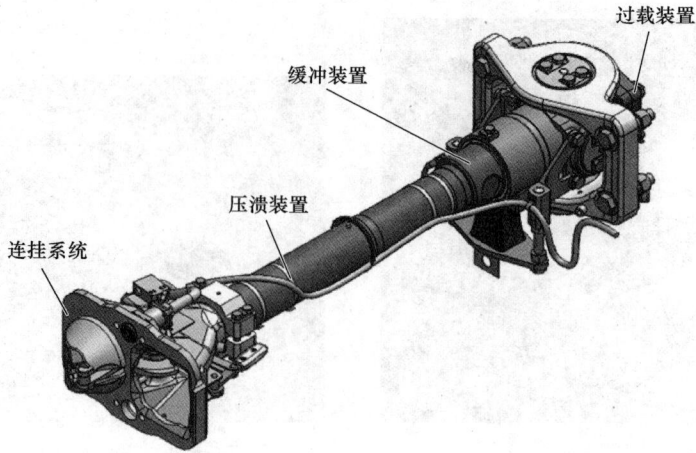

图 5-7 半自动钩缓装置（以国产 CG-12 型车钩为例）

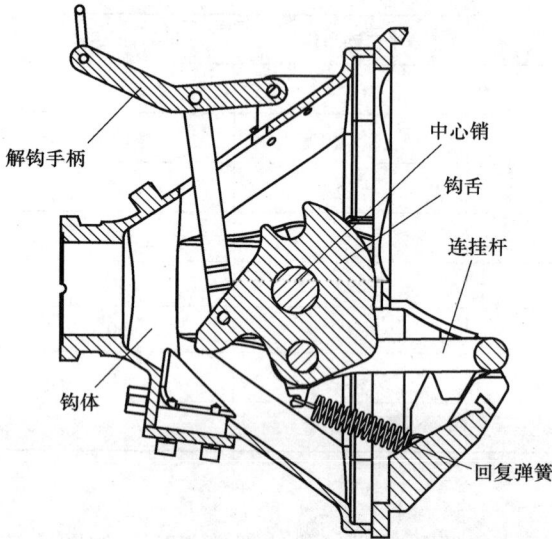

图 5-8 330 型车钩内部结构

图 5-9 带导向杆的半自动车钩

控制在 0.5mm 左右。然后，车钩在弹簧的作用下迅速回复到锁定位，到达完全连挂后车钩连挂机构的位置状态。连挂所需的最小速度为 0.6km/h。

钩头面配有一个宽而扁的边缘以吸收缓冲力。牵引力通过车钩锁（钩舌板、连挂杆）传递，牵引负载和缓冲载荷从钩头传出，通过车钩牵引杆，然后经过橡胶垫钩尾座缓冲后达到规定负载值。任何超出钩尾座吸收能力的载荷均会被传送至车厢底架中。安装在车钩拉杆上的吸能装置可以缓冲冲击。

解钩既可在驾驶室内遥控自动完成，也可在轨道旁手动完成。司机操纵按钮、控制电磁阀使解钩风缸、充气风缸活塞杆推动钩舌顺时针转动，使钩体内部的钩舌及其他机构旋转到最大角度，到达全开位，然后车辆后退，两车钩正常分离。现场解钩时，只需人工扳动解钩手柄即可。解钩后，释放解钩手柄，在拉伸弹簧的作用下，钩舌板和连挂杆恢复至准备连挂状态，如图 5-11 所示。

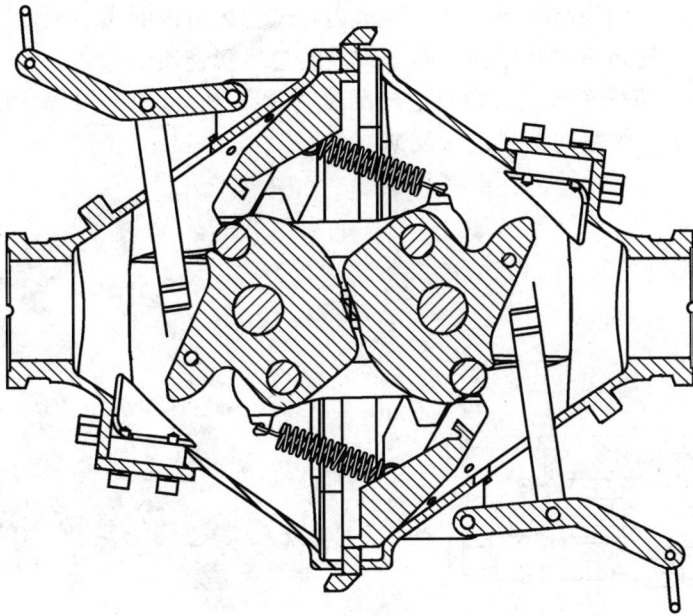

图 5-10 车钩在已连挂的位置状态

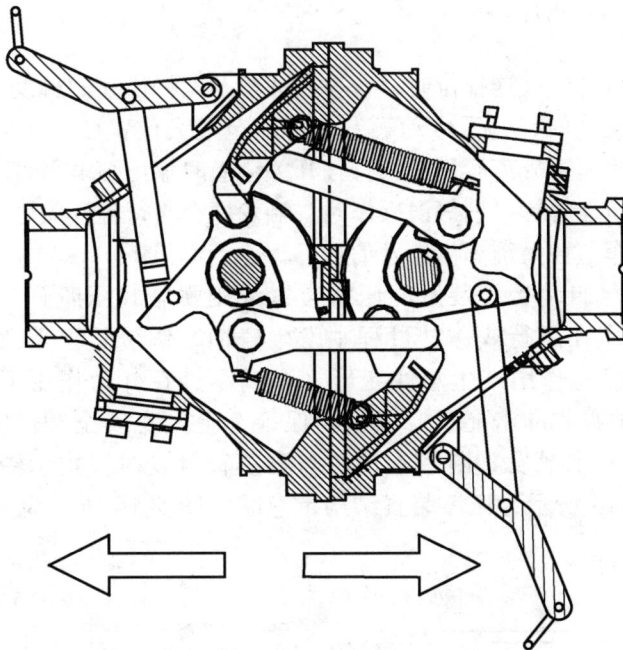

图 5-11 连挂机构在手动解钩时的位置状态

头车连挂系统钩体上装有自闭塞式风管连接器（总风管、连挂面上方，如图 5-12 所示），它可以在列车连挂时自动连通列车管路，在列车分解时自动关断管路。

连接器的接口管（包括垫圈和套口）设计为高出车钩端面约 8mm，车钩没有连挂时，总风管阀芯被后面的弹簧压紧，封住总风管。

　　两车钩连挂后，车钩头前端面密贴，两车钩总风管接口内的阀芯顶杆互相压紧，克服阀芯后面弹簧的压力，使阀芯离开座面，两车钩上的总风管连通。

　　（2）连挂反馈　机械车钩上方设有连挂反馈装置（图5-13），可以实现当车钩连挂不到位或者意外脱钩时对驾驶室的信号进行反馈。

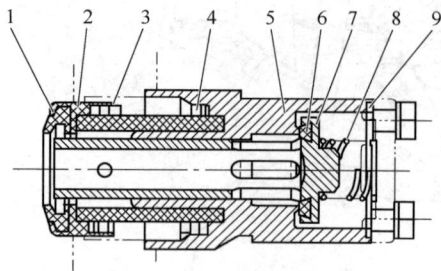

图 5-12　风管连接器

1—垫圈　2—套口　3—橡胶管　4、8—压簧
5—阀室　6—橡胶环　7—阀挺杆　9—O 形环

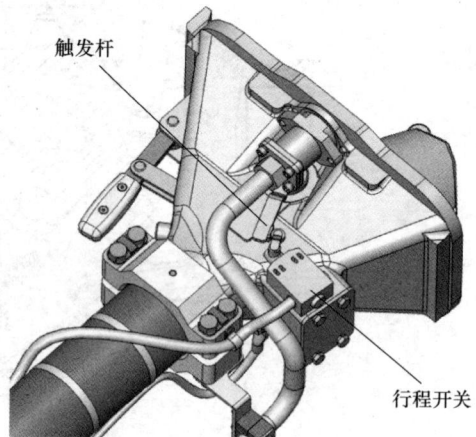

图 5-13　连挂反馈装置

触发杆

行程开关

　　当机械车钩处于待挂位或连挂位时，行程开关被触发杆压缩而触发，行程开关输出低电平。当机械车钩正常连挂时，钩舌带动触发杆转动至最大位置后立即回复连挂位，在此期间，触发杆与行程开关短暂分离后复位，行程开关会短时输出高电平直至连挂到位。若机械车钩连挂后出现人为拉动解钩手柄等误操作时，触发杆会与行程开关分离，此时行程开关输出高电平，从而给列车监控系统提供信号信息。

　　（3）压溃装置　半自动钩缓装置的压溃装置采用膨胀式压溃管。压溃管具有较大的能量吸收能力，当列车在运行或连挂过程中发生碰撞，钩缓装置受到的纵向压载荷大于设定值时，压溃管就发生作用产生塑性变形（金属零件在外力作用下产生不可恢复的永久变形），最大限度地吸收冲击能量，以达到保证车上人身安全和保护车辆设备的目的。压溃装置上部设置了一个触发判断指示销，当压溃管触发时，指示销被剪断，由此来判断压溃管触发。图5-14所示为压溃装置结构示意图。图5-15所示为压溃管的正常状态和触发状态。

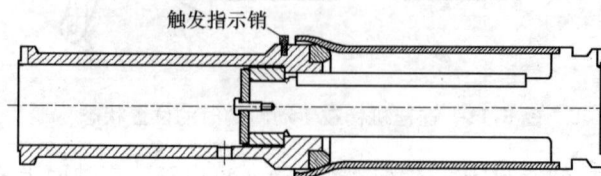

触发指示销

图 5-14　压溃装置结构示意图

　　在正常使用中，钩缓装置在牵引工况时，牵引载荷会通过压溃装置内部的刚性连接进行传递，变形元件不受影响；在压缩工况时，钩缓装置压缩载荷远低于压溃装置设定值，变形

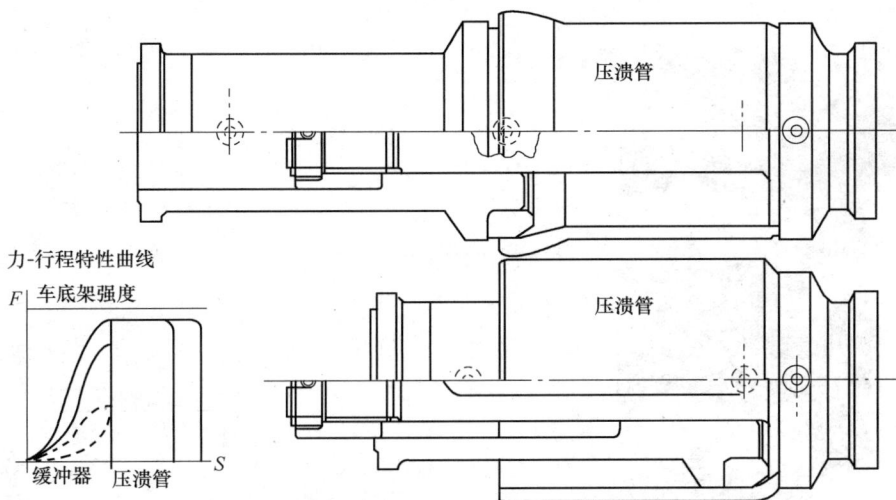

图 5-15 压溃管的正常状态和触发状态

元件不发生动作，压缩能量由弹性缓冲器来吸收。

（4）缓冲系统 缓冲系统用于缓和车辆在运行中，由于牵引力的变化或在起动、制动及调车作业时车辆相互碰撞而引起的纵向冲动和振动。目前，国内典型的缓冲器有油脂润滑的环弹簧摩擦式缓冲器、液压缓冲器、橡胶缓冲器和弹性胶泥缓冲器。缓冲器在结构上与安装吊挂系统融为一体，承担钩缓装置的弹性缓冲、水平对中、垂直支承等功能。

橡胶缓冲器由橡胶垫装置和轴承座构成，如图 5-16 所示。橡胶垫装置由上壳体 3、下壳体 6、橡胶垫 9 和牵引杆 5 构成。轴承座配有平整的安装面和安装孔，并配有轴颈 1 和 8 以及免维护衬套以保证水平摆动。轴承座通过螺栓固定在车钩板上，橡胶垫装置位于轴承座内。

正常工作状态下，橡胶垫的变形行程（压缩 55mm）受止动块 4、7 的限制，图 5-17 所示为橡胶缓冲器在牵引力和缓冲力方向纵向移动的缓冲特性。在出现巨大撞击时，轴颈和上壳体之间的紧固螺钉将断开，车钩通过车辆底架下的轴承座得到保护。

目前技术水平较为先进的缓冲器是弹性胶泥缓冲器，其在法国、德国、波兰的高速列车、客车和货车上得到了成功的应用。目前，它在我国城市轨道交通列车和高速列车、客车上也得到了普遍的应用。

弹性胶泥缓冲器的缓冲介质是弹性胶泥材料，它是一种高黏度、可压缩、可流动的未经硫化的有机硅化合物，在 -80 ~ 250℃ 范围内具有较高的稳定性，并且无臭、无毒，对环境无污染，对人体无害。它有固、液两种状态，是车钩缓冲器理想的缓冲介质材料。在没有复原弹簧作用的条件下，利用其高弹性特点可以实现缓冲器的复原回程；利用其压缩性可实现缓冲器的压缩行程；利用其良好的流动性，可以使缓冲器具有大容量、低阻抗。这种材料的流动黏度大小可根据实际使用需要进行调整，可以使其运动黏度比普通液压油大几十倍甚至上百倍。通过安装吊挂系统的拉压转换，在拉、压两个方向均能吸收 24kJ 能量。相对紧凑式缓冲器常用的橡胶吸能元件而言，弹性胶泥缓冲器的寿命更长，能量吸收特性和舒适度更高。

图 5-16　橡胶缓冲器的结构和原理
1、8—轴颈　2—紧固螺栓　3—上壳体　4、7—止动块
5—牵引杆　6—下壳体　9—橡胶垫

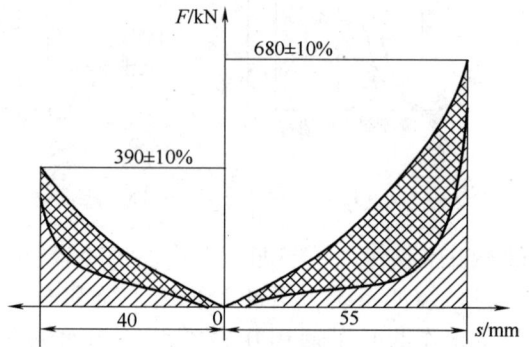

图 5-17　橡胶缓冲器的缓冲特性

弹性胶泥缓冲器主要由活塞和活塞杆、缸盖、缸体、充料阀等组成，如图 5-18 所示。其工作原理是将弹性胶泥材料装入缓冲器体内，根据需要施加一定的预压力，当缓冲器活塞杆受到一定的压力时，弹性胶泥受压缩产生阻抗力，并利用活塞的环形间隙（或节流孔）的节流作用和弹性胶泥材料的压缩变形吸收冲击能量。由于胶泥材料的特性，当弹性胶泥的预压力和活塞的运动速度越大时，阻抗力也就越大，这有利于提高缓冲器在大冲击下的容量，即冲击越大，缓冲器的容量就越大；冲击越小，缓冲器的容量就越小。当施加在活塞杆上的外力撤销后，弹性胶泥体积自行膨胀，将活塞推回原位。在这个过程中，弹性胶泥材料以较慢的速度通过活塞的环形间隙（或节流孔）流回原位，实现缓冲器的回程动作。

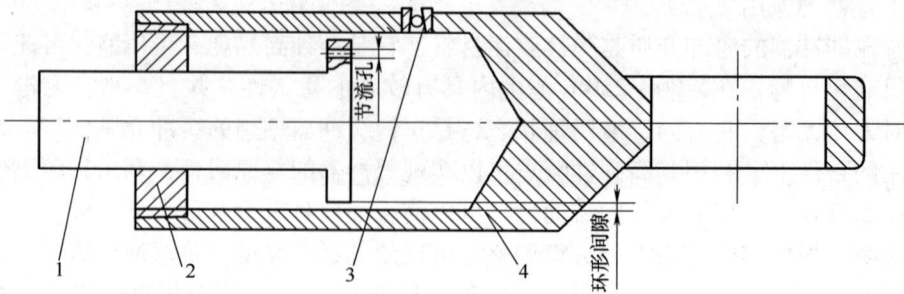

图 5-18　弹性胶泥缓冲器的组成
1—活塞和活塞杆　2—缸盖　3—充料阀　4—缸体

　　弹性胶泥缓冲器的头部与车钩可以采用法兰连接或用成对连接环连接，尾部需要安装橡胶球关节来调节因线路曲线造成的车钩之间的高度差。

　　（5）安装吊挂系统　在安装吊挂系统（图5-19）中，支承装置支承整个钩缓装置保持水平；回转装置（图5-20）为整个钩缓装置提供水平和垂直面内的转动自由度；对中装置使整个钩缓装置向纵向中心线回复，使其自动对中。

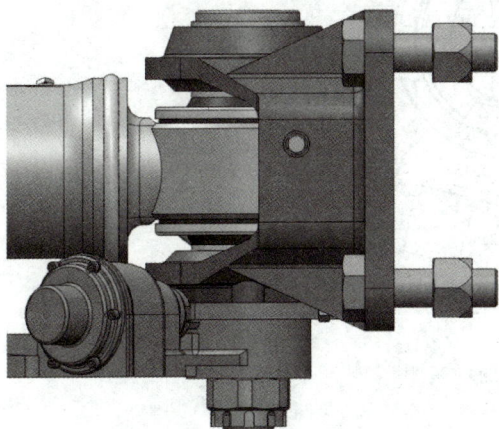

图5-19　安装吊挂系统

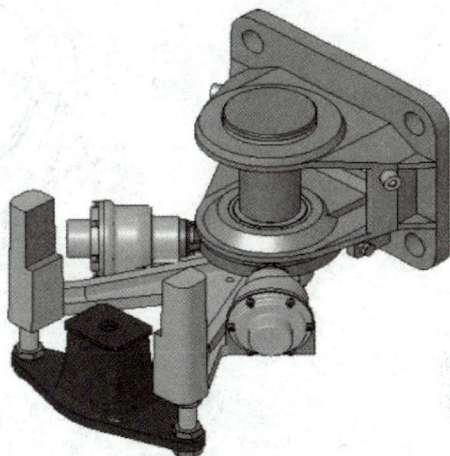

图5-20　回转装置

　　车钩必须能在水平面内产生一定的转动，以使车辆能顺利通过水平曲线，但是车钩在没有连挂的状态下，必须能保持在车辆纵向中心线的位置上，不能发生自由的横向摆动。车钩对中装置的功能就是使车钩在解钩状态下能回复至车辆纵向中心线的位置。使用较多的是一种机械式对中装置，它由凸轮盘、滚轮和碟形弹簧等组成（图5-21），碟形弹簧提供回复力，其提供回复力的角度范围为±15°。

　　机械对中装置将车钩保持在车辆的纵向轴线上。在列车连挂时，保证两列车的车钩顺利连接。

> **想一想**　能否在曲线路段进行列车连挂作业？如果故障列车被迫停在曲线路段，需要救援，在列车连挂时有哪些需要注意的事项？

　　案例分析：2005年12月1日6时55分，南京地铁两列车在车辆段连挂时，由于故障列车处于小半径曲线位置，车钩对位不正，连挂失败，车钩发生碰撞，造成故障车车头防爬器擦伤，车钩电气导流罩损坏。

　　事故启示：对于道岔区段及其他300m以下曲线半径线路，原则上不得进行电客车连挂作业。在特殊情况下，需进行连挂作业时，如果车钩自动对中不能达到对中范围的要求，则须进行手动调整。

　　（6）过载保护装置（图5-22）　过载保护装置的关键元件是位于弹性胶泥缓冲器尾部的四个拉断螺栓。当发生重大事故时，内壳体与支架之间的螺栓连接将会分开，并使橡胶垫钩尾座的内部与车钩柄一起穿过支架后板的孔向后移动，使得钩缓装置内部结构与车体牵引梁分离，从而使受冲击车辆的防爬器和车体吸能区发挥作用。

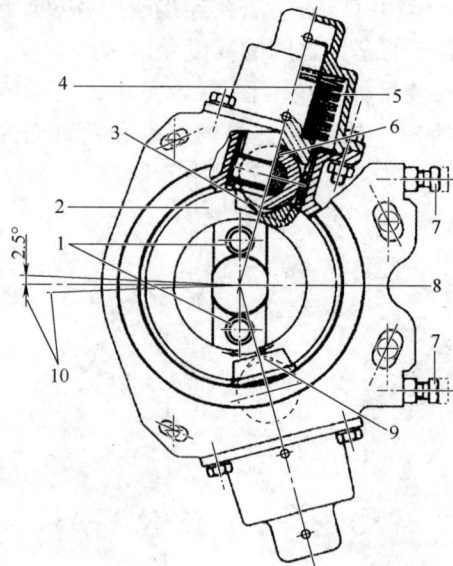

图 5-21 机械对中装置

1—平行销 2—凸轮盘 3—凹处 4—心轴 5—碟形弹簧 6—滚轮 7—六角头螺钉
8—车辆纵向轴线 9—重新复位角 10—调整角

当钩缓装置受到的冲击载荷大于拉断螺栓的设计触发力时，拉断螺栓（过载元件）（图 5-23）会发生破坏断裂，导致端盖与缓冲器壳体分离，缓冲器芯及压溃管会滑入缓冲器壳体内部，即车钩头向后方退行，实现过载功能。

拉断螺栓

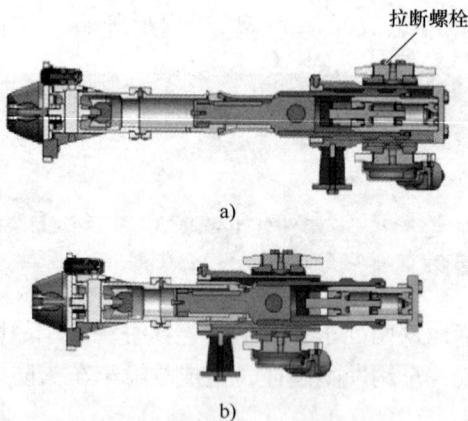

a)

b)

图 5-22 过载保护装置示意图
a）正常状态 b）过载状态

图 5-23 过载元件

【知识拓展】

车钩的冲击吸能原理

1) 正常运行过程中，冲击能量由弹性胶泥缓冲器吸收。

2）当速度在 15km/h 以下时，碰撞冲击能量由弹性胶泥缓冲器和压溃管吸收。

3）当速度超过 15km/h 时，车钩剪切装置被触发，由车体前端吸能区（防爬装置）吸收冲击能量，如图 5-24 所示。

3. 全自动钩缓装置的结构

全自动钩缓装置与半自动钩缓装置的结构基本相同，只是在车钩的连挂系统上增加了电气连接装置，如图 5-25 所示。车钩在自动连挂时，能自动连通两列车的电气控制电路。

4. 半永久钩缓装置的主要结构部件

半永久钩缓装置分为 A、B 两部

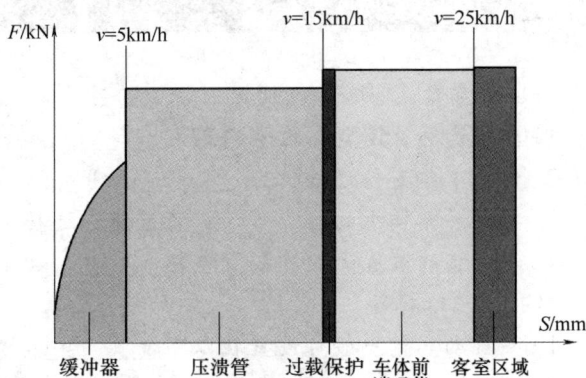

图 5-24　冲击能量吸收示意图

分：A 部分为带有压溃管的半永久钩缓装置；B 部分为带有弹性胶泥缓冲器的半永久钩缓装置，中间采用卡环连接。两种半永久钩缓装置在列车小单元内部各个断面上成对使用，如图 5-26 所示。

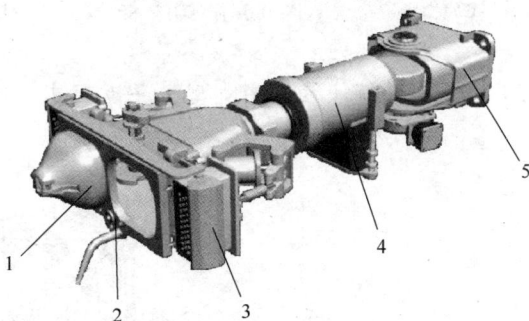

图 5-25　全自动钩缓装置（CRH5 动车组动车车钩缓冲装置）

1—机械钩头　2—空气连接管　3—电气连接装置　4—缓冲器　5—钩尾座

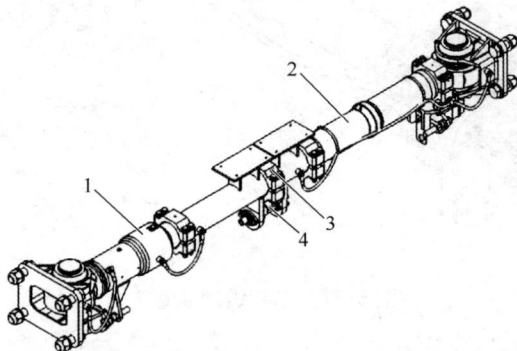

图 5-26　半永久车钩连挂示意图

1—带缓冲器半永久车钩　2—带压溃管半永久车钩　3—卡环连接　4—风管连接器

【课后习题】

一、填空题

1. 查找资料，B 型车的车钩高为_____，A 型车的车钩高为_____。
2. 自动车钩有待连挂位、_____位和_____位三种状态。
3. 半自动车钩上的_____装置能在连挂和解钩时自动连接和断开两车风路。
4. 车钩缓冲装置的缓冲装置包括_____和_____。

二、单项选择题

1. 半自动车钩一般可设置在以下_____车辆上。
   A. M1   B. Tc2   C. M2   D. T1
2. 全自动车钩一般可设置在以下_____车辆上。
   A. T1   B. M2   C. Mc2   D. M4
3. 在进行纵向加载试验时，试验总作用力应以水平方向作用在_____上。
   A. 转向架   B. 车钩缓冲装置   C. 车体   D. 贯通道
4. 在人工对半自动车钩缓冲装置进行解钩操作时，应操作_____使两车钩分离。
   A. 凸锥   B. 凹锥   C. 解钩手柄   D. 钩舌

三、识图题

判断图 5-27 ~ 图 5-29 所示车钩缓冲装置的类型，并说明其各部分的名称。

1. _____

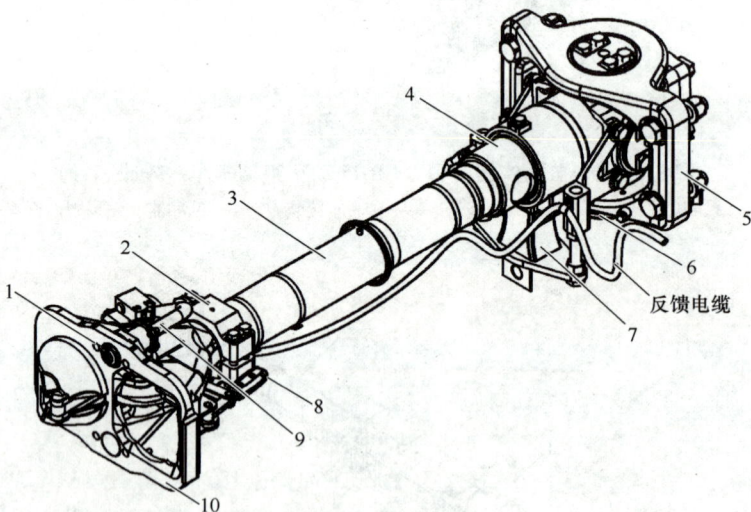

图 5-27　车钩缓冲装置 1

(1) _____　(2) _____　(3) _____　(4) _____
(5) _____　(6) _____　(7) _____　(8) _____
(9) _____　(10) _____

2. _____

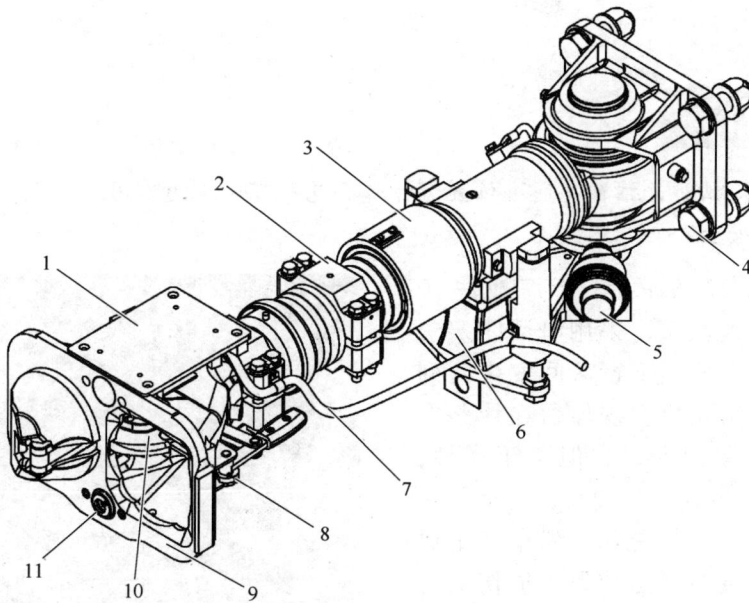

图 5-28　车钩缓冲装置 2

(1) _____ (2) _____ (3) _____ (4) _____
(5) _____ (6) _____ (7) _____ (8) _____
(9) _____ (10) _____ (11) _____

3. _____

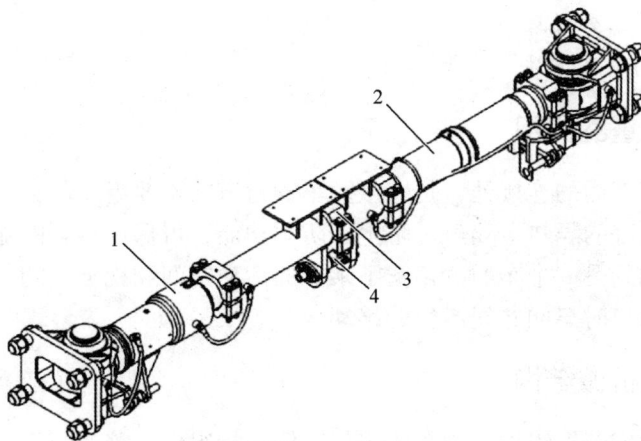

图 5-29　车钩缓冲装置 3

(1) _____ (2) _____ (3) _____ (4) _____

课题二　贯通道装置

讨论：乘坐地铁时，站在贯通道位置有什么感觉？贯通道的作用是什么？乘车时，站在贯通道位置是否安全？

2011 年 9 月 27 日下午，上海地铁 10 号线由于信号系统故障，采用电话闭塞法行车，在豫园与老西门下行区间发生两列车追尾事故。后车司机发现停留在线路上的前车后，采取紧急制动，但由于惯性，列车仍以 35km/h 的速度与前车发生追尾碰撞，造成了 271 名人员受伤，列车严重损坏。特别是列车的贯通道位置，损伤更为严重，如图 5-30 所示。因此，乘车时应尽量避免站在贯通道位置。

图 5-30　上海地铁追尾事故中贯通道破损情况

【学习目标】

1. 理解贯通道的作用。
2. 能指认贯通道的结构。
3. 理解贯通道的工作原理。
4. 理解贯通道的安装方法。

一、贯通道装置的作用

贯通道位于两节车厢的连接处，是连接两车辆通道的重要组成部分。它能够起到安全防护作用，同时具有良好的隔热、隔声，防尘、防雨功能，可保证乘客能随时安全、方便地经过这里，从一个车厢到另一个车厢，拓宽了乘客的活动空间和视觉空间，同时可以适应车体在任何转弯及穿越路口时车厢之间产生的移动。

二、贯通道的机械结构

贯通道主要是由安装框组件、棚布体组件、侧护板组件、踏渡板组件、棚板组件五大部分构成，如图 5-31 所示。内部通道净宽 1300mm，净高 1900mm。

通道地板采用高强度优质不锈钢扁豆花纹板，具有防滑作用。侧护板采用高强度铝型材经表面喷漆而成。棚板采用高强度轻质铝合金（表面喷漆）制成。贯通道内部颜色与客室内饰颜色搭配协调一致，保证了车辆通道的舒适性、安全性、可靠性。

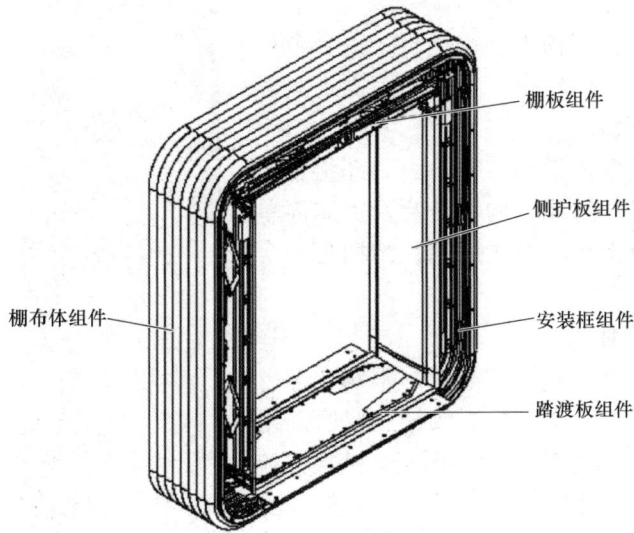

图 5-31 贯通道的机械结构

棚板组件

侧护板组件

棚布体组件

安装框组件

踏渡板组件

1. 棚布体组件

棚布体组件由两层构成，外部采用型材与棚布密封夹装组成，内部采用棚布与型材铆接方式，与端墙安装框架通过压板组件连接锁紧，如图 5-32 所示。同时，棚布符合 BS6853：1999 的防火要求。

折棚由多折环状棚布缝制而成，每折环的下部设有两个排水孔，如图 5-33 所示。折棚体选用特制的阻燃、高强度（抗拉强度≥1000daN/5cm，即每 5cm 的破断力不小于 1000daN，1daN = 10N）、耐老化材料制作，在 −35 ~45℃ 范围内能够正常使用。棚布采用双层中空式结构，大大提高了风挡的隔声、隔热性能。折棚体各折缝合边用铝合金型材镶嵌，折棚体通过锁闭机构与连接框相连。

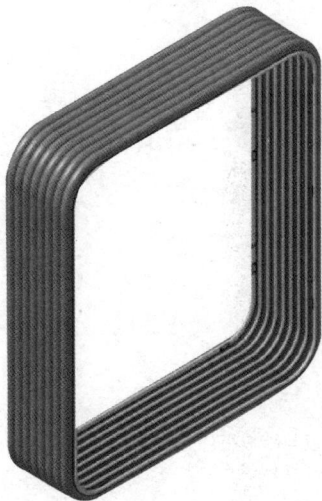

图 5-32 贯通道的棚布体组件

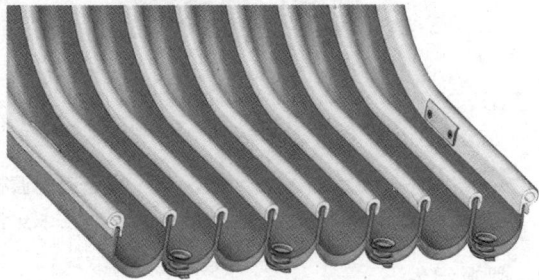

图 5-33 折棚体的排水孔

2. 侧护板组件

侧护板组件由连杆机构、不锈钢板、铝合金型材、进口装饰贴、上下挡尘橡胶板、端墙固定座等构成，如图 5-34 所示。

侧护板采用了三板块滑动结构，由后部组合连杆结构使三板块形成一整体结构，安装及拆卸简单方便，不需使用专业工具，经久耐用，结构更加合理，整体更加美观。

3. 渡板及踏板组件

渡板及踏板组件由不锈钢防滑板、不锈钢磨砂板、连杆结构、踏板支承座、折页铰链、耐磨条组成，如图 5-35 所示。支承座与端墙固定，踏板一端与车体地板面用螺钉连接。

渡板装置放在两个踏板上面，与渡板连杆安装在一起，连杆机构分别用螺钉固定在两车端，渡板置于其上，连杆机构上设有渡板对中装置，在车辆运行时渡板不会偏移。渡板为花纹不锈钢板，踏板为不锈钢板，各相对滑动面间设有磨耗条。渡板与踏

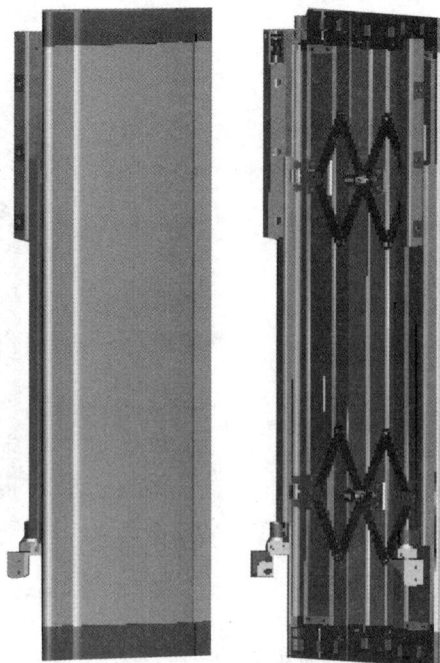

图 5-34 贯通道的侧护板组件

板装置能够保证追随与适应连挂车辆运行过程中的各种复杂运动，具有足够的强度与刚度，能够确保乘客安全通过，并为站立的旅客提供安全的空间，能承受 9 人/m^2 的压力负荷（每人的静载荷按 60kg 计算），表面无突起物及障碍物。

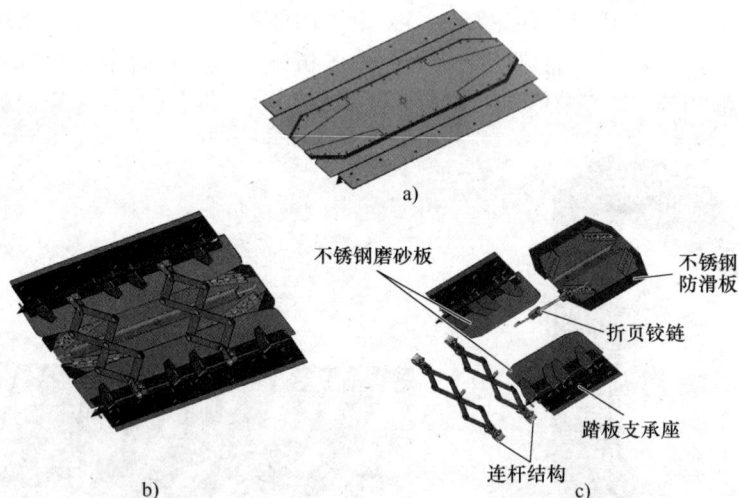

图 5-35 贯通道的渡板与踏板组件

a）渡板与踏板组件顶面 b）渡板与踏板组件底面 c）渡板与踏板组件分解图

4. 棚板组件

棚板组件由连杆机构、铝合金型材、折页铰链、定位座、耐磨条等组成，如图 5-36 所示。定位座直接与车体端墙固定安装。

每个通道棚板由两个端梁、两个边护板、两个连杆架和一个中间护板组成，棚板内侧设有菱形连杆机构，使车辆运行时中间护板始终保持在中间位置，不会偏移。棚板组成通过边框用螺钉固定在车体端墙上。

5. 安装框组件

安装框组件由连接框、密封条、压板等组成，通过螺钉与车体端墙连接固定，如图 5-37 所示。连接框与端墙结合面处涂有密封胶，以保证良好的密封性。

图 5-36 贯通道的棚板组件

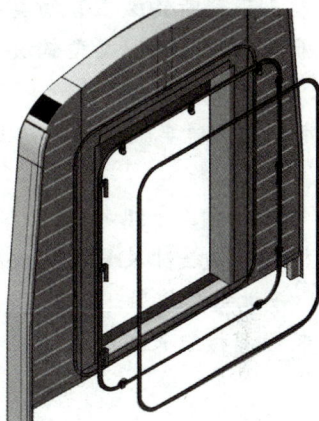

图 5-37 贯通道的安装框组件

三、贯通道的工作原理

贯通道采用了侧护板、棚板结构使整个折棚风挡形成双层结构，起到了隔声隔热的作用，同时与客室内结构协调统一，使整体更加美观。该风挡结构坚固，操作性好，耐用，实用性强。

隔声量为大于或等于30dB，选用的材料符合 DIN5510 防火安全标准并达到了防锈蚀要求，燃烧后不产生有毒性气体。主要金属件的寿命为 30 年，折棚布的寿命为 15 年，易损易耗件的寿命不小于 7.5 年。

通道的位移量与车辆在各种运行条件下通过曲线的位移量相适应。通道能顺利通过最不利条件的组合（竖曲线、水平曲线及车速），能通过曲线半径 $R = 150m$ 的曲线，包括 S 弯道。水密性试验符合 IEC 61133 标准要求。发生一侧空气簧故障时，运营结束后通道不损坏。通道经曲线通过试验检查，不得有零件损坏或运动受到限制的情况。

【课后习题】

一、填空题

1. 从安全角度考虑，贯通道应具有_____、_____、_____等特点。
2. 贯通道内部通道净宽_____ mm，净高_____ mm。

二、简答题

简述贯通道的结构及作用。

【实训指导】

一、实训任务

车钩缓冲装置结构认知。

二、实训目标

1. 能正确判断钩缓装置的类型。

2. 能正确指认不同类型钩缓装置的结构，并描述各组成部件的功能。

三、实训准备

城市轨道交通车辆车钩缓冲装置实训设备。

四、实训过程

1. 分组练习，分组考核。

2. 根据车钩缓冲装置实训设备的数量分组，学生对照车钩缓冲装置实训设备，指认各部件名称并说明其作用。

3. 教师考核组长，组长对组员逐一进行考核。

06

单元六　制动系统

　　制动是影响城市轨道交通列车的运行速度和运行品质的关键因素之一。在城市轨道交通中，为了提高列车的承载量和速度，除了增大列车的牵引力外，增大列车的制动力也是十分重要的。

　　如图 6-1 所示，由甲站向乙站运行的列车，如果制动力大，其行驶速度为 v_1，施行制动的地点可以在距乙站较近的 A 点处；如果制动力较小，而行驶速度不变，则为了能正确地在乙站停车，就必须提前在距乙站较远的 B 点开始实施制动，从而增加了制动距离，减少了高速行驶区段。同时地铁技术管理规程规定，地铁车辆的制动距离不准超过 180m。假设图中 S_1 为 180m，则 S_2 显然超过了规定，为了保障行车安全，对制动力较小的列车，就需要限制其技术速度为 v_2，这样才能保证列车在 180m 内停车。因此，制动力越小的列车，运行速度也越低。

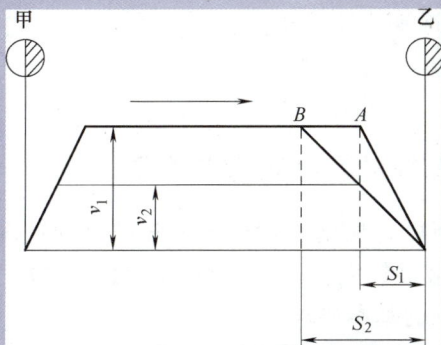

图 6-1　制动力大小对列车速度的影响

课题一　制动系统概述

【课题引入】

目前，国内外比较流行的地铁列车制动系统产品主要包括德国 Knorr 公司的 EP2002 制动系统、日本 Nabtesco 公司的 HRA 制动系统和法国 Faiveley 公司的 EPAC 制动系统。我国在吸收引进的基础上，也开发出了适合我国地铁车辆的电控制动系统，如中国铁道科学研究院研发的国产制动系统已经在北京地铁车辆上得到应用。无论是何种制动系统，其基本组成都是相似的，其基本原理也是一致的，都是要将列车的动能转化为其他形式的能量，并要求能够控制这种能量的转移。

【学习目标】

1. 掌握列车制动的基本概念。
2. 掌握列车制动的作用和特点。
3. 理解制动系统的设计要求。
4. 掌握制动系统的性能参数。

一、基本概念

（1）制动　制动是指人为地使列车减速或阻止其加速的过程。

（2）缓解　对于运动着的列车，要使其减速或停车，应根据需要对列车施加一定大小的与其运动方向相反的外力，以使其实现减速或停车作用，即制动的施加。对已经施加制动的列车，解除或减弱其制动作用，均可称为"缓解"。

（3）制动装置　为使列车能施行制动和缓解而安装于列车上的由一整套零部件组成的装置称为制动机，也称为制动装置。

二、制动的作用

1）使运行的列车能迅速减速直至停车。

2）控制列车在下坡道上运行的速度。

3）避免停放的车辆因重力或风力作用而溜走。

三、城市轨道交通列车制动系统的基本要求

城市轨道交通具有站间距短（根据 GB 50157—2013《地铁设计规范》，市区 1km，市郊 2km），列车车重大，且载重波动较大；列车起动、制动时间短，调速与停车较频繁的特点。对城市轨道交通车辆制动系统的基本要求如下：

1）制动能力强，保证在规定距离内停车。

2）制动抗衰减能力强，保证列车在长的下坡道上制动时，制动力不会衰减。

3）制动系统应根据乘客量的变化，具有空重车调整和车辆间的协调能力。

4）减少对城市环境的污染和噪声以及降低运行成本。因此，应充分发挥电制动能力，同时还要具有电制动与摩擦制动协调配合的制动功能。

5）具有手动及自动紧急制动功能，遇到紧急情况时，能使列车在规定距离内安全停车。

四、城市轨道交通列车制动系统的性能参数

1）在额定载员情况下，在平直线路上，车轮为半磨耗状态，列车在最高运行速度时，从给出制动指令到停车过程中，列车的最大常用制动减速度 $\geq 1.0 \mathrm{m/s^2}$。

2）在额定载员情况下，在平直线路上，车轮为半磨耗状态，列车在最高运行速度时，从给出制动指令到停车过程中，紧急制动减速度 $\geq 1.2 \mathrm{m/s^2}$。

3）列车纵向冲击率 $\leq 0.75 \mathrm{m/s^3}$。

【知识链接】

冲击率是指加速度变化率。列车纵向冲击率影响其运行的平稳性和舒适性。目前，大多数地铁车辆段仍然采用"冲击棒"或称为"木棒检测法"计分制对旅客列车司机的平稳操纵技能进行评定。此方法是采用 5 根长度相等，截面为正方形，但底面积大小不同的木棒，根据相应的木棒倾倒而扣不同的分值。扣分等级为 5 级，分别为 5 分/次，10 分/次，20 分/次，35 分/次和 50 分/次。2003 年，武汉理工大学与郑州铁路局合作研究开发出了一种新型智能列车冲动检测仪。列车的常用制动受冲动限制，紧急制动不受冲动限制。

4）停放制动应能使超员载荷（AW3）的列车停于坡度为 30‰的坡道上。

【课后习题】

一、填空题

1. 对已经施加制动的列车，解除或减弱其制动作用，称为_____。

2. 列车的最大常用制动减速度为_____。

3. 从给出制动指令到停车过程中，紧急制动减速度应不低于_____。

二、简答题

简述制动系统的功能及设计要求。

课题二 列车制动系统的组成

【课题引入】

将列车作为一个系统来考察，制动系统和牵引系统一样，仅仅是列车控制系统中的一个执行系统。它们的区别是制动系统的作用是使列车减速或阻止其加速，而牵引系统则正好相

反。作为列车的一个完整的支系统，制动系统有其自身的原理，遵循其自身的规律。为了对列车实施制动，必须在列车上安装由一整套零部件组成的制动系统。制动系统至少由风源系统、制动控制系统和制动执行装置三部分组成，如图6-2所示。

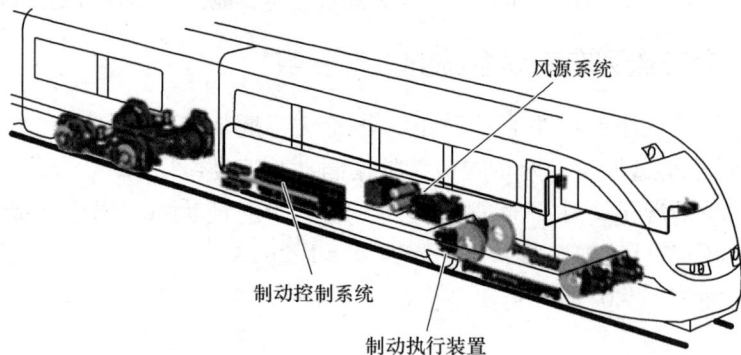

图6-2 制动系统的组成

其中，风源系统提供空气制动所需的压缩空气；制动控制系统接收制动指令，控制和协调制动的施加和缓解；制动执行装置动作产生制动效果。

【学习目标】

1. 能说明制动系统的组成。
2. 理解空气压缩机的工作原理。
3. 理解制动控制装置的作用。
4. 掌握几种制动执行装置的工作原理。

一、风源系统

风源系统为全列车制动系统、空气弹簧等使用压缩空气的装置提供压缩空气。它所提供的压缩空气干燥、清洁，可满足各用风系统的要求。

风源系统包括主空气压缩机单元、膜式空气干燥器、空气压缩机起动装置、安全阀等。每列车有两套风源系统，安装于列车底架上，互为备用。

1. 主空气压缩机单元

主空气压缩机单元包括空气压缩机和驱动电机，两者通过联轴器连接。空气压缩机（简称空压机）有活塞式和螺杆式两种，螺杆式空气压缩机由于具有可靠性高、操作维护方便、动力平衡性好、适应性强等特点，被广泛应用于列车制动风源系统中。

螺杆式空气压缩机的螺杆组由两个互相啮合的螺旋形转子（或螺杆）组成，通常把节圆外具有凸齿的转子称为阳转子（或阳螺杆）；把节圆内具有凹齿的转子称为阴转子（或阴螺杆）。阴、阳转子具有非对称的啮合型面，平行安装在一个铸铁壳体内做回转运动，如图6-3和图6-4所示。

螺杆式空气压缩机主机的工作循环分为吸气、压缩、排气三个过程。随着转子旋转，每对相互啮合的齿相继完成相同的工作循环，如图6-5所示。

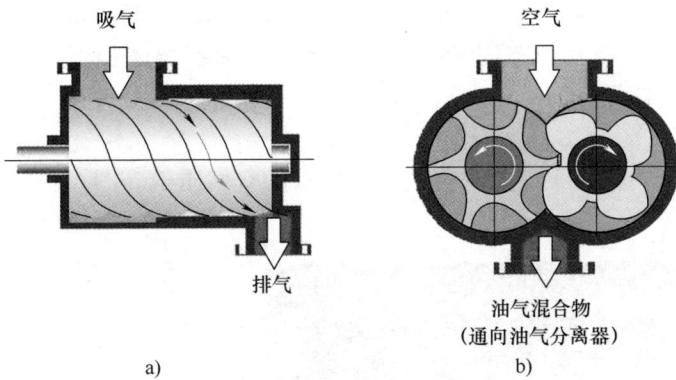

图 6-3 螺杆组啮合剖面

a）侧断面 b）横断面

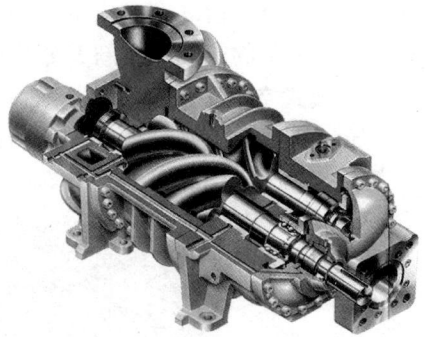

图 6-4 螺杆式空气压缩机结构图

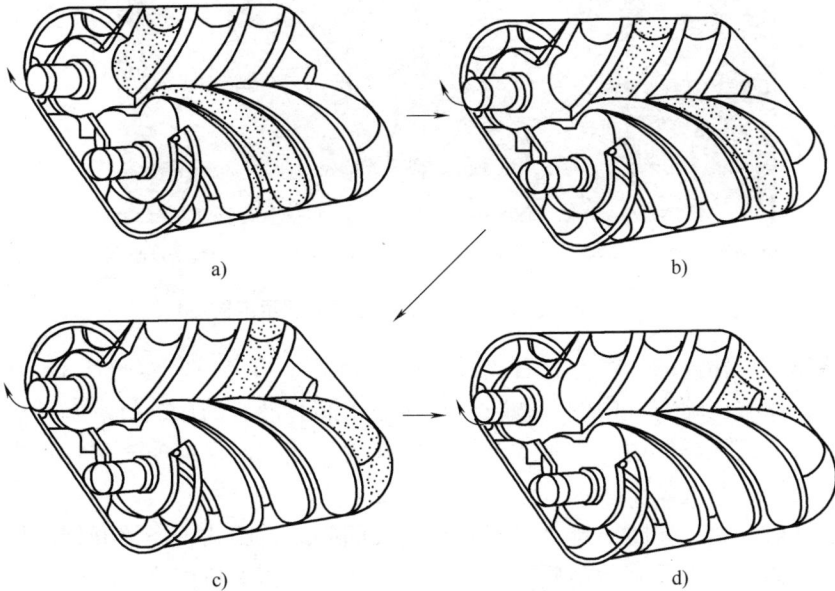

图 6-5 一个工作循环示意图

a）吸气过程 b）压缩过程 c）压缩终了 d）排气过程

（1）吸气过程 随着转子的旋转，转子齿的一端逐渐脱离啮合而形成了齿间容积，这个齿间容积逐渐扩大，在其内部形成一定的真空，而此齿间容积仅与吸气口连通，空气在压差的作用下流入其中。随着转子的旋转，齿间容积达到最大后不再增加，齿间容积在此位置与吸气口断开，吸气过程结束。

（2）压缩过程 随着转子的旋转，齿间容积由于转子齿的啮合而不断减小。被密封在齿间容积中的空气所占据的容积也随之减小，导致压力升高，从而实现对空气的压缩过程。压缩过程可一直持续到即将与排气孔口接通之前。同时，大量的润滑油被喷入齿间容积中，与所压缩的空气混合，起到润滑、密封、冷却和降噪的作用。

（3）排气过程 齿间容积与排气孔口连通后，即开始排气过程。随着齿间容积的不断减小，具有排气压力的空气逐步通过排气孔口被排出，此过，程一直持续到齿末端的型线完全啮合。此时，齿间容积内的空气通过排气孔口被完全排出，封闭的齿间容积体积将变为零。随着转子的旋转，重新开始新的工作循环。

2. 膜式空气干燥器

压缩空气在膜式空气干燥器内进行净化、干燥处理，达到所要求的空气质量。图6-6所示为膜式空气干燥器内部结构。

图6-6 膜式空气干燥器内部结构示意图

在正常状态下，输入的压缩空气首先经过三通球阀，再经过汽水分离器、精密过滤器、超精密过滤器，除去压缩空气内的大颗粒悬浮液态水滴和液态的压缩机油滴，经过初步净化的压缩空气进入膜式干燥器内。在膜式干燥器内除去水分，对压缩空气进行干燥处理，输出符合技术要求的压缩空气。

当空气压缩机开始工作时，排水电磁阀得电关闭阀口，膜式干燥器开始工作，通过三个过滤器分离出来的油、水及其他杂质混合液蓄积，当空气压缩机停止工作时，排水电磁阀失电打开阀口，蓄积的液体在气体的作用下喷出，达到强制排水的目的。

3. 空气压缩机起动装置

总风管的压力通过截断塞门进入空气压缩机起动装置。空气压缩机起动装置内的压力开关将压缩空气的压力信号转化为电信号，实现对空气压缩机的控制。

4. 安全阀

当总风管气压升至 $(950+95)$ kPa 时，安全阀阀口应开启排风；在总风管气压降至 $(950-95)$ kPa 之前，安全阀阀口关闭。

5. 双针压力表

司机控制台上装有双针压力表，如图6-7所示。双针压力表的一个指针指示总风管压缩

图6-7 双针压力表

空气压力；另一个指针指示头车通向 1 位端转向架上单元制动缸的制动压力。

二、制动控制系统

制动控制系统用于接受司机或 ATO/ATP 给出的制动指令，产生、传递制动信号，并对各种制动方式进行制动力分配、协调，从而控制车辆的制动和缓解。

制动控制系统包括电子制动控制单元（EBCU）、空气制动控制单元（BCU）和电气指令制动控制单元。

（1）电子制动控制单元 EBCU 包括微机制动控制及车轮防滑保护电子单元，它是气制动控制系统的核心部分，通过多功能列车总线（MVB）接收各种与制动有关的信号（制动指令信号、电制动实际值信号、载荷信号等），由 EBCU 的主板 MB（相当于 CPU）根据所接收的信号计算出当时所需要的制动力值，并将其传送给气制动控制单元（BCU）。

同时，EBCU 还实时监控每个轮对的速度，所需要的轮对速度的实际值由速度传感器获得，速度信号传至 EBCU，EBCU 对各轮对的速度差和减速度进行监测。一旦任一轮对发生滑行，能迅速向该轮轴的防滑阀发出指令，开通制动缸与大气的通路，使制动缸迅速排气，以减小气制动力。

（2）空气制动控制单元 空气制动控制单元是以压力空气为制动信号和制动力控制介质的制动控制系统。

（3）电气指令制动控制单元 电气指令制动控制单元是以电气信号传递制动信号的制动控制系统。

目前，我国城市轨道车辆主要选用国外进口的制动系统，包括日本 Nabtesco 制动系统、德国 Knorr 制动系统、英国原 Westinghouse 制动系统和法国 Sabwabco（Faiveley）制动系统。

1. 以上海和广州 1、2 号线为代表的德国 Knorr 公司的车辆制动系统

德国 Knorr 公司的车辆制动系统是目前国内 A 型车上运用最广的制动系统。它是模拟式制动系统，制动指令采用 PWM 信号或网络信号。微机制动控制单元一般单独设置在车厢内；而气制动控制单元由两块气动集成板和风缸等组成，分别固定在车辆底架下，系统结构紧凑。目前，深圳、南京地铁车辆和大连轻轨车辆，甚至部分国内试制的高速电动车组上也采用了该制动系统。

2. 以北京、天津为代表的 B 型车上采用较多的 Nabtesco 公司 HRA 型制动系统

HRA 型制动系统为数字式制动系统，即常用制动指令采用 3 根指令线编码，共 7 级。微机制动控制单元与气制动控制单元集成在一起，固定于车辆底架下面。由于采用了流量比例阀进行 EP 控制，因此气制动控制单元较为简单。在武汉轻轨和重庆独轮轨等项目上也采用了此制动系统。基础制动根据车辆的不同而有所区别。

3. 以上海 3、5 号线为代表的英国原 Westinghouse 公司的微机控制直通电空制动系统

系统按整车模块化原则设计，集成度较高。它将除微机制动控制单元、气制动控制单元、风缸、风源等必须安置在转向架附近的部件外全部集成安装在一个安装架上，方便运用维护。该系统同样采用 PWM 信号传递制动指令，为模拟式制动系统。EP 转换采用 4 个开关电磁阀闭环控制的方法。

4. 国产地铁制动系统

较早在北京地铁上使用的一种国产地铁制动系统是 SD 型数字指令式电空直通制动系统。该型制动机由长春客车厂和铁道科学研究院等单位共同研制，是以英国原 Westinghouse 制动系统为原型的一种直通式电空制动系统。其制动指令传输方式为数字式，制动控制部分的电-空转换阀为七级膜板中继阀，可以实现七级常用制动。

目前，我国较为先进的制动系统是中国铁道科学研究院研制的 EP09 型制动系统，该制动系统采用架控方式的微机控制模拟直通式电空制动系统，每辆车都配有两套电空制动控制模块。

三、制动执行装置

制动执行装置也称为基础制动装置，它是用于传送制动原动力并产生制动力的部分。目前，城市轨道交通车辆应用最为广泛的制动执行装置有闸瓦制动和盘形制动两种方式，新型的制动装置包括轨道电磁制动等。

1. 闸瓦制动装置

闸瓦制动装置也称为踏面制动装置，它是城市轨道交通中最常见的基础制动装置，由制动缸、制动传动装置、闸瓦装置和闸瓦间隙调整器等组成，如图 6-8 所示。

1）制动缸是产生制动原动力的部件。

2）制动传动装置将制动缸产生的制动原动力放大一定的倍数后，均衡地传递给各个闸瓦。

3）闸瓦装置用于安装闸瓦，并调整闸瓦与车辆踏面间的工作角度。

4）闸瓦间隙调整装置用于自动调整闸瓦与车轮踏面之间的间隙，使闸瓦间隙保持在规定的范围内，以确保制动作用的可靠性。闸瓦间隙调整器是单作用式的，在更换闸瓦使间隙过小时，只能手动调节。

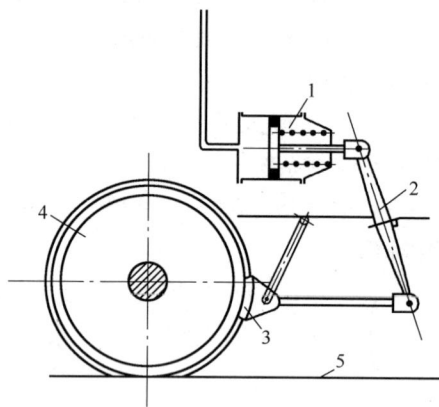

图 6-8　闸瓦制动装置
1—制动缸　2—基础制动装置
3—闸瓦　4—车轮　5—钢轨

基础制动装置在制动时，闸瓦制动装置根据制动指令使制动缸内产生相应的制动缸压力，该压力通过制动缸使制动缸活塞杆产生推力，经基础制动装置中的一系列杆件的传递、分配，使每块闸瓦都贴靠在车轮踏面上，并产生闸瓦压力。车轮与闸瓦之间发生相对滑动，产生摩擦力，最后转化为轮轨之间的制动力。缓解时，制动控制装置将制动缸压力空气排出，制动缸活塞在制动缸缓解弹簧的作用下退回，通过各杆件带动闸瓦离开车轮踏面。

在闸瓦与车轮这一对摩擦副中，由于车轮主要承担着车辆走行功能，因此其材料不能随意改变。要改善闸瓦的制动性能，只能采用改变闸瓦材料的方法。早期的闸瓦材料主要是铸铁。为了改善闸瓦的摩擦性能和增加其耐磨性，目前城市轨道车辆中大多采用合成闸瓦，但合成闸瓦的导热性较差，因此目前也有采用导热性能良好，且具有较好的摩擦性能的粉末冶金闸瓦。

目前，城市轨道车辆广泛使用的是 Knorr 公司生产的踏面制动单元，包括 PC7Y 型（不带停放制动）和 PC7YF 型（带停放制动），如图 6-9 和图 6-10 所示。

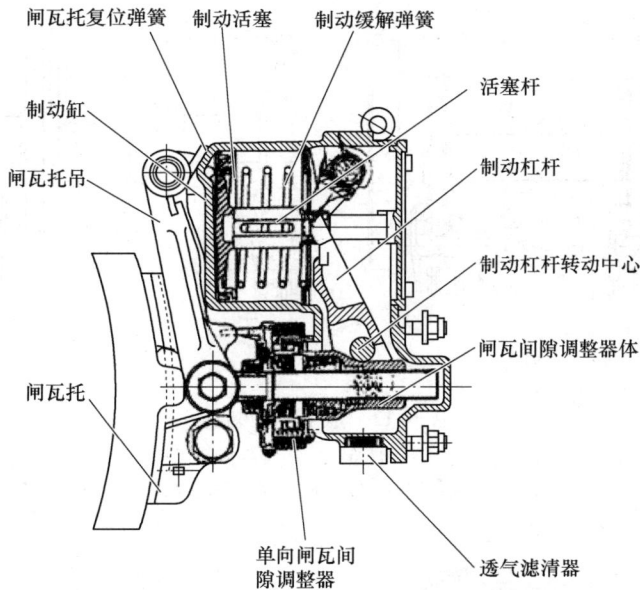

图 6-9 PC7Y 型单元制动缸

2. 盘形制动装置

盘形制动装置在制动时，制动缸通过制动夹钳使闸片夹紧制动盘，闸片与制动盘产生摩擦，把列车的动能转变为热能，热能通过制动盘与闸片散于大气中。

盘形制动装置有轴盘式和轮盘式之分，如图 6-11 所示。当制动盘固定在车轴上时，称为轴盘式盘形制动装置，一般拖车大多采用这种结构；如果制动盘连接在车轮上，则称为轮盘式盘形制动装置。在动车（动轴）上，由于两轮之间需要安装牵引电机等其他设备，若不能安装轴盘式盘形制动装置，可考虑采用轮盘式盘形制动装置。

轴盘式和轮盘式盘形制动装置的制动盘形式也不同，如图 6-12 所示。

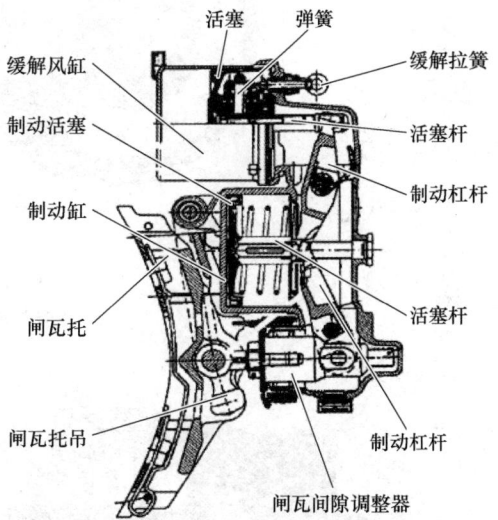

图 6-10 PC7YF 型单元制动缸

WZK 型盘形制动单元由 Knorr 公司生产，其原理是将气动控制与安装在轮对上的制动盘共同作为摩擦制动使用。它是紧凑型基础制动装置，其体积小，适用于安装空间较小的转向架。WZK 型盘形制动单元分为两种类型：一种是不带停放制动的盘形制动单元，另一种是带停放制动的盘形制动单元，如图 6-13 所示。

（1）盘形制动方式与踏面制动相比，具有以下优点

1）避免了车轮踏面参与制动，延长了车轮的使用寿命，改善了运行品质。

2）可双向选择摩擦副的材料甚至形状，散热性能好，摩擦因数稳定，制动功率较高，适用于高速列车。

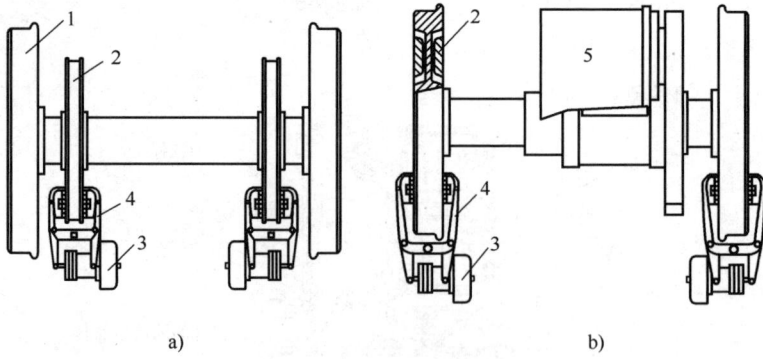

图 6-11　盘形制动装置

a）轴盘式　b）轮盘式

1—轮对　2—制动盘　3—单元制动缸　4—制动夹钳　5—牵引电机

图 6-12　制动盘

a）轮装制动盘　b）轴装制动盘

图 6-13　WZK 型盘形制动单元

a）不带停放制动　b）带停放制动

中低速列车盘形制动摩擦副的材料，以合成闸片配铸铁制动盘为首选。对于高速列车，应选择性能更好的摩擦副材料，以提高轴制动功率。目前普遍采用粉末冶金闸片配锻钢制动盘。最新研究是在探索碳纤维材料、陶瓷材料和铝合金材料运用于盘形制动装置中的可能性与经济性。

3）盘形制动闸片面积大，磨耗率小，经济性好。

4）制动平稳，几乎没有噪声。

（2）与踏面制动相比，盘形制动也有不足之处

1）车轮踏面没有闸瓦的磨刮，轮轨粘着将恶化，所以，还要考虑加装踏面清扫器（或称清扫闸瓦），或采用以盘形为主、盘形与闸瓦的混合制动方式。否则，即使有防滑器，制动距离也比闸瓦制动长。

2）制动盘使簧下质量及其引起的冲击振动增大，运行中还要消耗牵引功率。

3. 轨道电磁制动

轨道电磁制动也称磁轨制动。制动时，安装在转向架构架侧梁下的电磁铁下放，电磁铁励磁，与钢轨产生吸力。列车的动能通过电磁铁下的磨耗板与钢轨之间的摩擦转化为热能，经钢轨和磨耗板，最终散于大气中。其结构如图 6-14 所示。

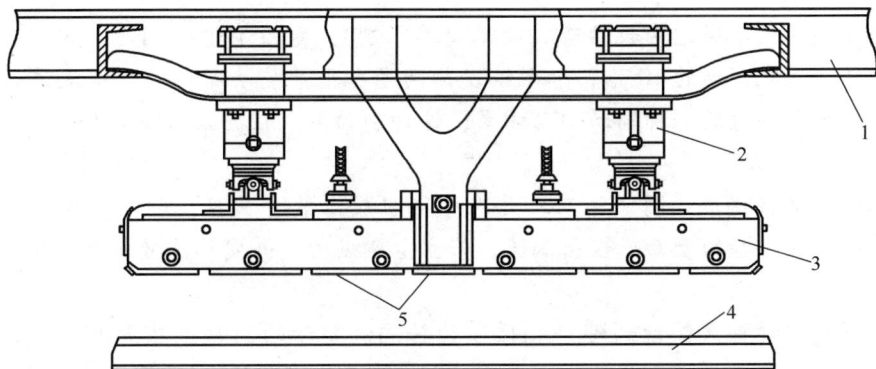

图 6-14 轨道电磁制动装置
1—转向架构架侧梁 2—升降风缸 3—电磁铁 4—钢轨 5—磨耗板

与闸瓦和盘形制动相比，磁轨制动的优点是，它的制动力不是通过轮轨粘着产生的，自然也不受该粘着的限制，高速列车使用它，就可以在粘着力以外再获得一份制动力，使制动距离不至于太长。磁轨制动的不足之处是，它是靠滑动摩擦来产生制动力的，电磁铁会产生磨耗，钢轨的磨耗也要增大，而且滑动摩擦力无论如何也没有粘着力大。所以，磁轨制动只能作为紧急制动时的一种辅助制动方式，多用于粘着力不能满足紧急制动距离要求的高速列车，在施行紧急制动时与闸瓦（或盘形）制动一起发挥作用。

【前沿链接】

几种新型的制动形式

1. 轨道涡流制动

轨道涡流制动又称线性涡流制动或涡流式轨道电磁制动，如图 6-15 所示。它与磁轨制动（摩擦式轨道电磁制动）很相似，也是把电磁铁悬挂在转向架侧架下面同侧的两个车轮之间。不同的是，轨道涡流制动的电磁铁在制动时只放下到离轨面几毫米处而不与钢轨接

触。它是利用电磁铁和钢轨的相对运动使钢轨感应出涡流，产生电磁吸力作为制动力，并把列车动能转变为热能消散于大气中。

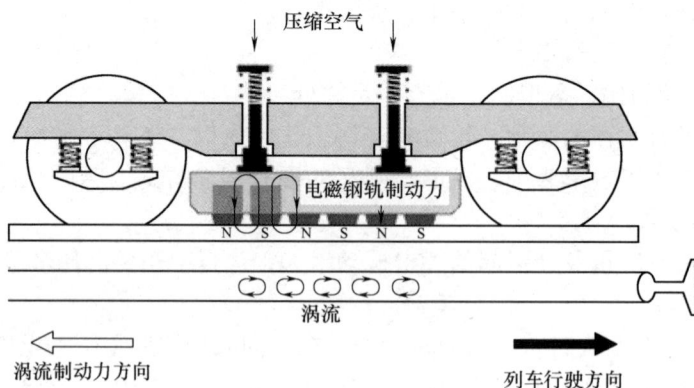

图 6-15　轨道涡流制动

　　轨道涡流制动既不通过轮轨粘着（故不受其限制），也没有磨耗问题。但是，它消耗的电能太多，约为磁轨制动的 10 倍，电磁铁发热问题也很严重。所以，轨道涡流制动只能作为高速列车紧急制动时的一种辅助制动方式，这种制动方式在德国高铁 ICE3 上有应用。

　　2. 旋转涡流制动

　　旋转涡流制动（涡流式圆盘制动）是在牵引机轴上装金属盘，制动时金属盘在电磁铁形成的磁场中旋转，盘的表面感应出涡流，产生电磁吸力，并发热消散于大气中，从而产生制动作用。

　　与盘形制动（摩擦式圆盘制动）相比，旋转涡流制动的圆盘虽然没有装在轮对上，但同样要通过轮轨粘着才能产生制动力，也要受粘着限制。而且与轨道涡流制动相似，旋转涡流制动消耗的电能也特别多。这种制动方式在日本 300～700 系动车组上有应用。

　　3. 风阻制动

　　风阻制动（图 6-16）也称为翼板制动，这种制动方式尚处于试验之中。它利用空气动力学的原理，在制动时展开翼板，增加运动方向上的迎风面积，利用大气与翼板的相对摩擦，将列车的动能转化为热能，并随着空气的快速流动散于大气中。

图 6-16　风阻制动

在列车上合理设计和布置翼板，当列车速度较高时能有效地提高运行阻力。研究表明，在200km/h的速度下，列车减速度能提高0.17m/s²；在250km/h的速度下，减速度能提高0.28m/s²。当然，随着速度的降低，减速度的增加值也会很快地降低。因此，风阻制动在高速区段制动的效果比较明显。这种制动方式的难点是翼板的设计和布置。翼板的合理设计，还可以增加制动过程中轮轨间的粘着力，从而降低车轮滑行的可能。

【课后习题】

一、不定项选择题

1. 制动控制单元的英文是_____。

A. EDCU   B. DCU   C. BCU   D. ECU

2. 地铁电动列车制动系统由_____等几部分组成。

A. 风源装置   B. 制动控制装置   C. 基础制动装置   D. 单元制动缸

3. 地铁电动列车主风管为下列_____系统送风。

A. 空调   B. 车门   C. 制动   D. 空气悬挂

二、填空题

1. 空气压缩机有_____和_____两种。

2. 螺杆空气压缩机主机的工作循环分为_____、_____、_____三个过程。

3. 从给出制动指令到停车过程中，紧急制动减速度应不低于_____。

4. 闸瓦制动和盘形制动比较，_____的制动效率更高。

5. 闸瓦制动的摩擦副是_____和_____。

6. 盘形制动的摩擦副是_____和_____。

三、简答题

简述制动控制系统的基本组成及其作用。

课题三 制动方式

【课题引入】

列车驾驶室的驾驶台上都有双针压力表，用以指示总风管和单元制动缸的风压。总风管压力的工作范围为750～900kPa；单元制动缸压力在非制动工况下没有读数；即使在制动状态下，制动缸压力指针也不一定有读数。思考：这种情况下的制动力从何处产生？

【学习目标】

1. 理解粘着制动与非粘着制动的区别。

2. 掌握按能量转移分类的制动方式。

3. 掌握按动力源动力不同分类的制动方式。

制动方式有多种分类方法，现介绍如下。

一、按制动力获取方式分类

轨道交通车辆制动，就制动力的获取方式不同，可分为粘着制动与非粘着制动两种。

1. 粘着制动

粘着制动是目前主要的一种制动方式，它是指制动力从轮轨之间获取。以闸瓦制动为例，车轮、闸瓦、钢轨三者之间有三种可供分析的状态：第一种是难以实现的理想的纯滚动状态；第二种是应极力避免的"滑行"状态；第三种是实际运用中的"粘着"状态。

（1）纯滚动状态　车轮与钢轨的接触点无相对滑动，车轮在钢轨上做纯滚动。这时，车轮与钢轨之间为静摩擦，两者之间可能实现的最大制动力是轮轨之间的最大静摩擦力。这是一种难以实现的理想状态。

（2）滑行状态　轮轨间为动摩擦，轮瓦间为静摩擦，即第一种状态中车轮的纯滚动减速改变为滑行（车轮在车辆未停住前即被闸瓦抱死，在钢轨上滑行）减速。由于动摩擦因数远小于静摩擦因数，因此一旦出现这种工况，制动力将大大减小，制动距离就会延长；同时，车轮在钢轨上长距离滑行，将导致车轮踏面的擦伤，如图6-17所示，危及行车安全。因此，这是必须杜绝的事故状态。此时，轮轨间的动摩擦阻力就成为滑行时的制动力。

图 6-17　车轮滑行擦伤

（3）粘着状态　列车制动时车轮在钢轨上滚动，由于车辆重力的作用，车辆与钢轨的接触处为一椭圆形的小面积，此时轮轨接触处既不是静止状态也不是滑动状态，而是"静中有微动"或"滚中有微滑"的状态，在铁路术语中称这种状态为粘着状态。

由于正压力而保持动轮与钢轨接触处相对静止的现象称为粘着。粘着状态下的静摩擦力又称为粘着力。依靠粘着滚动的车轮与钢轨粘着点之间的粘着力来实现车辆的制动，称为粘着制动。因此，列车采用粘着制动时，能够获得的最大制动力不会大于粘着力。

从制动力获取的方式来看，闸瓦制动、盘形制动、液力制动、电阻制动、旋转涡流制动、再生制动都属于粘着制动。它们的制动力的大小都受粘着力的限制。

2. 非粘着制动

不从车轮与钢轨间获取制动力的制动方式称为非粘着制动。其制动力的大小不受轮轨间粘着力的限制，是超出粘着力以外获取制动力的一种制动方式，所以也称粘着外制动。与粘着制动相比，非粘着制动的制动力较大，它主要用于粘着制动力不够的高速旅客列车上，作为紧急制动的辅助制动方式。

二、按能量转移方式分类

从能量守恒定律来看，制动是将列车的动能转化为其他形式的能量。按照能量转移的方式，制动分为摩擦制动和动力制动（电制动）。

1. 摩擦制动

利用摩擦所产生的热能消耗动车动能的制动方式称为摩擦制动，主要有闸瓦制动、盘形制动和轨道电磁制动。闸瓦制动的摩擦副为闸瓦和轮对；盘形制动的摩擦副为闸片和制动盘；轨道电磁制动的摩擦副为磨耗板和轨道。

2. 动力制动（电制动）

现在地铁车辆普遍采用的制动方式是电制动＋空气制动的混合制动模式。电制动是通过改变电机工作模式，将牵引工况的电动机改变为制动工况的发电机，从而产生制动力矩的方式。该制动方式是由牵引系统提供的，并且根据电能的不同去向，分为再生制动和电阻制动。

（1）再生制动 制动时，将原来驱动轮对的自励牵引电动机改变为他励发电机，由轮对带动它发电，并将电能反馈回牵引电网，供其他列车或设备使用的制动方式，称为再生制动。

（2）电阻制动 将电能送到制动电阻，转化为热能消耗掉的制动方式，称为电阻制动。牵引电机在制动工况产生的电流通往专门设置的电阻器，采用强迫通风，使电阻产生的热量消散于大气中，从而产生制动作用。

显然，再生制动比电阻制动在经济上合算，但是技术上比较复杂，反馈回电网的电能要马上由正在牵引运行的列车接收和利用。

三、按制动源动力分类

制动源动力主要有压缩空气的压力和电磁力两种，因此，按制动源动力分类有空气制动和电气制动两种方式。

1. 空气制动

空气制动以压缩空气为制动的源动力，闸瓦制动、盘形制动属于空气制动。

2. 电气制动

电气制动以电磁力为制动的源动力，电制动（电阻制动和再生制动）、轨道电磁制动及轨道涡流制动均属于电气制动。

制动方式的类型见表6-1。

表6-1 制动方式的类型

按制动力的获取方式分	粘着制动
	非粘着制动
按能量转移的方式分	摩擦制动
	动力制动（电制动）
按制动源动力分	空气制动
	电气制动

【课后习题】

一、不定项选择题

1. 地铁电动列车常用制动方式包括_____和_____。

A. 电制动   B. 空气制动   C. 磁轨制动   D. 风阻制动

2. 地铁电动列车紧急制动采用_____。

A. 空气制动   B. 再生制动   C. 电制动   D. 混合制动

3. 下列制动方式中，属于粘着制动的是_____。

A. 闸瓦制动   B. 盘形制动   C. 磁轨制动   D. 电阻制动

二、填空题

1. 司机控制台上的双针压力表用以指示_____和_____的风压。

2. 摩擦制动是将动能转化为_____能的制动方式。

3. 动力制动（电制动）是将动能转化为_____能的制动方式。

课题四　列车制动功能

【课题引入】

城市轨道交通车辆根据制动功能或控制模式，可分为常用制动控制、紧急制动控制、停放制动控制、保持制动控制和防滑控制等，见表6-2。

表6-2　制动控制模式对应的制动方式

制动控制模式	制动方式
常用制动	电制动和空气制动相配合
紧急制动	空气制动
保持制动	空气制动
停放制动	弹簧储能制动
防滑制动	空气制动

【学习目标】

1. 掌握列车不同制动模式的施加、缓解时机。
2. 能描述列车常用制动方式的制动程序。

一、常用制动控制

在正常情况下，为调节或控制列车速度（包括进站停车）所施加的制动是常用制动，其特点是作用比较缓和，制动力可以调节，可随时缓解。最大常用制动的平均减速度

为 $1.0m/s^2$ 。

司机在手动驾驶列车时，通过操纵司机控制台上的司机控制器来实现常用制动控制，如图 6-18 所示。

图 6-18 司机控制器上的常用制动位

列车的常用制动是空气制动与电制动自动配合的电-空混合制动。常用制动优先采用电制动，当电制动不足时，由空气制动补充。常用制动受最大允许纵向冲击率限制。电-空制动与列车速度、需求制动力的关系如图 6-19 所示。

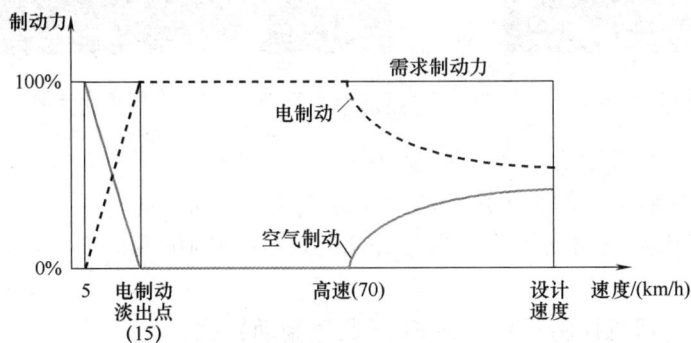

图 6-19 电-空制动与列车速度、需求制动力关系图

列车在 AW3 工况下，车速高于 70km/h（高速）时的制动由电制动和空气制动共同承担；车速低于 70km/h 时的制动完全由电制动承担；当车速低于 15km/h 时电制动逐渐失效，列车所需制动由空气制动承担；当车速低于 5km/h 时，制动完全由空气制动施加。AW2 工况下的制动可由电制动完全承担。

因此，常用制动的制动程序为：

1）地铁列车首先充分利用再生制动形式。

2）当电能过剩，不能反馈到电网时，采用电阻制动将电能消耗掉。

3）当列车速度降到一定程度时，电制动被切除，由空气制动承担全部制动力。

二、紧急制动控制

紧急制动是在紧急情况下，为使列车尽快停住所施加的制动，也称非常制动。其特点为纯空气制动,作用迅猛,不受冲动限制,制动力可达到最大,停车前不能缓解。在最大超员工况下,车轮处于半磨耗状态时,列车紧急制动的平均减速度不低于 $1.2\mathrm{m/s^2}$。

紧急制动是独立的控制回路,只要紧急制动环路断开,列车就会产生最高安全等级的紧急制动。只要出现下列情况之一,列车紧急制动环路便会断开:

1)紧急制动按钮(图6-20)被按下。

2)总风压欠压。当总风管压力低于600kPa时,车辆产生紧急制动;当总风管压力高于700kPa时,车辆因总风管压力低产生的紧急制动会自动缓解。

3)列车运行时方向选择手柄(图6-21)回零位。

图6-20 紧急制动按钮

图6-21 方向选择手柄

4)头、尾车驾驶室均被激活。

5)司机释放司机控制器上的警惕按钮的时间过长(大于5s)。

6)由ATP系统发出紧急制动指令、列车分离、110V控制电源失电、运行中列车完整性被破坏等情况。

7)列车主控手柄(司机控制器)打到EB(紧急制动)位。

8)控制回路熔丝QF7断开。

任何情况下的紧急制动缓解,必须在停车状态下,将制动手柄置于紧急位,确认列车紧急制动施加后,才能进行缓解。

三、保持制动控制

为使列车在坡道上停车时保持静止,防止列车在坡道上起动时倒溜,在列车临时停车时,需实施保持制动。它通过常用制动实现(如制动力为最大常用制动力的70%)。

当车速小于5km/h时,保持制动自动施加;当列车的牵引力达到最大牵引力的10%或车速大于2km/h时,保持制动自动缓解。

四、停放制动控制

停放制动可使列车在一定坡道路面上可靠停驻。在每根轴上,有一个带停放制动功能的踏面制动单元,在一个转向架上,停放制动沿对角布置。

停放制动通过弹簧施加，是纯机械制动。在列车停车时，当总风压力下降到停放制动开始施加的压力后（如450kPa），停放制动能够自动施加；当总风压力恢复时，停放制动应能自动缓解并恢复停放制动的正常功能。

停放制动实施后，可手动缓解，一旦手动缓解了停放制动，停放制动即失效。在总风压力处于正常范围时，进行一次制动操作，停放制动功能自动恢复。

五、空气制动防滑控制

空气制动防滑功能在紧急制动和常用制动时都可以起作用。每辆车的空气防滑控制装置包括4个防滑排风阀（G1）及轴装速度传感器（G3）。每根轴上都安装有速度传感器（G3）和感应齿盘（G2），如图6-22所示。

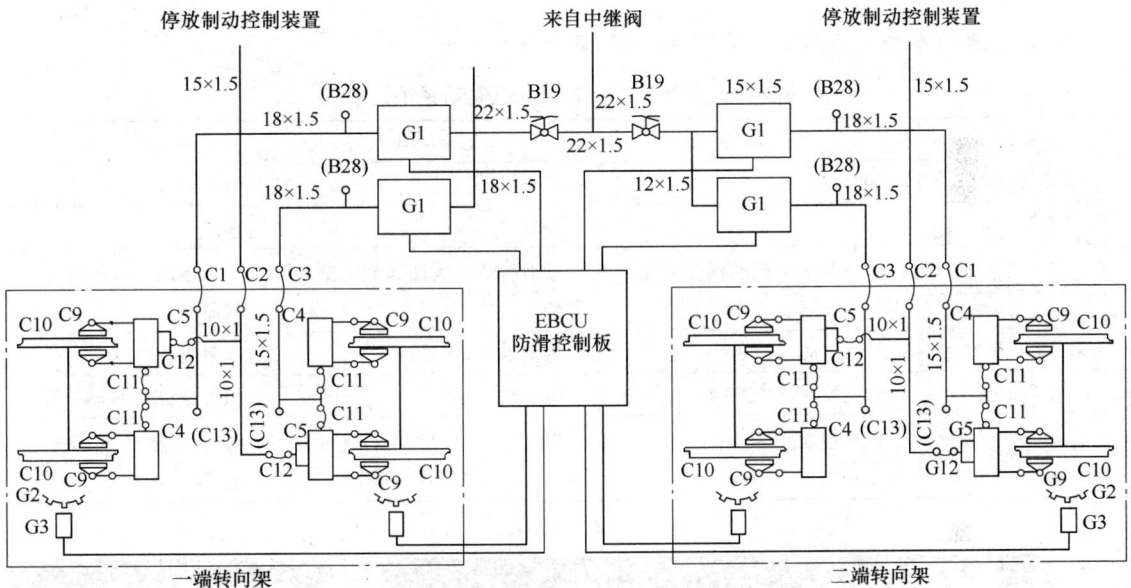

图6-22　防滑控制单元结构图

空气制动滑行控制系统采用速度差和减速度判据进行滑行检测。

速度差判据：当某一轴速度低于参考速度（基准速度）且达到判定滑行数值。

减速度判据：当某一轴速度的减速度达到判定滑行数值。

当出现以上任何一种情况时，就判定该轴发生制动滑行，防滑控制系统首先会通过防滑排风阀切断中继阀到该轴制动缸的通路，对制动缸进行保压，如果滑行较大或保压后滑行持续增大，防滑阀还可排出一部分制动缸的压力空气，减小该轴上的制动力，以减小该轴上的滑动程度，使该轴恢复到粘着状态。在粘着恢复再制动充风时，防滑控制系统首先会采用阶段充风方式，一方面可以限制粘着恢复时再制动的纵向冲击率，另一方面还可以降低粘着恢复过程中的再滑行几率。

当4根轴同时出现滑行时，或4根轴的减速度都远高于正常的制动减速度时，防滑系统会定期短时缓解某一基准轴的空气制动，以便对基准速度进行周期性的修正，减小基准速度的累加偏差，以准确地控制滑动程度，从而确保了在低粘着状态下最大程度地提高制动力，同时不会出现车轮擦伤。在发生严重滑行时（如雨雪天气），将切除电制动，以利于粘着恢复。

防滑控制单元在进行滑行控制时，会自动限制排风和保压的持续时间，以限制空气制动力的减少时间。防滑控制单元还具有独立于主微控制器的监控微控制器，当主微控制器出现异常时，监控微控制器能够切除主微控制器的防滑控制输出，以防止空气制动力的持续减小。

当空气制动滑行控制系统失效时，空气制动将维持运用而无滑行保护。当一个速度传感器出现故障时，受到影响的防滑阀会利用本转向架的另一个速度传感器进行防滑控制。

【前沿链接】

国外高速动车组先进制动系统比较（见表6-3）

表6-3　国外高速动车组先进制动系统比较

国　　家	日　　本	德　　国	法　　国
动车组型号	300～700系，E1～E4系	ICE3	TGV-A
最高速度/（km/h）	300	300	300
复合制动模式	动力制动＋旋转涡流＋空气制动	动力制动＋线性涡流＋空气制动	动力制动＋磁轨制动＋空气制动
动力制动形式	再生制动	再生制动	电阻制动
防滑控制	微机控制防滑器	微机控制防滑器	微机控制高性能防滑器
制动力分配	以再生制动为主，空气制动作为补充	以再生制动和线性涡流制动为主，空气制动作为补充	以空气盘形制动为主（占70%～80%）

【课后习题】

一、不定项选择题

1. 地铁电动列车 VVVF 逆变器是指_____逆变器。

A. 可调电压　　　　B. 可调电流　　　　C. 可调功率　　　　D. 可调频率

2. 地铁电动列车采用再生制动的优点是_____。

A. 制动力恒定　　　　　　　　B. 可以降低闸瓦的磨耗

C. 节约电能　　　　　　　　　D. 停车平稳

二、判断题

1. 在超员情况下，车轮为半磨耗状态时，紧急制动的平均减速度不小于 1.2m/s^2。

（　　）

2. 地铁电动列车的 VVVF 逆变器没有再生功能。（　　）

3. 地铁电动列车的防滑功能用于防止车轮抱死擦伤。（　　）

4. 地铁电动列车空气压缩机电机的三相电源取自 SIV 设备输出的三相 AC 380V。（　　）

5. 地铁电动列车制动力大于粘着力时车轮会发生滑行。（　　）

6. 地铁电动列车以电制动为主，并且以再生制动为优先。列车处于低速状态，电制动不足时，用空气制动补足。 （　　）

7. 地铁电动列车电子制动控制单元（EDCU）也称为制动电子控制单元（DECU）。 （　　）

8. 地铁电动列车每台转向架设有四个踏面单元制动缸，分为两个具有停放功能的踏面单元制动缸和两个不具有停放功能的踏面单元制动缸。 （　　）

三、简答题

简述城市轨道交通列车的常用制动程序。

【实训指导】

一、实训任务

1. 制动系统组成认知及制动过程描述。

2. 基础制动单元结构认知。

二、实训目标

1. 能准确指认制动系统的组成，并正确描述制动过程。

2. 会判断不同类型的基础制动装置，并能指认其结构。

三、实训准备

1. 城市轨道交通列车制动系统实训台或示教板。

2. 城市轨道交通车辆车钩缓冲装置实训设备。

四、实训过程

1. 分组练习，分组考核。

2. 对照地铁列车制动系统实训台或示教板指认制动系统的构成，并描述制动过程。

3. 根据基础制动装置实训设备数量分组，学生判断基础制动装置的类型，并指认其结构。

4. 教师考核组长操作步骤及实际操作，组长对组员逐一进行考核。

07

单元七 电力牵引与控制系统

【学习导入】

　　城市轨道交通车辆的牵引系统由两大部分组成：牵引高压系统和牵引控制系统。图7-1所示为城市轨道交通车辆牵引与控制系统，车辆控制系统控制列车的牵引、制动工况，并记录、显示车辆的状况；车辆牵引系统执行控制指令，通过受电、变电和能量的转换过程，实现列车的牵引与制动。

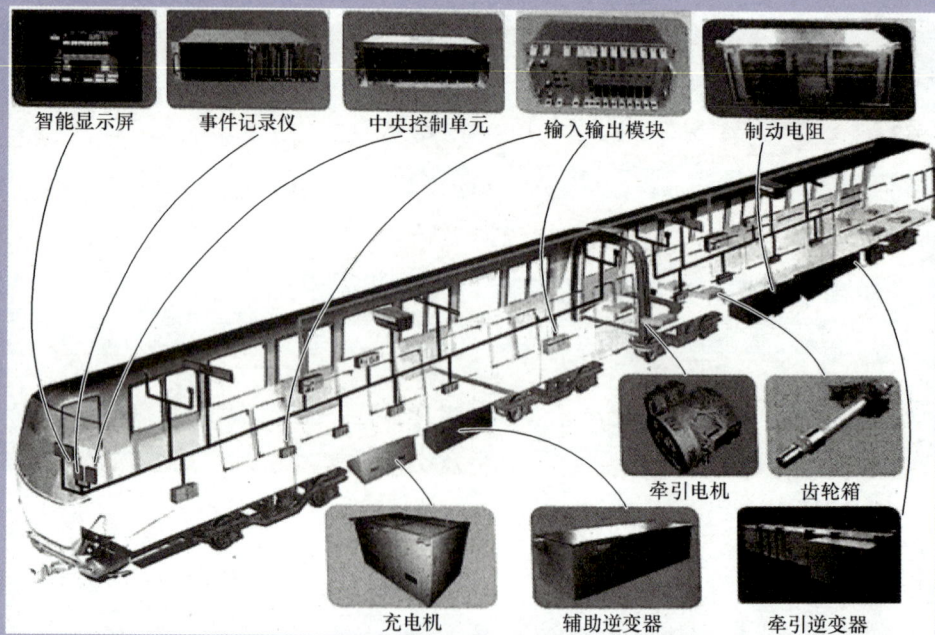

图7-1　城市轨道交通车辆牵引与控制系统

课题一　电力牵引系统概述

【课题引入】

电力牵引系统是城市轨道交通车辆的核心部分，是列车的动力来源。牵引系统在选型阶段要考虑多方面的因素，包括现代技术的运用、线路纵断面（坡度/曲线）、线路的站间距、线路设计运行速度、列车车型、编组形式等。因此，牵引系统是一个非常繁杂的系统。对于城市轨道交通运营人员，必须理解电力牵引系统的组成、功能及注意事项，特别是能够控制牵引装置，实现列车的正常运营。

【学习目标】

1. 理解电力牵引系统的原理。
2. 了解电力牵引的特点。
3. 掌握城市轨道交通的供电制式。

一、电力牵引系统的原理

电力牵引是一种以电能为动力的牵引方式，城市轨道交通车辆通过受流器从第三轨（输电轨）或架空接触网接受电能，通过车载变流装置给安装在转向架上的牵引电机供电，将电能转换为机械能，通过联轴器、齿轮箱和轮对，驱动地铁列车运行，如图 7-2 所示。

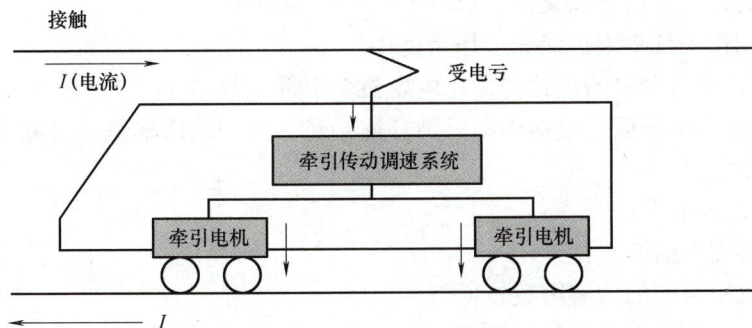

图 7-2　城市轨道交通车辆电力牵引原理

列车电力牵引系统主要有两种工况：牵引工况和制动工况。牵引工况下，列车牵引系统为列车提供牵引动力，将地铁电网上的电能转换为列车在轨道上运行的动能。制动工况可以分为再生制动工况和电阻制动工况。牵引系统再生制动就是在列车进行制动时，把列车的动能转换为电能反馈到电网供其他列车使用，这极大地降低了列车的实际能量损耗。若列车制动时，牵引系统反馈的电能使电网电压超过了限值（如第三轨电压高于 1000V，或架空接触线电压达到 1800V），则此时列车电制动产生的电能将消耗在制动电阻上，列车动能将转换为热能散逸到大气中。这种通过制动电阻消耗电能来实现电制动的工况称为电阻制动工况。当电制动不足或失效时，由空气制动补足。电制动与空气制动能平滑地转换。

二、电力牵引的特点

电力机车属于非自带能源式机车，电力牵引具有一系列内燃牵引所不及的优越性，表现在以下几方面。

1. 电力机车的功率大

内燃机车的功率受到柴油机本身容量、尺寸和重量的限制，故机车功率不能过大。而电力机车不受上述条件的限制，机车功率（或单位重量功率）要大得多，目前轴功率已达 1000kW（若为交流牵引电机则可达 1600kW）。一台电力机车的牵引能力相当于 1.5 台（或更多一些）内燃机车的牵引能力。由于电力机车功率大、起动快、允许速度高，所以能够"多拉快跑"，极大地提高了线路的通过能力和输送能力。

2. 电力机车的效率高

由于电力牵引所需的电能是由发电厂（或电站）集中产生的，因此燃料的利用率要比内燃机牵引高得多。由火电厂供电的电力牵引的效率高达 35%，由水电站供电的电力牵引效率则更高，可达 60% 以上。而内燃机牵引的效率约为 25%，而且柴油的价格较高，并有燃烧排放污染。

3. 电力机车的过载能力强

机车在起动列车或牵引列车通过限制坡道时，其过载能力大小很重要。由于电力机车的过载能力不会受到能源供给的限制，而牵引电机的短时过载能力总是比较大。因此，电力机车所需的起动加速时间一般约为内燃机车的 1/2，从而能够提高列车速度。

4. 电力机车的运营费用较低

1）电力机车功率大、起动快、运行速度高、过载能力强，因此可以"多拉快跑"。

2）整备距离长、适用于长交路，提高了机车的利用率。

3）检修周期长，日常维护保养工作量也小。

一般情况下，电力牵引的运营费用比内燃机牵引低 15% 左右。

此外，由于电力机车运行过程中不污染环境，对于大型轨道枢纽站及隧道长而多的线路而言，其意义重大。

电力牵引的缺点如下：

1）对通信方面有谐波干扰。

2）相控调压所引起的功率因数较低。

3）离不开牵引变电所和接触网等沿线的供电设备，故其机动性较差，且线路电气化投资较大。

三、电力牵引系统的供电制式

世界各国采用的供电制式各不相同，我国电力牵引系统的供电制式分为直流供电和交流供电。不同制式、不同电压的应用如下：

1. 直流供电

1）DC 1500V，用于地铁和轻轨列车。

2）DC 750V，用于地铁和轻轨列车。

3）DC 600V，用于城市电车。

2. 交流供电

单相、工频（50Hz）、25kV，用于干线铁路。

目前，国内的城市轨道交通列车已经全部采用交流牵引系统，牵引电机为交流三相笼型异步电机。因此，城市轨道交通车辆的传动方式是直-交流传动。直流电经由晶闸管或其他新型电力电子器件构成的逆变器，将直流电转换为可调压、变频的三相交流电，再向交流牵引电机供电，如图 7-3 所示。

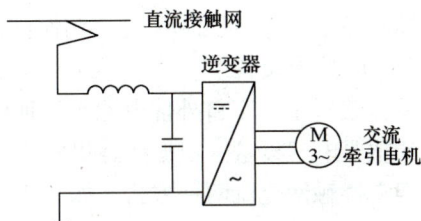

图 7-3 直-交流传动结构图

【课后习题】

一、填空题

1. 列车电力牵引系统的两种工况是_____和_____。

2. 我国城市轨道交通列车电力牵引的供电制式为_____（AC/DC）_____V或_____V。

3. 现代城市轨道交通电动列车采用的是_____（直/交）流牵引电机。

4. 地铁电动列车常用制动方式包括_____和_____，优先使用_____。

二、简答题

1. 简述城市轨道交通车辆电力牵引系统的工作过程。

2. 简述城市轨道交通电力牵引的特点。

课题二 牵引系统的组成

【课题引入】

城市轨道交通车辆电力牵引的过程：由受流器从第三轨或接触网接受电能，通过牵引主逆变器将直流电转化为交流电，用来驱动转向架上的牵引电机，将电能转化为机械能，驱动列车运行。

【学习目标】

1. 掌握城市轨道交通电力牵引的过程。

2. 掌握牵引系统主要组成部件的功能和工作原理。

3. 能看懂城市轨道交通车辆主牵引电路图。

一、牵引系统设备组成

城市轨道交通车辆牵引系统的主要设备包括受流装置、高速断路器 HSCB、VVVF 牵引逆变器、牵引控制单元 DCU、牵引电机、制动电阻和司机控制器。

（一）受流装置

受流装置是列车将外部电源平稳地引入车辆电源系统，为列车的牵引设备和辅助设备提供电能的重要电气设备。根据线路供电方式的不同，受流装置有集电靴从第三轨受流和车顶受电弓从架空接触网受流两种方式，如图 7-4 和图 7-5 所示。两种受流方式并存，且各具优缺点。

图 7-4　集电靴受流装置

图 7-5　受电弓受流装置

1. 集电靴受流装置

由于城市轨道交通线路大多穿越城区，往往需要设在地下，且速度要求不高，从安全性、经济性和对城市景观影响等方面考虑，更倾向于采用由集电靴从第三轨受流的方式。

（1）集电靴受流装置的安装位置　集电靴受流器安装在转向架的构架侧面上，与接触轨（第三轨）形成弹性接触。受流器的布置原则是保证列车在断电区仍能满足列车的供电要求。对于三动三拖六节编组的 B 型车，每列车共装有 12 个受流器，有两种布置方式：一种布置方式是将所有受流器安装在动车转向架上，如图 7-6 所示；另一种布置方式是其中 3 个动车共装有 8 个受流器，拖车 T 不安装受流器，带驾驶室的拖车 Tc 车共装有 4 个受流器。受流器的布置情况如图 7-7 所示。

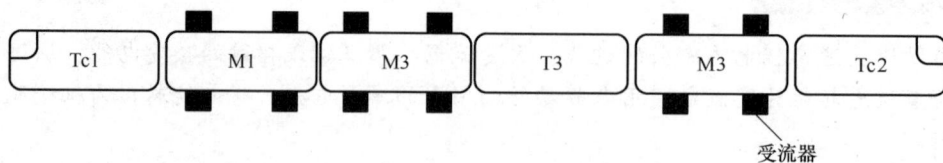

图 7-6　集电靴受流器布置图 I

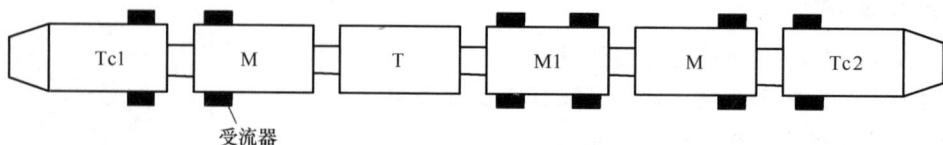

图 7-7　集电靴受流器布置图 II

显而易见，第二种受流器布置方式比第一种布置更加分散，但两种方式均能确保列车顺利通过第三轨断电区。

（2）集电靴受流器的结构　一个典型的集电靴受流器的结构如图 7-8 所示，它可分为以下四部分：

1）受流器主体，包括一整套动力系统弹簧、轴承、金属底座、金属臂架、紧固件、连接熔断器与受流器的 2 根电缆。

2）受流臂、滑块。

3）熔断器。

4）绝缘框架。

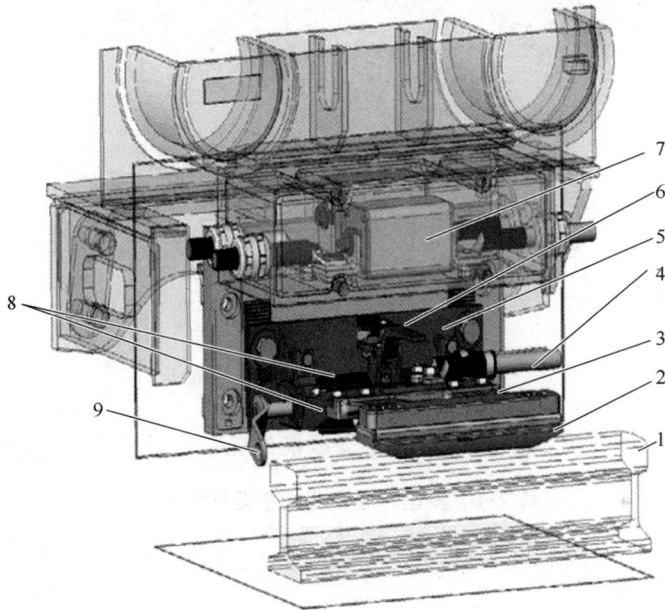

图 7-8　集电靴受流器结构图

1—第三轨　2—滑块　3—受流臂　4—电缆　5—绝缘底座　6—位移调节板　7—熔断器
8—弹簧与轴承　9—手动回退工具插入位置

（3）集电靴受流器的特点

1）受流器的机械部分安装在一个绝缘支架上，该支架上设计有带锯齿状的位移调节板，每个调节板的最小调节量是 4mm，总调节量为 40mm，以配合对车轮运行后磨损量的补偿。

2）受流器有一套由 2 个弹簧和 2 个弹性铰键轴承组成的机构，用于保证滑块磨损后，其与三轨的压力不受影响，仍然保持恒定的压力。

3）受流臂采用了弱连接结构，当滑块在运行轨道上遇到障碍时，为了保护整个受流器和与之连接的转向架，首先断裂的是集电靴靴臂，而不影响车辆的正常运行。

4）为了防止短路，保护车体和转向架，受流器上都装有熔断器。如果短路电流超过熔断器的分断能力，则熔断器熔丝会熔断，从而保护了其他设备。

5）受流器具有回位和锁定功能，锁定功能是为了保证有缺陷的受流器与第三轨脱离，从而保证整个车辆的一次往返运行；当一台受流器出现故障被隔离时，剩余的受流器还会为整列车提供工作电源，列车的运行将不会受到影响。

6）集电靴受流器配备了手动回收操作装置，可以进行集中回收操作。同时也配备了绝缘操作手柄，有需要时，用户也可以手动操作。手动隔离单个集电靴的操作如图 7-9 所示，将绝缘操作手柄（快速分离钩）的钩头插入受流器手动回退工具插入位置，向上提起，完成集电靴滑块与第三轨的分离；也可通过绝缘操作手柄完成已隔离集电靴的降靴操作。

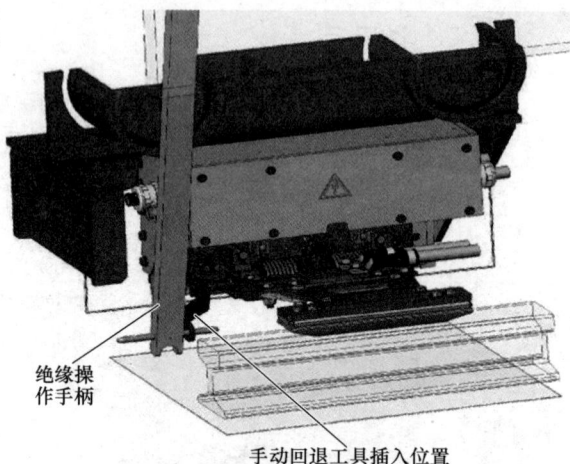

绝缘操作手柄

手动回退工具插入位置

图 7-9　手动隔离单个集电靴

（4）集电靴受流器的技术参数　集电靴受流器的主要技术参数见表 7-1。

表 7-1　集电靴受流器的主要技术参数

项　目	参　数
额定电压	DC 750V
电压范围	DC 500～900V
额定电流	1200A（800A）
标准静接触压力	120N
静压力调节范围	$120 \times (1 \pm 20\%)$N
受流部件在受流器上的调节范围	−30～55mm
受流器顶面工作状态高度	160mm
受流器质量	约 39kg
集电靴材料	碳铜合金（或铝青铜合金）
环境温度	−40～40℃
环境湿度	≤90%
其他环境约束	相对正常位置倾斜不大于 10°
	应处于无导电尘埃及不可能引起爆炸的地方

2. 受电弓受流装置

受电弓是一种通过空气回路控制升、降动作的铰接式机械构件，它从接触网上集取电流，并将其传送到车辆电气系统的电气设备上。由于接触网方式可以实现长距离供电，受线路变化影响较小，并且能适应列车高速行驶的需要，因此，较多的地铁线路采用受电弓受流装置。

（1）受电弓的安装位置　受电弓通过支持绝缘子安装于车辆顶部，通过弓头上的滑板与接触线接触。受电弓弓头及滑板应安装在车体中心线上尽可能靠近驱动轮的位置。在"工作"位置上，受电弓在车顶的部分都处于带电状态，仅在与车顶的机械接口和气路接口处是电气绝缘的。

受电弓一般安装在 A 型车上，也有安装在 B 型车上的。受电弓的安装位置一般都是根据列车整车的设计来确定的。

（2）受电弓的典型结构和主要部件　受电弓是由碳滑板、上臂组成、下臂组成、底架、升弓弹簧、传动气缸、支持绝缘子等部件组成。目前，城市轨道交通系统多采用单臂式受电弓，它具有占用车顶空间小、重量轻、弓头归算质量小的特点。典型的单臂式受电弓结构如图 7-10 所示。以下对几个关键部件进行说明。

1）底架。底架安装在车顶，它由四条方钢管组焊而成。作为下臂的支承装置，底架包括轴承、下导杆的轴承滑轮、拉伸弹簧的悬挂和气压升弓传动装置，主要的电气连接位于底架后部的镀铜部件。

2）下臂。下臂由一个焊接钢管构成，它包括中心连接支承的所有部分，支承点由密封的重型旋转头组成。

3）上臂。上臂采用封闭的框架结构，由焊接铝结构组成，它由拉伸型管、环形的上臂十字管和上臂连接，用来支承下臂的旋转头和下导杆，框架由斜的不锈钢支柱支承。

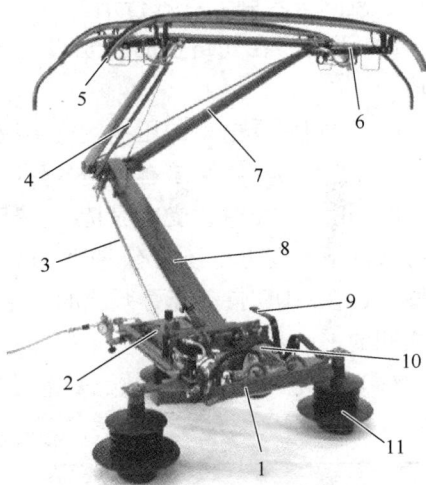

图 7-10　受电弓结构
1—底架组成　2—阻尼器　3—下导杆
4—上导杆　5—碳滑板　6—弓头
7—上臂组成　8—下臂组装
9—弓装配　10—升弓装置
11—支持绝缘子

4）弓头组装。弓头是与接触导线直接接触的部件。弓头的滑板、弓角和转轴间采用弓头悬挂装置连接。弓头悬挂装置的应用使得弓头具有一定的自由度，当接触线高度方向上差异较小时，通过弓头悬挂装置的补偿即可保持接触压力的基本恒定，受电弓铰链系统则保持稳定。当接触线高度差异较大时，如通过桥梁和隧道时，才需要通过铰链系统进行补偿。滑板由炭条和铝托架粘接而成。

5）升弓装置。受电弓升弓时所需的升弓转矩由两个气囊、钢丝绳和下臂杆上的调整板产生。

6）阻尼器。为防止受电弓产生不希望的运动，缓解来自相邻车辆上受电弓的干扰，以及避免受电弓降弓时对底架上的部件造成损坏，受电弓上安装有阻尼器。阻尼器在受电弓出厂时已经设定好，不允许对其进行调整。

（3）受电弓受流器的特点

1）受电弓在刚性接触网和柔性接触网的线路上均适用。

2）在车辆运行速度范围内，受电弓有良好的动力学性能，能够保证在各种轨道和速度条件下与接触网具有良好的接触状态和接触稳定性。

3）受电弓的框架保证了弓头相对于底架在垂直方向运动。由于弓头的运动方向垂直于车辆运行方向，因此，车辆的运行方向对受电弓与接触网之间的接触压力不产生影响，受电弓可以满足车辆的双向运行要求。且受电弓设置有机械止挡，可以限制受电弓在无接触网区段上的垂直运动。

4）受电弓采用气动工作方式。对受电弓持续供以压缩空气，压缩空气作用于受电弓的两个升弓气囊，则受电弓升起，并最终使弓头与接触导线间保持规定的接触压力。作用于气囊上的控制压力要求具有很高的精度（1kPa），它通过安装于受电弓底架上气阀箱内的调压阀、节流阀等控制元件进行调节。

5）受电弓在气路上的特别设计，保证了其降弓时有明显的迅速下降和平稳下降两个阶段。

6）关闭对受电弓的压缩空气供应，则受电弓靠自重降下。

7）受电弓气路系统有任何故障时，受电弓自动降下。

8）正常工作时，受电弓持续保持升弓状态，只有当司机在驾驶室按下降弓按钮时，受电弓才降下。受电弓还设有 ADD 自动降弓系统，当由于受电弓滑板破裂等引起受电弓气路泄漏时，在 ADD 自动降弓系统的作用下，受电弓迅速、有效地降下，避免了受电弓与接触网之间的进一步破坏。

（4）受电弓的技术参数　受电弓的主要技术参数见表7-2。

表 7-2　受电弓的主要技术参数

项　　目	参　　数
额定工作电压	DC 1500V（DC 1000～1800V）
最大短时电流（70s，占空因数为5s）	3500A
最大起动电流（30s）	1600A
最大停车时电流（DC 1000V 和单弓受电）	540A
折叠高度（包括绝缘子）	≤310mm
最低工作高度（从折叠位置滑板面起）	150mm
最高工作高度（从折叠位置滑板面起）	1950mm
最大升弓高度（从折叠位置滑板面起）	>2550mm
最大宽度（弓头处）	（1550±5）mm
最大长度（落弓位置）	≈2580mm
平均静态力	100N（70～140N）
运行速度	≤90km/h
质量（包括支持绝缘子）	≤140kg
额定工作气压	550kPa（500～900kPa）
升弓时间	≤8s
降弓时间	≤8s
滑板数量	2 块

（5）受电弓的操作 受电弓的操作及控制步骤见表 7-3。

表 7-3 受电弓的操作及控制步骤

序号	名 称	操作及控制步骤	结果/指示说明
1	准备	按照车辆操作规程进行升弓前的检查与准备	
2	升弓	在驾驶室操纵台按下受电弓升弓控制按钮	（1）升弓电磁阀得电接通，压缩空气进入受电弓 （2）受电弓在开始动作 8s 后升弓到位 （3）如果升弓故障，则通知车场调度
3	降弓	在驾驶室操纵台按下受电弓降弓控制按钮	（1）升弓电磁阀失电切除 （2）受电弓在开始动作 8s 后降弓到位 （3）如果降弓故障，则通知车场调度

（二）高速断路器

高速断路器（HSCB/HB）是一个用低压控制高压的开关设备。其作用就是将电网与车辆高压设备分开，利用 HSCB 过电流（如短路）后的快速响应特性来保护直流侧设备，如图 7-11 所示。

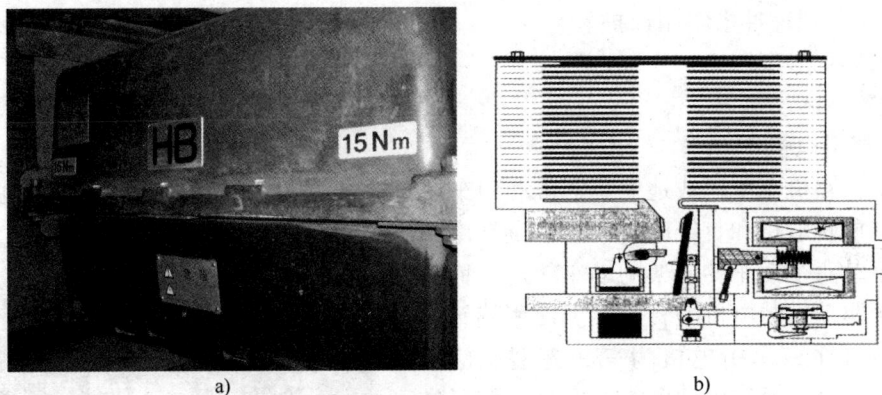

图 7-11 高速断路器

a）实物图 b）结构图

（三）牵引逆变器

牵引逆变器（VVVF，Variable Voltage Variable Frequency）是交流电动列车上的重要设备，安装在列车动车底部，如图 7-12 所示。VVVF 由电源电流传感器、滤波电抗器、直流电压传感器、过电压释放晶闸管、过电压放电电阻、放电电阻、滤波电容器、IGBT 模块、相电流传感器等组成。

VVVF 的作用：牵引时，通过控制内部 IGBT 模块的通断来产生三相交流电源供牵引电机使用；制动时，将感应电机产生的交流电整流成直流电反馈给电网或制动电阻。

（四）牵引控制单元

牵引控制单元（DCU，图 7-13）是车辆牵引与控制系统的核心，其主要功能包括：

图 7-12　VVVF 牵引逆变器

图 7-13　牵引控制单元

1）控制异步电机。DCU 将机车控制级给定值和控制指令转换成 VVVF 用控制信号，对 VVVF 和牵引电机进行控制，包括调节、保护、逆变器脉冲模式的产生等。

2）对 VVVF 和牵引电机进行保护控制。对电制动（ED-Brake）进行调整、保护和产生逆变器脉冲模式，实现在再生制动和电阻制动之间的平滑过渡。

3）防空转/防滑保护控制。

4）列车加减速冲击限制保护。

5）通信网络功能。

6）故障诊断功能等。

（五）牵引电机

凡用于铁路机车车辆或地铁车辆带动列车运行的电机通常称为牵引电机。城轨车辆交流牵引电机有旋转电机和直线电机两种。旋转牵引电机用于驱动每个动车转向架的动车轮对，而直线电机用于驱动安装电机的转向架。使用旋转牵引电机的列车上，牵引电机为三相笼型感应电机；直线电机牵引系统中的电机一般是长转子结构。目前，应用最广泛的是旋转电机，它吊挂在动车转向架的构架上，每个动车转向架安装两台牵引电机，如图 7-14 所示。

牵引电机将电能转换为机械能，通过联轴器、齿轮箱和轮对，驱动地铁列车运行，如图 7-15 所示。

牵引电机　　　　　　　轮对

图 7-14　牵引电机的安装位置

1. 三相笼型交流电机的结构

三相笼型交流电机主要由三部分组成：固定部分称为定子，旋转部分称为转子，定子和转子之间的间隙称为气隙。

（1）定子的组成　定子由机座、定子铁心和定子绕组三部分组成。

定子铁心内有许多形状相同的槽，用于嵌放定子绕组，机座用于固定和支承定子铁心，要求有足够的机械强度和刚度。

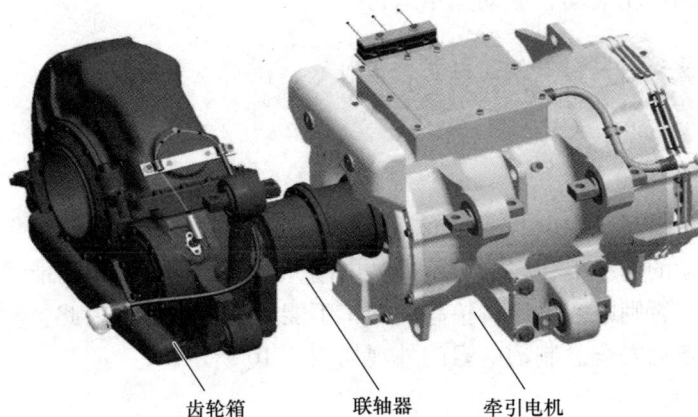

齿轮箱　　　联轴器　　　牵引电机

图 7-15 牵引传动装置

（2）转子的组成　转子由转子铁心、转子绕组和转轴三部分组成。

转子铁心是电机主磁通磁路的一部分，用 0.35 ~ 0.5mm 厚的硅钢片叠压而成，表面开有槽，用于放置或浇注转子绕组。转子铁心安装在转轴上。

（3）气隙　异步电机的励磁电流是由定子电源供给的。气隙较大时，磁路的磁阻较大。若要使气隙中的磁通达到一定的要求，则相应的励磁电流也要变大，从而影响了电机的功率因数。为了提高功率因数，应尽量让气隙小些。但也不应太小，否则，定、转子有可能发生摩擦与碰撞。从减少附加损耗以及减少高次谐波磁动势产生的磁通的角度来看，则气隙大些又有好处。

2. 牵引电机的技术参数

YQ-180-4 型三相笼型异步电机的主要技术参数见表 7-4。

表 7-4 牵引电机的主要技术参数

项　目	参　数
定额	1h
输出功率	180kW
额定电压	550V
额定电流	240A
频率	77Hz
转速	2255r/min

3. 牵引电机的工作原理

受流器从接触网上获得直流电流，经过列车牵引逆变器转换成三相交流电，输送给交流牵引电机（三相异步电机）定子上空间位置相差 120° 的三相绕组，使定子三相绕组中有对称的三相电流流过，从而在气隙中产生旋转磁场。转子绕组在这个旋转磁场中感应出电动势，转子的感应电动势在自我闭合回路的转子绕组中产生电流。转子电流与旋转磁场相互作用，产生电磁力，形成使转子旋转的电磁转矩。转轴通过联轴器和齿轮箱把转矩传送给车辆转向架的车轴，带动车轮滚动，驱动列车运行。

查一查　　　直线电机的结构及工作原理是什么？使用直线电机的列车与采用旋转电机的列车有哪些区别。

（六）制动电阻

制动电阻是为牵引系统在电制动时消耗过高再生电压的耗能设备，以保证线网及列车的安全。因为在电制动的情况下，当能量不能被电网完全吸收时，多余的能量必须转换为热能消耗在制动电阻上，否则电网电压将抬高到列车不能承受的水平。因此，制动电阻的存在确保了电网上其他设备的安全。制动电阻的外观如图7-16所示。

（七）司机控制器

司机控制器是用来操纵城市轨道交通车辆运行的控制器，它利用控制电路中的低压电器间接控制主电路的电气设备，用来完成整个列车的牵引、制动功能，以及列车的前进方向的控制和司机警惕等功能。

1. 司机控制器的主要组件

每个驾驶室设有一个司机控制器，每个司机控制器上有司机钥匙、方向手柄及牵引/制动控制手柄（带警惕按钮）。司机控制器的外形如图7-17所示，其主要组件包括：

图7-16　制动电阻

图7-17　司机控制器外形图

1）起动列车驾驶操作的钥匙开关，司机钥匙有两个位置："ON"和"OFF"。

2）选择列车行驶方向的方向手柄，该手柄共有F（向前）、O、R（向后）三个位置。

3）牵引/制动控制手柄，该手柄有四个位置：牵引（P1～P4四级）、N、常用制动（B1～B7七级）、EB。

4）高加速按钮和复位按钮。

2. 司机控制器的互锁逻辑

司机控制器的司机钥匙、方向手柄、牵引/制动控制手柄为机械互锁结构，其逻辑为：

1）当司机钥匙在"OFF"位置时，方向手柄和牵引/制动控制手柄都无法动作。

2）当司机钥匙在"ON"位置时，方向手柄可以离开"O"位切换到"向前"或"向后"位置。

3）当方向手柄在"0"位时，牵引/制动控制手柄无法动作。

4）当方向手柄在"F"或者"R"位置时，牵引/制动控制手柄可离开"O"位（惰行位）切换到牵引、制动以及紧急制动位。

5）反之，当牵引/制动控制手柄不在"O"位（惰行位）时，方向手柄无法动作；当方向手柄不在零位时，司机钥匙无法动作。司机控制器的牵引、制动和紧急制动状态指令通过模式选择继电器送到执行机构；牵引、制动力大小信号为 $0 \sim 10V$ 模拟信号，送入 TCMS 中，经过 TCMS 转换为 PWM 信号送到执行机构中。

6）在非 ATO 模式下，司机应按下控制器上的警惕按钮，否则列车将实施紧急制动。

> **想一想**　　除了牵引电机之外，列车上还有哪些设备需要供电？这些设备的电源从何而来？列车上除了电力牵引装置外，是否还需要辅助电源装置？

二、牵引主电路

虽然不同车型的牵引系统不尽相同，但它们的基本原理都是一致的。某车型牵引主电路如图 7-18 所示。主电路通过 HB、线路接触器连至接触网，从电网获得电能。

逆变器将 DC 1500V/750V 电压转换为三相交流电压，从而驱动三相感应电机。逆变器由 IPM 模块组成，该逆变器能够实现变压变频控制，它能够控制感应电机的转速，也就使得列车速度能在一个很宽的范围内进行调节。它还能够实现牵引/再生制动和向前/向后操作，不需切换主电路，而是通过对滑差频率及输出相序进行控制来实现，也就是说只需控制门极信号即可。

电容滤波器用以吸收地铁接触网电压中的纹波。

制动电阻用于消耗再生制动网压过高时不能反馈到网上的能量。

列车通过受电弓受电，接触网电压为 DC 1500V，经主隔离开关（MS）、高速断路器（HB）和滤波电抗器（FL）进入 VVVF 逆变器。当高速断路器 HB 闭合，司机手柄给出牵引指令，充电接触器（LCH）闭合，牵引主电路通过充电电阻（CHRe）对滤波电容器（FC）充电。当滤波电容器两端电压达到电网电压的 80% 以上，充电结束，线路接触器 LB 闭合，短接充电电阻 CHRe，列车起动。

三、牵引系统的控制

整个牵引控制系统由输入值设定、速度测量、电机控制、脉冲发生器、能量反馈各环节构成。DCU 通过列车线接收来自控制系统的牵引/制动力绝对值（百分比的形式），与此同时还接受司机发出的牵引或制动指令，从而决定是施加牵引力还是制动力。在根据给定值进行实际电机控制前，必须经过以下处理。

1. 输入值设定

（1）载荷校验　DCU 根据相应动车的载荷状况来调整实际牵引/制动力，这是由于采用了动力分散型控制，为了保持车钩之间的相对运动最小，并且使整车达到相同的动态特性。

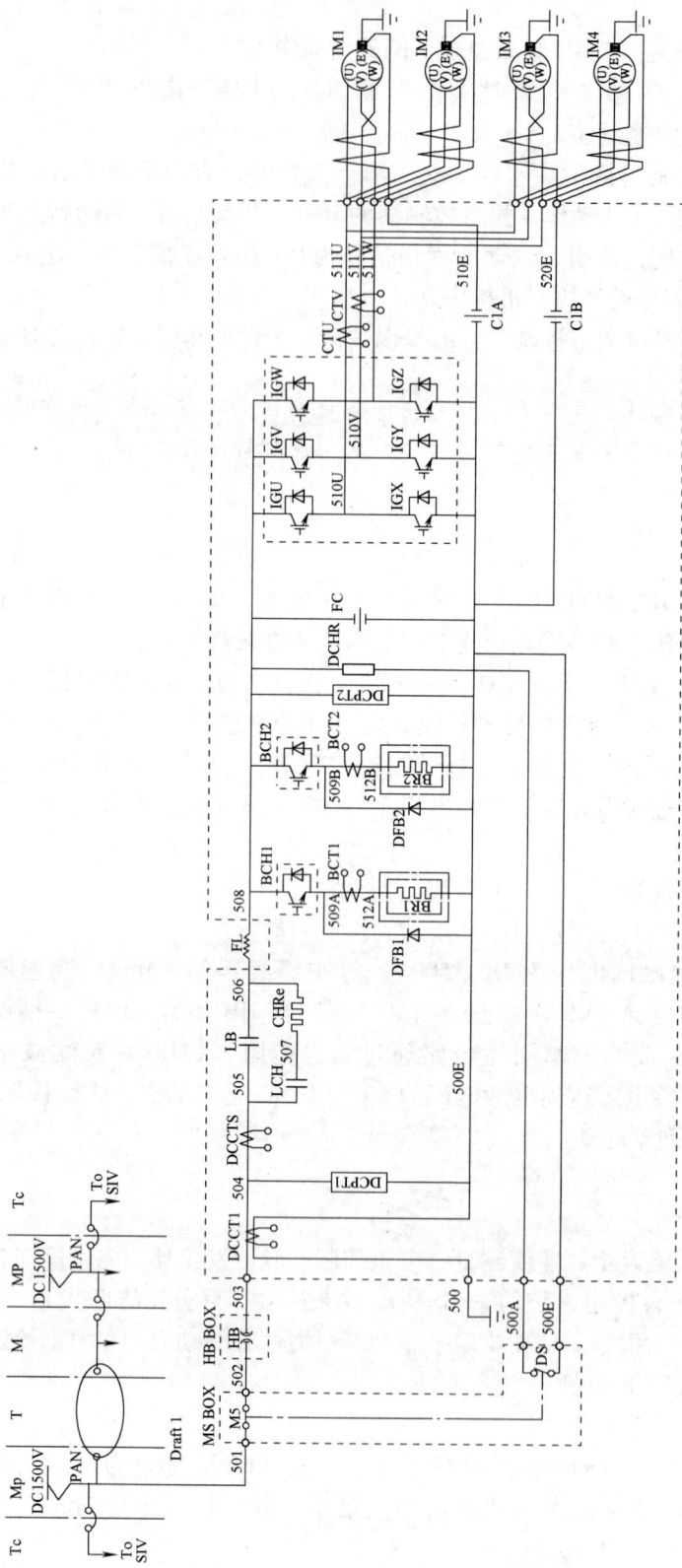

图 7-18　城市轨道交通车辆牵引主电路图

HB—高速断路器　LB—线路接触器　CHRe—充电电阻　LCH—充电接触器　BCH1、BCH2—制动斩波模块
BR1、BR2—制动电阻　DCCTS—输入电流传感器　DCCT1—差动电流传感器　FL—滤波电抗器
DCPT1、DCPT2—直流电压传感器　DCHR—放电电阻　FC—滤波电容器　IM1~IM4—牵引电机
CTU—U 相电流传感器　CTV—V 相电流传感器　IGU~IGZ—IGBT 模块

（2）冲击限制　不同给定值的改变速率必须符合冲击限制的规定，但在防滑/防空转功能激活的时候则不受此限制。

（3）速度限制（牵引时）　速度控制的优先级高于电机控制。

（4）线电流限制（牵引时）　在牵引工况时，线电流控制的优先级高于电机控制，出于功耗的考虑，会设置一个限制值。

（5）欠电压保护（制动时）　在制动时，网压一直受到检测，当网压降到 1500V 以下时，制动力矩随速度和网压相应减小，这时不足的制动力由气制动补充。

（6）空转/滑行保护　空转/滑行保护通过比较拖车和动车之间的速度差异来实现，通过适当减小力矩设定值，来确保输出所要求的最大牵引/制动力。当拖车速度检测失败时，该保护还可以通过仿真计算拖车速度来保证正常功能。

2. 速度检测

每个牵引电机带一个速度传感器，每个牵引控制单元连接 3 个速度传感器。在正常情况下，该数值直接送入 DCU 进行牵引控制，在测量速度的时候，如果出现各速度值不相等的情况（如空转/滑行时），甚至是在极端情况下，即使只有一个电机的速度信息，对于牵引控制来说也是足够的。当 DCU 监控逻辑系统发现有一个速度传感器发生故障时，将马上封锁该速度信号，以免对牵引控制造成严重影响。

除了电机速度以外，在 DCU 中同样检测拖车的速度。在拖车的一个轴上装有一个编码速度传感器。

3. 脉冲模式发生器

脉冲模式发生器根据电机控制的三个输入变量（相控因数、定子频率和校正角），实时计算牵引逆变器中的 IGBT 触发脉冲。

4. 能量反馈

在电机的能量反馈中，能量反馈到电网中，如果是在电制动的情况下，能量不能被电网完全吸收，多余的能量必须转换为热能消耗在制动电阻上，否则电网电压将抬高到不能承受的水平。

制动斩波器的存在可确保大部分能量被反馈回电网，同时又保护了电网上的其他设备。

制动时，电网电压一直被检测，如果网压降到 1500V 以下，制动力矩随速度和网压相应受限制，不足的电制动由气制动来补充。如果网压降到回馈制动的保护值 1000V，则电制动切除，列车制动完全由气制动承担。

【课后习题】

一、写出下述英文缩写的中文含义

1. HB ＿＿＿＿＿＿＿＿＿　2. BHB ＿＿＿＿＿＿＿＿＿　3. DCU ＿＿＿＿＿＿＿＿＿

4. VVVF ＿＿＿＿＿＿＿＿＿

二、电路综合题

以下为 BJD01 型车的主电路图（图 7-19），仔细读图，画出图中蓝框覆盖的电气元件，并写出其中文名称。

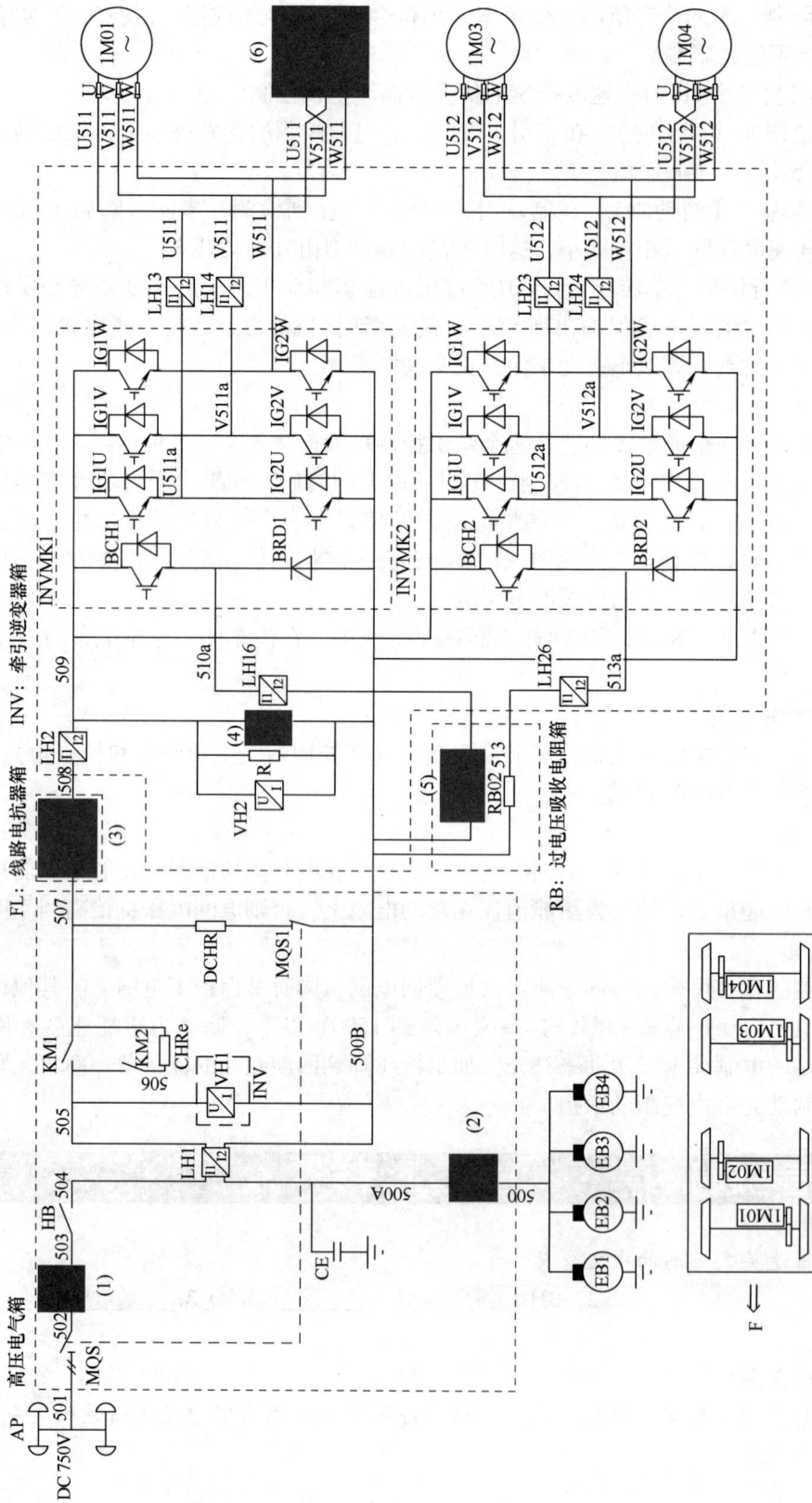

图 7-19　BJD01 型车牵引主电路

(1) 名称：＿＿＿＿＿＿

(2) 名称：＿＿＿＿＿＿

(3) 名称：＿＿＿＿＿＿

(4) 名称：＿＿＿＿＿＿

(5) 名称：＿＿＿＿＿＿

(6) 名称：＿＿＿＿＿＿

【实训指导】

一、实训任务

列车牵引系统组成认知。

二、实训目标

能准确指认列车牵引系统的组成。

三、实训准备

城市轨道交通列车牵引系统实训台或示教板。

四、实训过程

1. 分组练习，分组考核。

2. 对照地铁列车牵引系统实训台或示教板指认牵引系统的构成，并说明各组成部分的功能。

3. 教师考核组长操作步骤及具体操作，组长对组员逐一进行考核。

08

单元八　空调系统

【学习导入】

　　空调即空气调节（Air Conditioning），它是指用人工手段，对建筑/构筑物内环境空气的温度、湿度、洁净度、速度等参数进行调节和控制的过程。空调系统一般包括冷源/热源设备、冷热介质输配系统、末端装置等几大部分和其他辅助设备，如水泵、风机和管路系统。末端装置负责利用输配来的冷热量，具体处理空气，使目标环境的空气参数达到要求。

　　空调系统是地铁车辆的重要辅助系统。地铁车辆的运动特点以及车内人员众多，决定了其空调系统的特殊性。随着城市地铁建设的不断发展，对地铁车辆空调系统的要求也越来越高。目前，铁路列车空调机组的设计有相应规范、标准。但是，地铁车辆的空调系统却没有明确的规范。

课题一　城市轨道交通空调系统的设计要求

【课题引入】

随着各城市轨道交通建设的不断发展，对城市轨道交通车辆空调系统的要求也越来越高。目前，欧洲已结合城市轨道交通车辆的特点，在 UIC553 标准的基础上编制了针对城轨、轻轨车辆空调设计要求的标准；而我国则尚未制定相关标准。国铁干线铁路车辆空调系统经过长期的发展，在设计和运用上积累了丰富的经验，为城市轨道交通车辆空调系统的建立提供了宝贵的资料。但城市轨道交通车辆空调与国铁干线空调在运用条件和舒适性要求等方面有所不同，结合北京、上海、广州等城市轨道交通车辆的特点，可分析出城市轨道交通车辆空调设计中应注意的问题。

【学习目标】

1. 了解城市轨道交通车辆客室内空气参数的要求。
2. 了解城轨空调系统的设计要求。

一、车内空气参数设定

空调就是空气调节，也就是将外界空气经过一定的处理，并以一定方式送入车内，将车内空气的温度、相对湿度、气流速度和洁净度等控制在一定范围内，为乘客创造的舒适的乘车环境。

1. 舒适性指标

乘客的舒适性包括客室内的温度、湿度、新风、CO_2 质量分数、含尘量、微风速、温度场均匀性和噪声等指标。在标准大气压下，人体对舒适度的要求，因个人的体质、年龄、民族、地域、生活习惯、衣着服装等的不同而有所不同，冷热干湿的要求也有很大差别。如北京天气炎热、比较干燥，而上海气候除炎热、高温外，相对湿度较大。南、北方的这种差异决定了城市轨道交通车辆车内空气参数设定的指标规定应有所不同。表 8-1 列出了大多数人感到舒适的空气条件。

表 8-1　人体感到舒适的空气条件

程　度	夏季温度/℃	冬季温度/℃	相对湿度（%）	新鲜空气流量/（m³/h）	风速/（m/s）
舒适	22 ~ 28	15 ~ 21	30 ~ 70	>20	0 ~ 0.2
适应	27 ~ 43	0 ~ 15	15 ~ 30	8 ~ 20	0.2 ~ 0.4
有害	>43	<0	<15，>70	<8	>0.4

如果将表 8-1 中的参数直接用于城轨车辆上的空调与制冷系统，乘客不一定就会感到舒适。城轨车辆自身的运行特点和运行条件决定了乘客对舒适度要求有其特殊性。

分析乘客乘坐列车车辆的具体情况可以发现，表 8-1 所列的舒适值是基于人体在空调环境中长时间停留的稳定状态下得出的。由于停留时间长，人员在车辆中可适当增减衣物，以达到个人的舒适度要求，国铁干线铁路采用这些参数完全没有问题。但对城市轨道交通来说，车辆的全程运行时间一般不超过 1h，乘客在车内的乘坐时间大概为 30 ~ 40min，绝大多数乘客只有几分钟或十几分钟的乘坐时间。同时，城市轨道交通车辆车门较多，停站开启频繁，有利于气流的流通。这些都说明城轨车辆的空调系统不同于国铁干线铁路车辆。

【小贴士】

尽管以定量的数值范围对"乘客感到舒适的空气条件"做了规定，但最终人的舒适感觉是由生理和心理条件决定的。例如在夏天，人们从户外进入车内，生理及心理的舒适要求为能够快速将身体表面的热量带走，以便获得舒适感。但在实际乘车过程中，乘客往往在没有达到稳定状态或刚刚获得了凉爽的感觉就已经到站下车了。冬季里，人们穿着较厚的户外冬装，皮肤表面温度低，即使是在乘坐没有采暖的普通车辆的情况下，群集度较高（如早晚高峰）时也会获得温暖的感觉，故而冬季乘坐城轨车辆的生理及心理舒适度要求不如夏季乘车迫切，只要在车内温度高于外界温度的情况下，就会获得舒适感；而且乘客很快会下车走入户外，所以冬季车内的舒适情况也比较特殊。

2. 温湿度指标

客室内温湿度的确定，需考虑车内外温差、乘客的体质对环境的感受等诸多因素。空气湿度大时，温度应有所下降；湿度小时，温度应有所提高。乘客不同，对温度、湿度的要求也不同，一般能够使 80% 的乘客感到舒适和适应，就可以认为已经达到了设计要求。

温湿度的确定与乘客的乘车率也有关。在城市轨道交通车辆空调设计中，遇到的最难解决的问题就是乘客多、超员严重。《地下铁道车辆通用技术条件》（GB/T 7928—2003）规定，设计额定立席人数为 6 人/m²，最大立席（超员）人数为 9 人/m²。如果按定员设计，在超员严重的情况下，车内空气参数指标将无法满足需要，乘客会有湿热和闷的感觉，特别是早晚高峰期更显得突出。另外，乘客人数不仅随时间的不同变化较大，随区段的不同变化也较大，繁华地段乘客最多，偏远地段乘客较少。这些都是在设计温湿度指标时应充分考虑的。

在城市轨道交通车辆空调设计中，还应注意到新线和已运营一段时间的旧线的区别。因为新线隧道内温度偏低，相对湿度偏大，除湿是主要问题；而旧线随着运行时间增长，隧道内温度升高，相对湿度下降，因而降温成为主要问题。

3. 车内空气参数

（1）城市轨道交通车辆空调的外气参数　城市轨道交通车辆是运行在某个城市的车辆，具有明显的地方性。因此，城市轨道交通车辆空调与制冷系统的调节参数应以其所在城市的气象条件为依据，如北京的车辆空调系统和广州、哈尔滨的车辆空调系统标准应是不一样的。城市轨道交通车辆空调的外气参数可参照我国主要城市空调室外气象参数，见表8-2。

表 8-2 我国主要城市空调室外气象参数

城　　市	室外计算（干球）温度/℃						室外计算相对湿度（%）		
	采　暖	冬季通风	夏季通风	冬季空气调节	夏季空气调节	夏季空气调节日平均	冬季空气调节	最热月月平均	夏季通风
北京	−9	−5	30	−12	33.8	29	41	77	62
上海	−2	3	32	−4	34.0	30	73	83	67
天津	−9	−4	30	−11	33.2	29	54	78	66
重庆	4	8	33	3	36.0	32	81	76	57
哈尔滨	−26	−20	26	−29	30.3	25	72	78	63
长春	−23	−17	27	−26	30.5	26	68	79	57
沈阳	−20	−13	28	−23	31.3	27	63	78	64
大连	−12	−5	26	−14	28.5	26	56	90	78
郑州	−5	0	32	−8	36.3	31	54	73	44
兰州	−11	−7	27	−13	30.6	26	55	62	42
青岛	−7	−3	28	−9	30.3	28	63	87	73
成都	2	6	29	1	31.6	28	80	86	70
南京	−3	2	32	−6	35.2	32	71	81	62
杭州	−1	4	33	−4	35.7	32	77	80	62
武汉	−2	3	33	−5	35.2	32	75	80	62
长沙	−1	5	34	−3	36.2	32	77	75	61
广州	7	13	32	5	33.6	30	68	84	66

（2）客室温度　夏季，客室温度应考虑外气温度，否则过大的车内外温差会使人不适应。因此，客室内的设定温度要能随外气温度的变化而变化。当夏季车外空气温度高于35℃时，客室内平均气温按下述关系考虑

$$t_{客室} = 20 + 0.5(t_{外气} - 20)$$

根据我国实际情况，28℃一般是人感觉舒适与不舒适的分界点，也是人体生理活动由正常到开始恶化的分界点，因此，可把28℃设定为客室最高设定温度。

冬季，地铁站内的温度相对地面来说较高，乘客穿的衣服较厚，在短暂的乘车过程中乘客一般不脱下外衣，因此冬季内客室温度不宜设定得太高，可为18～20℃。

（3）客室湿度　结合相对湿度的适应性，当人体周围温度在26.7℃以下时，湿度对人体的影响不很明显；但是当温度在28℃以上时，空气相对湿度对人体的影响就较为明显了；当相对湿度达到70%时，人开始感觉不舒适。因此，车内相对湿度最大允许值可取70%，一般应在45%～65%的范围内。

（4）客室风速　空调吹出的空气流速又称微风速，它同样影响人体散热，是空调系统设计中一个很重要的指标。车内空气流速增大可以加速人体表面的对流散热，促进汗液蒸发，从而增加散热效果。我国铁路客车规定微风速≤0.35m/s。城市轨道交通车辆的内顶高度比铁路客车低，若风速过高，会导致乘客头部的吹风感较强，影响舒适性；但城市轨道交通车辆的容客量较大，若风速过低，则会影响散热效果。在欧洲UIC标准规定的轨道客车

空调设计中，人体在生理上允许的最高风速的大小与环境温度的大小大致为线性关系，温度越高，允许的最高风速越大。一般可将设计送风风速设定在 $0.15 \sim 0.25 m/s$ 范围内，冬季比夏季略低一些。

（5）新风量 现代城市轨道交通车辆在运行时均为密闭空间，空调系统必须保证持续更换车内空气，使车内各种污染物浓度保持在卫生标准所允许的浓度值以下。除了空调的通风系统外，列车到站时车门的打开关闭过程也能在一定程度上为车内提供少量新风。但实际上，列车在隧道内运行时，隧道内的空气并非真正的"新风"，而是与隧道通风的具体设计有关。欧洲国家的城市轨道交通车辆新风量一般为 $8 \sim 12 m^3/(h \cdot 人)$，我国《地下铁道车辆通用技术条件》定为不少于 $10 m^3/(h \cdot 人)$，在实际设计时，可将新风量的数值取得高一些，如取到 $15 m^3/(h \cdot 人)$，CO_2 的体积含量取 $0.15\% \sim 0.2\%$。

（6）含尘量 含尘量是城轨车辆空调设计中的一项卫生指标，铁路客车规定空气含尘量为 $1 mg/m^3$。对于地下运行的城轨列车来说，考虑到技术可行性，可以适当放宽该项标准。车辆在隧道内运行，隧道内的灰尘、闸瓦制动产生的粉末等颗粒，必然会通过各种渠道进入车内。含尘量数值应以不超过 $1.5 mg/m^3$ 为宜。

综上所述，城轨车辆的车内空气参数标准见表 8-3。

表 8-3 城市轨道交通车辆车内空气参数标准

空气参数	标准	
	夏 季	冬 季
温度/℃	$24 \sim 28$	$18 \sim 20$
相对湿度（%）	≤ 65	≥ 45
微风速/（m/s）	$0.15 \sim 0.25$	$0.15 \sim 0.20$
新风量/$[m^3/(h \cdot 人)]$	≥ 10	≥ 10
CO_2 体积分数（%）	≤ 0.15	≤ 0.15
含尘量/（mg/m^3）	≤ 1	≤ 1

想一想 结合你所在城市的气象状况，根据人体舒适度指标，给出本城市轨道交通车辆空调系统一年四季的理想工作参数。

二、城轨车辆空调系统的设计要求

1）良好的耐候性能。要求所有外部安装设备和车体均能适应各种气候条件，比如风、雨、气温的改变。

2）城市轨道交通车辆空调机组应达到小型轻量化、可靠性、阻燃性、水密性、可维护性、噪声低等要求。

3）要求空调控制装置自动化程度高、电磁兼容性好、可靠性高。

4）经空调机组处理后的空气通过通风系统送入车内，要求保持车内送风均匀、温度均匀，保持空气的新鲜程度（每人必须有 $20 \sim 25 m^3/h$ 的新鲜空气量），有紧急通风功能，紧急情况下，保证车厢内乘客所需的氧气量。

【课后习题】

简答题

1. 影响乘客舒适性的主要因素是什么？
2. 城市轨道交通车辆空调系统的设计要求有哪些？

课题二 城市轨道交通空调系统的结构

【课题引入】

城市轨道交通车辆的空调系统主要由通风系统、制冷系统、加热系统和自动控制系统组成。

通风系统的作用是将车外的新鲜空气吸入并与车内再循环空气混合，在滤清灰尘和杂质后，输送和分配到车内各处，使车内获得合理的气流组织；同时，将车内的污浊空气排出车外，使车内的空气参数满足设计要求。

制冷系统的作用是在夏季对进入车内的空气进行降温、减湿处理，使车内空气的温度和相对湿度维持在规定的范围内。夏季，通风机将吸入的车内外混合空气经过蒸发器冷却后送入车内，以达到降温的目的，由于蒸发器表面的温度通常低于空气的露点温度，使得空气中的水蒸气凝结成水滴，空气在通过蒸发器冷却的同时也得到了除湿处理。

加热系统的作用是在冬季对进入车内的空气进行预热和对车内的空气进行加热，以保证冬季车内空气的温度在合适的范围内。

自动控制系统的作用是控制各系统按设计方案协调工作，将车内的空气参数控制在规定范围内，使其符合人体舒适度，同时对空调装置起自动保护作用。

城市轨道交通列车每辆车配置两台顶置单元式空调机组，分别安装在车顶的两端；贯通道处有电气控制柜，空调主电源由列车辅助供电系统供给；加热系统一般采用电暖，安装于座椅下面；有一个紧急通风逆变器，它在紧急情况下可提供 110 ~ 380V 的电源；列车两端的驾驶室还配有专门的送风单元。

【学习目标】

1. 掌握空调系统的结构组成。
2. 掌握空调制冷原理。
3. 了解制冷剂的特点及应用。

一、空调机组

（一）空调机组的构成

城市轨道交通车辆一般在车顶设两台单元式空调机组，通过车顶风道及风口向车内送风，各空调单元均设有两套独立的制冷系统，以增加空调装置的可靠性。空调机组采用机械压缩制冷，由于受车辆轮廓限界及车体断面的限制，城市轨道交通车辆须采用超薄型空调机组。单元式空调机组的结构如图8-1所示。

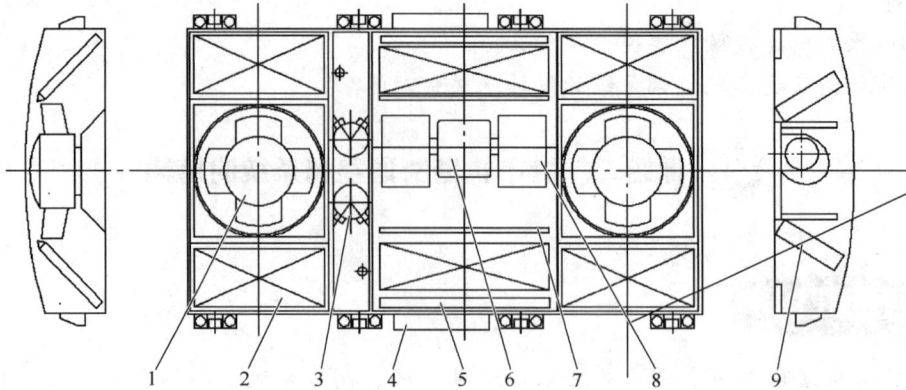

图8-1 单元式空调机组结构图
1—冷凝器风机 2—冷凝器 3—全封闭压缩机 4—新风口 5—回风口
6—送风机 7—电加热器 8—送风口 9—蒸发器

单节车辆空调机组布置如图8-2所示。

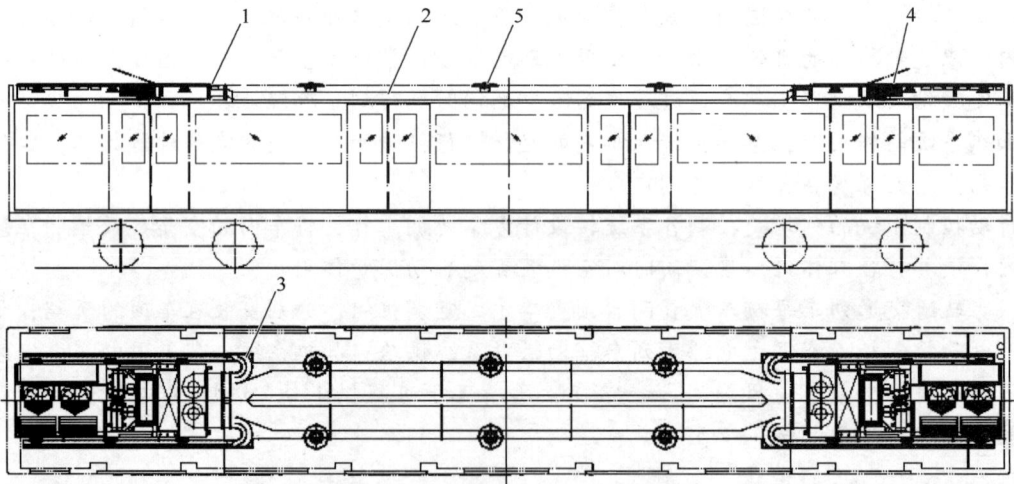

图8-2 城轨车辆单车空调机组布置
1—空调机组 2—主风道（静压风道） 3—自然排风器 4—回风口 5—支风道

空调机组框架用不锈钢制成，机组内分前室、后室两部分。前室有通风机、一次过滤器、二次过滤器、新风挡板及驱动机构、回风挡板及驱动机构、蒸发器、膨胀阀、电磁阀、电气箱和紧急通风逆变器等；后室有压缩机总成、冷凝器、冷凝器风扇、压力控制阀、附件和电气箱等。空调机组通过四个橡胶减振器安装在车体上，送、回风口用褶管与车体风道相连。

根据空调机组的出风方式，一般可分为下出风和侧出风两种。在城轨车辆中，使用下出风方式的空调机组较多，下面以天津滨海轻轨 DK38 型列车为例，介绍下出风式空调系统，如图 8-3 所示。

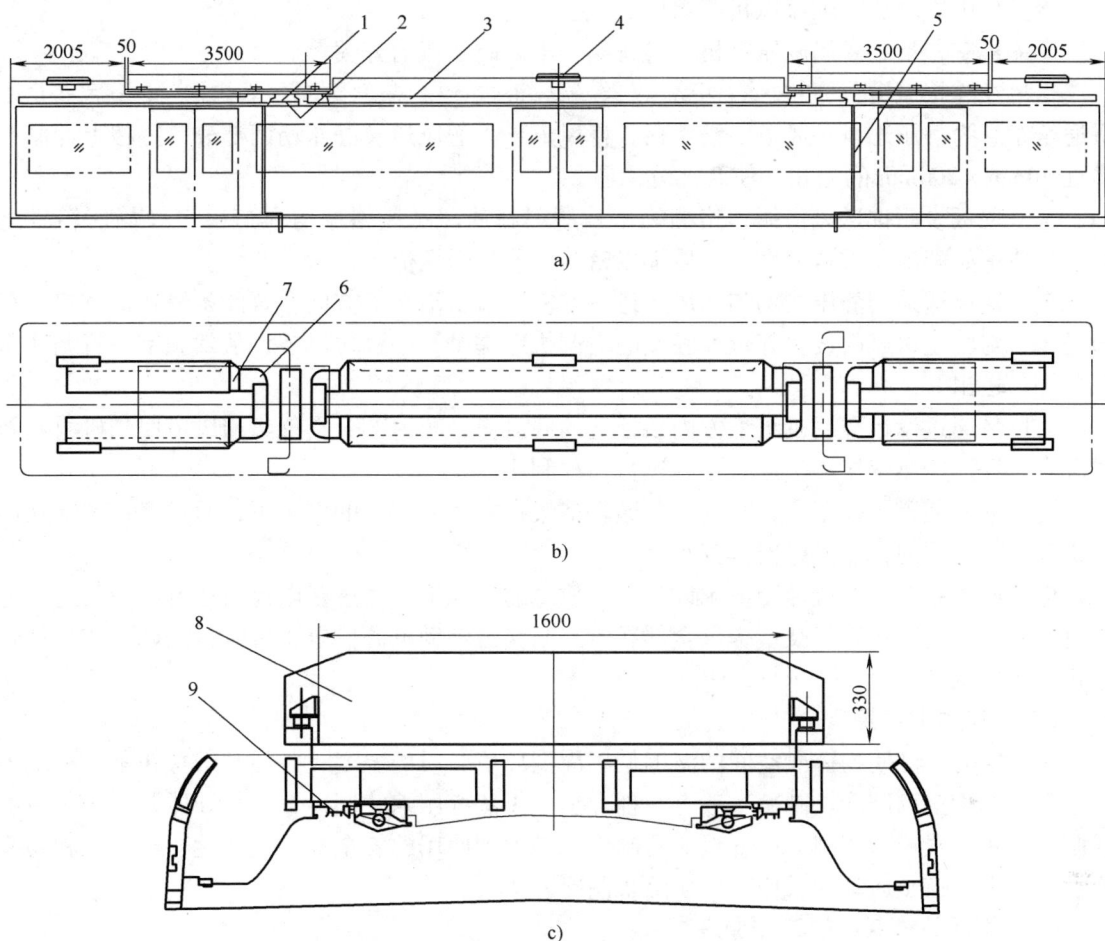

图 8-3　DK38 型列车空调机组结构

1—回风道　2—回风口　3—主风道　4—自然排风口　5—排水管　6—连接风道
7—软风道　8—空调机组　9—送风格栅

想一想　根据城市轨道交通车辆设备的布置原则，两台空调机组应装设在车体的什么位置？

车顶两端设两台单元式空调机组，每台机组有八个安装座。通过八个减振器固定在车顶凹处的平台上，并加设防护罩（侧罩板）以防灰尘和雨水进入。机组下面有两处出风口、一处回风口，其周围均设防风防雨密封胶条、胶垫与车体密封。

空调机组各零部件组装在由一个不锈钢板制成的箱体内，主体分为蒸发室、冷凝室以及压缩机室三部分，加盖板后形成一个整体。空调机组的主要部件包括两台全封闭制冷压缩机、两台冷凝器、两组毛细管、两台蒸发器、两台电加热器、两台气液分离器、两个干燥过滤器、两台离心风机、两台轴流风机等。

蒸发室由蒸发器、电加热器、毛细管、离心风机、气液分离器、回风风阀、新风风阀等构成。

冷凝室由冷凝器、轴流风机等组成。

压缩机室包括卧式涡旋压缩机、逆止阀、电磁阀及压力开关等。

送风经连接风道分为左、右两路，再经软风道进入主风道。主风道分前、中、后共6段贯通全车。为静压送风，风道内设隔板，将风道分为送风道及静压箱两部分，隔板上冲制有多处 40mm×200mm 的方孔，使两部分沟通。

客室顶板设两排送风格栅，格栅为工程塑料材质。送风格栅与风道出口（静压箱）之间以软质聚氨酯泡沫塑料为密封材质加以密封，严防送风流窜。

全车送风道采用静压式均匀送风风道，客室送风由沿车长方向布置的条缝式送风口向车内送风；驾驶室送风由设在邻近驾驶室的空调机组提供，通过送风道，从驾驶室的可调式送风口均匀送出。

回风是通过设在空调机组下方内顶板上的回风口，车内部分空气经回风道回到机组和新风混合，经过冷热交换后，送入车内进行二次利用。

废气排放装置设在车顶，车内部分循环空气在客室内正压的作用下，通过客室的穿孔内顶板和设在车顶的自然排风器排到车外。

应急通风系统在交流辅助电源设备出现故障的情况下，通过蓄电池组经调频调压逆变电源自动起动，向客室、驾驶室提供全部新风。当交流辅助电源供电正常时，空调系统自动转入正常工作状态。

（二）空调制冷原理

用一定的方法使物体或空间的温度低于周围环境介质的温度，并使其维持在某一范围内的过程，称为空调制冷。制冷一般有5种方法：①蒸气压缩式制冷；②半导体制冷；③吸收式制冷；④蒸气喷射式制冷；⑤涡流管制冷。考虑到使用的安全性、便捷性、经济性和易维修性，城市轨道交通车辆采用蒸气压缩式制冷方法。

1. 蒸气压缩式制冷的工作原理

蒸气压缩式制冷属于液体汽化制冷。在一定的压力下，液体温度达到沸点就会沸腾，如水在标准大气压下的沸点是100℃。在制冷技术中，液体达到沸点的温度称为蒸发温度。对沸腾的液体继续加热，它就会不断蒸发，而在这个过程中，热量也在不断地被液体吸收。在相同压力下，不同液体的蒸发温度不同，需要吸收的热量（也称汽化潜热）也不同。例如在标准大气压下，水的蒸发温度为100℃，汽化潜热为2258kJ/kg；常用制冷剂R12（氟利昂12）的蒸发温度为 -29.8℃，汽化潜热为165.3kJ/kg。

将一个盛满低温R12液体的敞口容器放在密闭的空间内，这个空间的温度高于R12的沸点，则R12液体将吸收空间里的热量而汽化，使这个空间内的空气温度降低，实现了制冷。这个降温过程直到容器内的液体R12汽化完为止。为了对汽化了的R12进行回收使用，需要将它冷却成液体，如用环境介质（大气或水）来冷凝，条件是蒸气的冷凝温度比环境介质的温度高。因为压力较高的蒸气，其冷凝温度也较高，因此只要将R12蒸气压缩到所需的冷凝温度对应的压力，再用环境介质冷凝，就可使其重新变为液体。由于冷凝后的R12液体的温度还高于被冷却空间的温度，因此必须对其降温降压，使液体R12可以在被冷却空间内重新吸热汽化，实现空间制冷。这个循环过程就是蒸气压缩式制冷的工作原理。

2. 蒸气压缩式制冷循环系统的组成

蒸气压缩式制冷循环系统主要由压缩机、冷凝器、膨胀阀和蒸发器四个部件组成，并用管道连接，形成一个封闭的循环系统，如图8-4所示。

其工作工程为：

1）液体制冷剂在蒸发器中吸收室内空气的热量，汽化成低压低温的蒸气后被压缩机吸入。

2）压缩机消耗一定的机械功，将制冷剂蒸气压缩成压力、温度都较高的蒸气并将其输入冷凝器。

3）高温、高压的制冷剂蒸气在冷凝器内被环境介质（如空气或水）强制冷

图8-4 制冷循环系统结构简图

却，放出热量后被冷凝成液体，此时的制冷剂液体还处于高温、高压状态。

4）高温、高压的制冷剂液体经过膨胀阀节流降压，重新变为低温、低压的液体进入蒸发器。

这四个阶段周而复始地循环，以达到持续制冷的效果。冷凝器和蒸发器通风机分别如图8-5和图8-6所示。

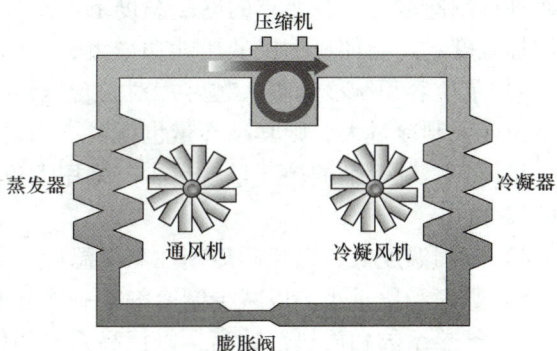

图8-5 冷凝器

图8-6 蒸发器通风机

练一练 绘制制冷循环系统结构简图，描述蒸气压缩式制冷系统的制冷原理。

3. 制冷剂

制冷剂是在制冷系统中不断循环，并通过其本身的状态变化来实现制冷的工作物质媒介。制冷剂在蒸发器内吸收被冷却介质（水或空气等）的热量而汽化，在冷凝器中将热量传递给周围空气或水而冷凝。城市轨道交通车辆空调制冷系统必须考虑所选用的制冷剂能使整个系统安全、可靠、高效和经济地工作，同时，节能、环保也是当前城市轨道交通发展的重要课题。

（1）对制冷剂的要求 使用的制冷剂应安全、可靠、易得、价廉，且应满足下列要求：

1）临界温度高，在常温或制冷温度下能够液化。

2）蒸发压力在要求的蒸发温度下不能过低，应略高于大气压力，以防外界空气进入系统而降低制冷能力；在要求的冷凝温度下，冷凝压力不能过高，因为压力过高会给系统的密封增加难度，还会使压缩机的压缩功增大、实际排气量减小。

3）单位容积制冷量越大越好。对一台压缩机而言，在一定的工况下，如果所用制冷剂的单位容积制冷量大，则其制冷量也就大；当要求产生同样的制冷量时，制冷剂的单位容积制冷量越大，制冷剂的循环量就越少。采用大单位容积制冷量的制冷剂还可缩小压缩机和系统的尺寸。

4）凝固温度低，以免制冷剂在蒸发温度下凝固。

5）黏度和比重小，以减少制冷剂在制冷装置中的流动阻力。

6）导热系数和放热系数高，以提高系统的传热效率，减小传热面积。

7）有良好的化学稳定性，对金属无腐蚀作用，在制冷剂的工作温度和工作压力范围内，不分解、不聚合、无燃烧，没有爆炸的危险。

8）对人体无毒、无刺激性。

（2）常用制冷剂　可以当做制冷剂的物质有几十种，目前工业上常用的为十余种，其中被广泛采用的有氨（R717）、氟利昂12（R12）、氟利昂22（R22）、R134a、R407C、R404A、R410A等。上海地铁1号线车辆空调机组采用的制冷剂为R22，2号线车辆空调机组采用的制冷剂为R134a；广州地铁1号线车辆空调机组采用的制冷剂为R134a，2号线采用的制冷剂为R407C；深圳地铁车辆空调机组采用新型环保制冷剂R407C。

氟利昂是饱和碳氢化合物的卤素衍生物的总成，目前用做制冷剂的主要是甲烷（CH_4）和乙烷（C_2H_2）的衍生物。用卤素原子代替原化合物中的一部分或全部氢原子就能得到不同性质的氟利昂，以符号"R"配以两位数字（甲烷族）或三位数字（乙烷族）表示，如代号为R22的制冷剂是二氟一氯甲烷，化学分子式为$CHCLF_2$。

氟利昂的优点：无毒、燃烧和爆炸的可能性小，对金属无腐蚀性；绝热指数小，因而压缩机的排气温度较低。氟利昂的缺点：单位容积制冷量小，因而制冷剂循环量大；比重大，引起的流动阻力大；放热系数低；含有氯原子的氟利昂遇明火（400℃以上）会分解出有少量剧毒的光气；容易泄漏，要求系统有良好的密封性；污染环境。

【知识链接】

氟利昂在大气中的平均寿命达数百年，所以排放的大部分仍留在大气层中，其中大部分仍然停留在对流层，一小部分升入平流层。在对流层的氟利昂分子很稳定，几乎不发生化学反应。但是，当它们上升到平流层后，会在强烈紫外线的作用下被分解，含氯的氟利昂分子会离解出氯原子（称为"自由基"），然后同臭氧发生连锁反应（氯原子与臭氧分子反应，生成氧气分子和一氧化氯基；一氧化氯极不稳定，很快又变回氯原子，氯原子又与臭氧反应生成氧气和一氧化氯基……）。

如此周而复始，结果一个氯氟利昂分子就能破坏多达10万个臭氧分子。即1kg氟利昂可以捕捉消灭约7万kg臭氧。氟利昂与臭氧的反应用化学方程式表示如下：

氯氟烃分解　　　　　　　　　$CF_2Cl_2 \rightarrow CF_2Cl + Cl$

自由基链反应　　　　　　　$Cl + O_3 \rightarrow ClO + O_2$，$ClO + O \rightarrow Cl + O_2$

总方程式　　　　　　　　　$O + O_3 \rightarrow 2O_2$

从总的结果看，氟利昂并未减少，但臭氧却变成了氧气——在反应中氟利昂起到类似于催化剂的作用。后果：由于臭氧层保护地球表面不受太阳强烈的紫外线照射，破坏后将会影响生物圈的动植物界，特别是会使人类皮癌患者增多。大气中的氟利昂 R11 和 R12 的含量在增加，臭氧浓度在降低，甚至使南极上空出现了臭氧空洞。臭氧空洞的出现，会造成：

1）使微生物死亡；

2）使植物生长受阻，尤其是农作物如棉花、豆类、瓜类和一些蔬菜的生长受到伤害；

3）使海洋中的浮游生物死亡，导致以这些浮游生物为食的海洋生物相继死亡；

4）使海洋中的鱼苗死亡，渔业减产；

5）使动物和人的眼睛失明；

6）使人和动物免疫力降低。

R22 是一种使用较安全的制冷剂，它无色、透明、没有气味，毒性很小，不燃烧、不爆炸。R22 的正常蒸发温度约为 -41℃，凝固温度约为 -160℃，单位容积标准制冷量约为 $454kcal/m^3$。

R134a 是 R12 的替代制冷剂，其毒性非常低，在空气中不可燃，安全类别为 A1，是很安全的制冷剂。但替代试验研究表明：R134a 替代 R12 后，制冷量下降，能耗比增加，必须采用改进的压缩机才能降低能耗比。另外，R134a 的溶水性比 R22 高，对制冷系统不利，即使有少量水分存在，在润滑油等的作用下，将会产生酸、二氧化碳或一氧化碳，将对金属产生腐蚀作用，或产生"镀铜"作用，所以 R134a 对系统的干燥和清洁要求更高。

近年来，混合制冷剂的研究有了进一步的发展。人们通过混合两种或两种以上的纯制冷剂，得到了具有优良热力性质并有节能效果的新制冷剂。目前在中国市场较实用的新型混合制冷剂有 R407C 和 R410A。

R407C 是一种三元混合工质，它的组分、分子量等物理性质以及热力性质与 R22 十分相似。相比 R22，R407C 的单位容积制冷量仅降低了 2%，其工作压力基本上与 R22 接近，即蒸发压力约低了 3%，冷凝压力仅上升了 5%。

R410A 在常温常压下是一种不含氯的氟代烷非共沸混合制冷剂，它是无色气体，储存在钢瓶内的是被压缩的液化气体。其 ODP（消耗臭氧潜能值）为 0，因此 R410A 是不破坏大气臭氧层的环保制冷剂。R410A 主要用于替代 R22 和 R502，具有清洁、低毒、不燃、制冷效果好等特点，被大量用于家用空调、小型商用空调、户式中央空调等。

几种制冷剂的性能指标比较见表 8-4。

表 8-4　几种制冷剂的性能指标比较

性能指标	R12	R22	R134a	R410A	R407C
标准沸点/℃	-29.8	-40.8	-24.1	-52.7	-43.6
凝固温度/℃	-157.8	-160	-96.6	-155	—
临界温度/℃	112.2	96.1	101.1	72.5	87.3
临界压力/MPa	4.12	4.98	4.07	4.95	4.82

（续）

性能指标	R12	R22	R134a	R410A	R407C
ODP（R11 = 1.0）	0.9 ~ 1.0	0.055	0	0	0
GWP（CO_2 = 1）	8500	1900	1600	1700	1530
可燃性	无	无	无	无	无
毒性	无	低	无	低	低

注：ODP 为消耗臭氧潜能值；GWP 为全球变暖潜能值。

二、通风系统

通风系统由通风机组、风道、风口、空气过滤器等部件组成，有机械强迫通风和自然通风两种方式。城市轨道交通车辆采用机械强迫通风方式，依靠通风机所造成的空气压力差，通过车内送风道输送经过处理后的空气，从而达到通风换气的目的。机械强迫通风系统是车辆空调装置中唯一不分季节而长期运转的系统，因此，它的质量状态直接影响到旅客的舒适性和空调的经济性。

1. 通风机

常用的通风机有轴流式、离心式和贯流式三种。在车辆通风系统中常采用离心式风机送风，排风机和冷凝风机则采用轴流式风机。

通风机组是通风系统的动力装置，其作用是吸入车外新风和室内回风，并对处理后的混合空气加压，通过主风道等将其送入客室。

为了使通风机及其驱动电动机所产生的噪声尽量少地传入客室，通风机组在安装时，应采用有效的隔声、减振措施，如在通风机组的安装座上加装橡胶减振器、在通风机机壳上敷设阻尼涂料、在主风道与通风机连接风管处采用帆布或人造革制作的软风道等。

轴流式风机主要由叶片、机壳、吸入口、扩压段及电机等组成，其基本结构如图 8-7 所示。

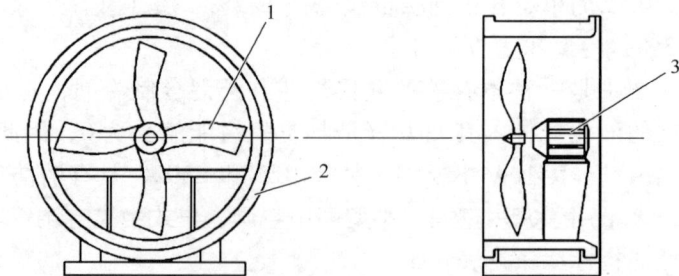

图 8-7 轴流式风机
1—叶片 2—机壳 3—电机

离心式风机的主要部件有风机吸入口、叶轮、机壳和机座等，其基本结构如图 8-8 所示。

2. 通风管道

通风管道的作用是疏导空气。在送风系统里，依靠风道把处理好的新鲜空气输送到客室

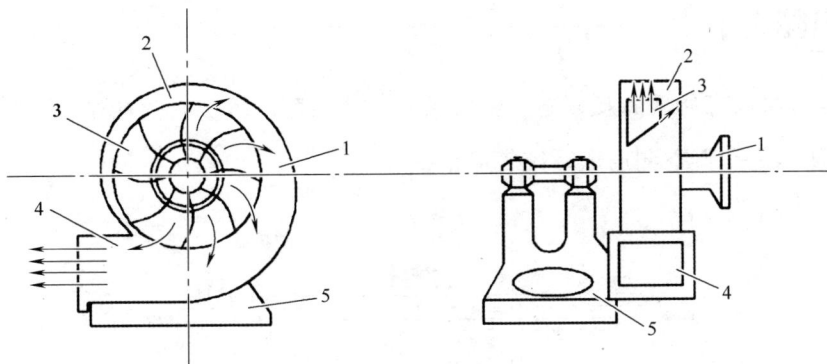

图8-8　离心式风机

1—吸气口　2—机壳　3—叶轮　4—排气口　5—机座

车厢内；在排风系统里，依靠风道把需要排出的污浊空气输送至车外。

（1）主风道、回风道及排风道　主风道的作用是将经过空气冷却器或预热器处理后的空气输送到客室内。在主风道中常装有调风机构，用以调节通过风道的风量，达到向每个送风口均匀送风的目的，调节方式有手动和自动两种。主风道应注重隔热性、耐蚀性、经济性、易加工性和轻型化等原则。

回风道是室内回风使用的风道，一端与回风口相连，另一端与通风机相通。

排风道是用来排出车内污浊空气的风道，一端连接排风口，另一端与排风机相连或与自然通风器相连。

（2）新风口、送风口、回风口及排风口　新风口是新鲜空气的吸入口。新风口一般装有新风格栅，用以防止杂物及雨雪进入车内，如图8-9所示；另外，还设有新风滤网和新风调节装置，以便根据需要调节新风量，同时在通风机停止运转时便于关闭新风口。

送风口是用来向客室内分配空气的。送

图8-9　新风过滤格栅

风口处大多装有送风器及风量调节机构，它不但可使客室内送风均匀、温度均匀，达到气流组织分布合理的效果，还可以根据需要调节送风量的大小。送风口处一般也装有送风滤网。

回风口是室内再循环空气的吸入口。正常情况下，客室内一部分空气应作为回风。回风与新风混合前是在客室中被充分循环过的，与新风混合过滤后，通过蒸发器入口进入。可设置调节挡板，用于调节新风、回风的混合量。

排风口是排出车内污浊空气和多余空气的出口。由于外界新鲜空气不断送入车内，为保持车内压力恒定，将与新风等量的车内污浊空气通过排风口排出车外。排风口一般设置在车内的长椅下，经内墙板后侧导向车顶，由车顶静压排风器排出车外。

想一想　空调系统如何感知环境温度？

【小贴士】

每台空调机组设有新风温度传感器和回风温度传感器，用于测量车外温度和车内温度。

图8-10所示为车辆空调通风系统气流组织。

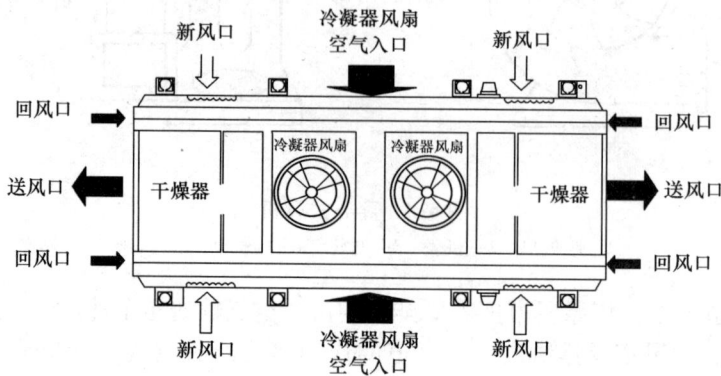

图8-10 通风系统气流组织示意图

整车空调系统通风方案如图8-11所示。

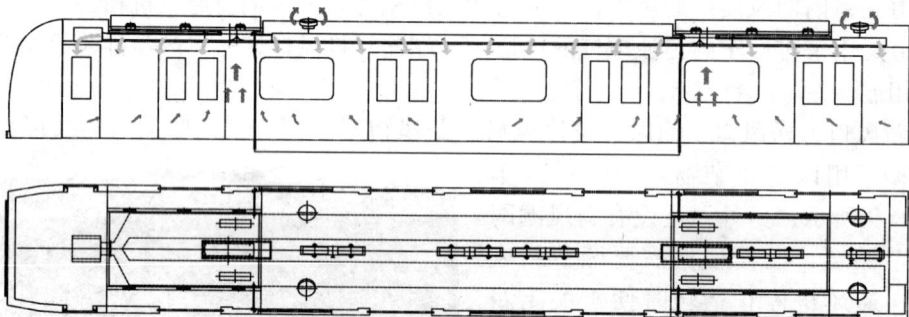

图8-11 整车空调系统通风方案

3. 空气过滤器

空气过滤器是利用过滤材料将空气中的悬浮颗粒除掉的设备。

空气中的尘埃不仅会影响乘客的舒适和健康，还会影响生产工艺过程的正常进行和车内清洁，甚至会恶化某些空气处理设备的处理效果（如加热器、冷却器的传热效果）。因此，在通风系统中必须设置空气过滤器。一般设有新风过滤器、回风过滤器，并且应装在空气处理器的前端，以减少后续设备的表面积灰。

4. 紧急通风系统

现代城市轨道交通列车的每辆车均配有一台紧急逆变器，在交流辅助电源设备（SIV辅助逆变器）发生故障的情况下，紧急通风系统立即自动投入工作，向客室、驾驶室输送新风，维持至少45min的紧急通风，应急供电由蓄电池供给。当交流辅助电源供电正常时，空调系统自动转入正常工作状态。北京地铁房山线国产化列车BJD01使用的紧急逆变器如图 8-12 所示。

图 8-12　BJD01 型列车使用的紧急逆变器

【小贴士】

　　当列车上的两台 SIV 均发生故障的时候，由司机在控制柜中按下紧急通风按钮，空调在紧急通风模式下运行。紧急通风工况下，每台机组起动 2 台通风机，且新风阀打开，回风阀关闭。
　　两台 SIV 恢复正常后，空调自动转为指令要求的工况。

三、电热采暖

　　城市轨道交通车辆主要采用电热采暖，电热器由底板、安装架、罩板及电热元件等组成，安装在座椅下面，如图 8-13 所示。

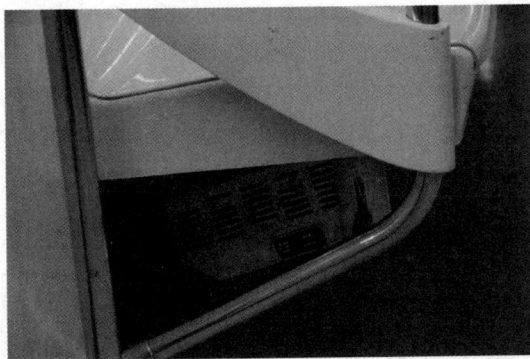

图 8-13　城轨车辆客室电热器安装位置

　　电热作为城市轨道交通车辆的采暖方式，由于结构简单、调控方便、无污染、易布置而获得了广泛应用。但考虑触电、失火、烫伤等安全因素，电热装置必须严格执行其技术条件及操作规范。

四、空调系统的调节及控制

　　城市轨道交通车辆空调系统以自动控制为主，在自动控制部分发生故障时，可采用手动调节装置。空调机组的工作由微机进行控制，通过微机调节器可控制室温。空调系统中新风口、风道和客室座位下均设有温度传感器，由温度传感器测得的温度值传递到调节器中进行处理。

下面以中车长春轨道客车股份有限公司某型车辆的空调控制系统为例，介绍空调系统的控制及操作。

每辆车的空调控制柜内均设置有集控、本控选择开关。列车正常运行时，选择集控模式，此时整列车所有车辆的空调通风和采暖系统工作状态接受激活驾驶室的指令控制；列车在检修时选择本控模式，车辆将接受本车空调控制柜内功能选择开关的控制，此时空调控制柜保持对列车监控系统的通信和状态更新。司机通过 TMS（列车监控显示屏）对空调进行设置，如图 8-14 所示。

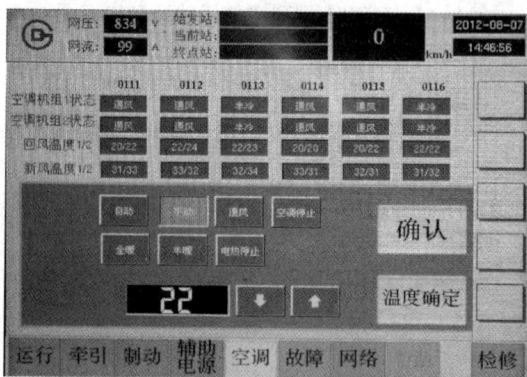

图 8-14　TMS 空调状态显示

【小贴士】

BJD01 型车可以设定的温度范围是 19 ~ 27℃，为了响应"节能减排"的号召，北京地铁要求夏季空调温度设置为 25 ~ 26℃。

1. 集控模式

集控模式是将每辆车空调控制柜内的选择开关设置为集控有效。在驾驶室继电器柜内设有一个空调控制开关，该开关有三个位置：自动位、手动位、停止位。

将控制开关置于自动位时，操作 TMS 的触摸键来实现系统的启动、停止、自动、手动、通风、半暖、全暖功能指令控制。TMS 显示器通过与列车监控系统、空调控制器的通信来实现对空调通风和采暖系统的监控和信息传递。

将控制开关置于手动位，则整列车的空调系统自动运行，手动模式对制冷设置温度有效，温度范围为 21 ~ 28 ℃，其他控制功能同自动模式。

2. 本控模式

车辆在检修时选择本控模式，此时只需将空调控制柜内的选择开关置于"本控"位即可。在本控模式下，空调控制器保持对列车监控系统的通信和状态信息更新，但是不再执行列车监控系统发来的控制命令。本控模式具有下列操作模式：通风、半冷、全冷、半暖、全暖、停止和服务。

3. 紧急通风模式

无论空调控制柜内的集控、本控选择开关处于什么位置，只要空调控制器检测到 AC 380V 失电，空调通风和采暖系统工作电源电路中的过电流保护断路器闭合而电压检测模块触点断开，在 12s 的时间内检测到"半载模式准备命令"为 0，空调系统就进入紧急通风。紧急通风时回风口关闭。

五、驾驶室空调

目前大部分城市轨道交通车辆不单设驾驶室空调单元，驾驶室送风由设在头尾车辆中邻近驾驶室的空调机组提供，通过送风道，从驾驶室的可调式送风口均匀送出。带驾驶室车辆的空调系统气流分布如图 8-15 所示。

驾驶室空调的转换开关分为停止、低速、中速、高速、紧急通风五档，司机可根据需求调节送风风速，当列车进行紧急通风工况时，司机将通风单元转换开关转到紧急通风档，驾驶室通风单元执行紧急通风工况。

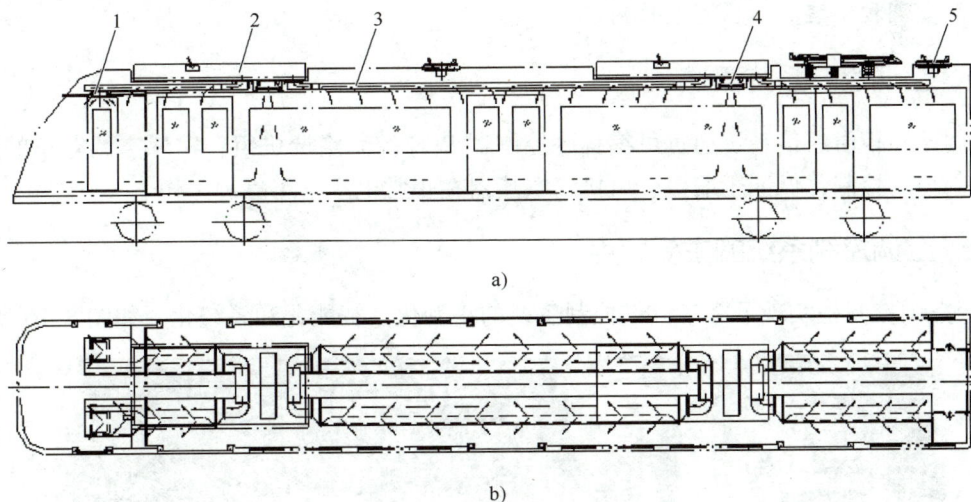

a)

b)

图 8-15　带驾驶室车辆的空调系统气流分布图
1—驾驶室可调式送风口　2—空调机组　3—主风道　4—回风口　5—自然排风口

驾驶室电暖安装于驾驶室左右侧墙下方。

【课后习题】

一、填空题

1. 城市轨道交通车辆每节车设置_____台空调，安装于列车的_____。
2. 通风系统由_____、_____、_____和空气过滤器等部件组成。
3. 通风方式分为机械强迫通风和自然通风两种，城市轨道交通车辆采用_____通风方式。

二、简答题

1. 简述城市轨道交通车辆空调系统的组成及功能。

2. 简述城市轨道交通车辆空调制冷原理。

课题三　空调控制系统

【课题引入】

空调系统的工作由微机控制，通过微机调节器可控制车内温度。每辆车均有一台微机调节器，控制两个空调机组单元，设于车辆一端的空调控制柜中。

【学习目标】

了解空调控制装置的位置及作用。

一、空调控制系统概述

空调控制柜由通信系统通过可编程序控制器 PLC 控制空调机组，实现空调客车的通风、制冷和制暖的控制，保证压缩机、风机、电热器在正常电压下可靠地工作。

二、空调控制系统的主要特点

1）空调控制柜实现了客车电气控制系统的小型化、智能化和系统化，如图 8-16 所示。

图 8-16　车内空调控制柜

2）空调控制柜根据预设参数实现自动控制，减轻了操作人员的工作强度，避免了由于人为误操作引起的事故，便于操作和维护。

3）空调控制柜对空调机组运行参数进行实时检测，出现故障时及时进行保护，避免了由于保护不及时引起的严重后果。

4）空调控制柜考虑了空调系统各部件的协调工作，整个电气系统工作更加安全可靠。

5）空调控制柜的控制方案以集中自动为主，同时考虑处理控制系统故障的应急措施，包括极端情况下的手动通风措施。

【小贴士】

在炎热的夏季，当空调在车辆开出数小时后运行时，压缩机保护装置可能工作，因为客室内异常高的温度为空调运转施加负荷过多。在这种条件下开始操作空调，一定要先把车两侧拉门完全打开使车内温度降低。

三、主要技术规格

空调控制柜控制单元由 PLC 主机单元、温度扩展模块、信息显示操作屏组成。

PLC 是可编程序控制器的英文缩写，它对整个空调机组进行自动控制，实时检测运行过程中的各参数，对出现的故障进行自动处理，通过显示操作屏实现人机对话，响应显示操作屏输入的命令、参数，并将故障信息、运行状态通过显示操作屏显示出来。

显示操作屏是一种微型可编程序终端，采用全中文液晶显示操作屏（带背光），具有字符类型和图像类型显示，由通信接口与 PLC 的外设接口进行通信。其主要功能是显示空调机组的运行工况及参数，实时显示各功能的运行状态及故障现象。

空调系统由主电路向空调机组的压缩机、电热、预热器等交流负载供电，其额定工作电压为三相 AC 380V。交流控制电源取主回路的 U 相作为制冷和制热工况控制电源，向交流接触器等交流控制元件供电，其额定工作电压为单相 AC 220V。

【课后习题】

简答题

1. 简述空调控制系统的组成。
2. 简述空调控制系统的特点。

【实训指导】

一、实训任务

列车空调结构认知。

二、实训目标

能正确指认列车空调装置的结构，并描述各组成部件的功能。

三、实训准备

城市轨道交通车辆空调实训设备。

四、实训过程

1. 分组练习，分组考核。

2. 根据空调实训设备数量分组，学生对照空调实训设备指认各部件名称并说明其作用。

3. 教师考核组长，组长对组员逐一进行考核。

09

单元九　乘务与站务协作

【学习导入】

　　城市轨道交通是一个围绕"安全行车"这一中心，多专业、多工种共同配合工作，实现有序联动、迅速响应的系统。在运输组织上，要求集中调度、统一指挥、按运行图组织行车。特别是共同处于一线岗位的司机和站务人员，合作更为密切。在不同的运营状况下，要求站务人员和司机明确各自的岗位职责，并相互配合，以保证整个系统安全有序地运营。

课题一 正常情况

【课题引入】

车站是列车停靠的场所，是司机完成站台作业的场所，也是乘客乘降列车的场所。车站的工作人员按照工作职责分为站区长、值班站长、督导员（综控员或行车值班员）、站务员（按照工作地点不同，分为票务员、站厅岗站务员和站台安全员）。正常情况下，与司机配合最多的是站台安全员。其主要工作内容包括维护站台正常候车秩序；做好接发列车工作；监护行车安全；服从车站值班站长安排等。

【学习目标】

1. 掌握接、发列车的作业原则。
2. 掌握接、发列车的作业程序。
3. 掌握终点站清客的作业程序。

一、接、发列车

接、发列车是车站的一项基本任务，做好接、发列车工作可以保证列车按照运行图安全、正点行车。

在采用调度中心及行车指挥自动化系统后，行车调度员可在调度所的控制台上监控该区段内列车的运行情况，并可直接操纵区段内各个车站的道岔和信号机。因此，这些车站的接发列车工作可以由行车调度员直接指挥和办理。车站行车值班员应随时注意列车运行情况，发现列车运行偏离运行图时，应及时报告行车调度员。

为了保证乘客的候车秩序和安全，避免乘客抢上抢下，避免出现逗留的乘客跳轨等紧急情况，解决乘客物品掉下轨道等问题，同时要监视列车的运营情况及设备的显示状态，发现问题及时通报，站台要有站务人员协助监护列车进站、出站。

1. 站务员上岗前的准备工作

1）上岗前应按照《岗位通用标准》的规定穿着制服、工作鞋；佩戴服务标识（包括领带、领花、工号牌、头饰等）。

2）上岗前参加班前点名，听取车站站长布置一日工作事项。

3）带好工作用品，领取足够数量的票卡，备足备用金（包括纸币和硬币）、发票及岗位所属专用通道钥匙或门卡，做好领用记录。

4）交接班时，需交接对讲机、信号旗、屏蔽门或安全门钥匙等必需品，确保工具状态良好。

2. 上岗时要求

1）精神饱满，举止规范。

2）执行首问责任制，严禁对乘客说"我不知道"或"我没有办法"等推诿的话语。

3）接待乘客问询要主动。

4）知晓本站首末班车时间，知晓本岗位巡视范围。

3. 接发列车时的站位要求

1）若本侧站台仅有 1 名站务员，接发作业时站务员应站立于站台尾端"紧急停车"按钮处的定位标志范围内。

2）若本侧站台有 2 名站务员，2 名站务员分别站立于站台两端"紧急停车"按钮处的定位标志范围内。

3）若本侧站台有 3 名站务员，2 名站务员分别站立于站台两端"紧急停车"按钮处的定位标志范围内，另外 1 名站务员站立于站台两端"紧急停车"之间存在阻挡视线处。

【小贴士】

站台紧急停车按钮的作用是什么？能否任意操作紧急停车按钮？在哪些情况下才能操作？

紧急停车按钮（图9-1）一般设置在各站站台、站台监察亭和车站控制室后备盘（IBP盘）上，可实现紧急情况下对列车的控制。在紧急情况下，可通过按压站台任一位置的紧急停车按钮，禁止列车自区间进入车站，禁止已停在车站的列车出发进入区间，对于已起动而尚未完全离开车站的列车应实施紧急制动停车，实现车站封锁功能。非紧急情况下禁止使用紧急停车按钮，违法使用须承担法律责任。

图9-1　站台紧急停车按钮

在发现以下情况时，可以操作站台紧急停车按钮：

1）影响列车行车安全，例如三轨严重拉弧、安全门玻璃破裂、水淹至道床顶部等。

2）影响人身安全，如夹人、夹物、有人落轨等。

3）到站列车没有乘降。

4）当末班车完成乘降并发出发车手信号后，如车门尚未关闭，发现站台有乘客没有登乘时。

5）终点站站务员清车完毕，在发出"一切妥当"手信号后，发现有乘客强行上车，如果列车车门还没有关闭，必要时可启动站台紧急停车按钮，请乘客离开车厢。

6）当列车进出站时，观察列车的头尾灯是否正常。如发现异常，应及时与行车调度员联系。

【知识链接】

站台紧急停车按钮的操作。

站台上下行每侧各有两个紧急停车按钮。如车站为岛式站台，则本侧紧急停车按钮仅对相应侧的线路实行车站封锁；如为侧式站台，则对上下行线路实行车站封锁。

紧急停车按钮为非自复式按钮，需使用钥匙使其复位。当按下紧急停车按钮后，该按钮的红色指示灯点亮，车站控制室 IBP 盘和站台监察亭内对应站台的指示灯也同时点亮，表示该紧急停车按钮被激活。

如设有站台监察亭，则在站台监察亭内对应每侧站台设置一个紧急停车开关，并有指示灯。当发现紧急情况需紧急停车时，扳动紧急停车开关至"急停"位置，IBP 盘上对应站台的指示灯和站台监察亭内的对应站台指示灯同时点亮，表示该紧急停车按钮被激活。

4. 接、发列车作业原则

站台值岗人员本着"闻、听、看、做"的原则进行接、发车作业。

（1）列车到站前

闻：站台内有无异味。

听：是否有列车到站的相应提示广播及异常声音。

看：安全门的关闭状态，乘客排队候车的情况。

做：维持站台舒适的候车环境，指引乘客有序乘降，对任何非正常情况保持警觉，提前做好应对突发事件的准备。

（2）列车在站时

闻：列车有无异味。

听：列车是否有异响，列车是否有提示声音。

看：列车开关门是否正常，是否晚点；列车的满载率；乘客乘降情况。

做：维护站台秩序，避免乘客抢上抢下，做好组织乘降作业，做好乘客出站及换乘的指引工作。

（3）列车离站时

闻：列车离站时有无异味。

听：列车关门提示声音，列车是否有异响。

看：列车车门及安全门是否全部关闭，所有的指示灯是否正常关闭，有无夹人或夹物的情况。

做：出现突发情况，如安全门及车门发生故障时须及时处理，并上报综控室。

5. 接、发列车作业程序

接、发列车严格执行"一看，二接，三送"的一次作业程序。面向列车站立并左右瞭望：

（1）"一看"　列车进站时，站在黄色安全线内，面向股道，目光左右巡视，确认线路无障碍，并引导乘客站在安全线内候车，宣传安全候车注意事项。若发现轨道上有异物或有危及列车安全运营和乘客安全的情况，立即向司机发出停车信号或按下紧急按钮，并向行车值班员汇报。

（2）"二接"　列车停稳后，目光注视车门开启情况及乘客上下车情况，直至全部车门关闭。如车门未正常关闭，应及时排除故障。对于有屏蔽门的车站，站务员应密切关注屏蔽门、车门的情况，发现故障及时排除，确保乘客正常上下车。

（3）"三送"　注意列车动态及站台情况，若车门关闭、屏蔽门（安全门）良好，无夹人、夹物情况，则给司机"关门良好"的手信号（持展开的绿色信号旗高举头顶，前后摇晃；无信号旗时，右手臂伸直高举至头顶，左右摇晃）。如有异常，应立即按压紧急停车按钮，及时通知值班站长或行车值班员。列车正常起动后，将信号旗收回拢起，当列车尾部经过站立位置后，面向列车出站方向，90°转身，目送列车出站界。转体过程中保持挺胸收腹，脚跟并拢，脚尖分开45°，两手放于身体两侧贴裤缝，目光始终注视列车。

6. "关门良好"手信号显示要求

站务员显示"关门良好"手信号一律使用绿色信号旗。

1）站台上仅有1名站务员时，站务员站在规定位置面向列车，左右瞭望，持展开绿色信号旗高举头顶，前后摇晃。

2）站台上有多名站务员时，手信号显示方式为：最前端的站务员面向列车，左右瞭望，持展开的绿色信号旗高举头顶，前后摇晃；其他站务员面向列车，左右瞭望，持合拢的绿色信号旗高举过头。

3）站台上有多名站务员时，手信号传递顺序为：自后向前依次显示、逐一传递，最后由最前端站务员向车头位置的司机显示本侧站台"关门良好"手信号。

4）站务员接、发车间隙应将信号旗拢起，不得随意晃动信号旗，并保持信号旗清洁、完好。

二、终点站清客

终点站接、发车的作业要求与中间站是一致的，除此之外，还需要配合司机完成列车的清客工作，清客工作必须按规定操作，在2min内完成，并做好解释工作。

列车清客时，站务人员进入列车车厢，请全体乘客下车。并使用标准用语："终点站已到，请全体乘客下车。"（列车中途清客的用语："本次列车因故不能继续运营，请全体乘客下车，换乘下趟列车。"）当所有乘客离开列车时，使用对讲机向综控室报告清客完毕，并给司机打"一切妥当"的手信号。司机收到站务员发出的清客完成手信号后，方能进行关门作业。

【课后习题】

一、填空题

1. 车站的工作人员按照工作职责分为站区长、_____、督导员（综控员或行车值班员）、_____。

2. 站务员按照工作地点不同，分为票务员、站厅岗站务员和站台安全员，正常情况下，与司机配合最多的是_____。

3. 接、发列车时，站台值岗人员的作业原则是："_____、_____、_____、_____"。

4. 终点站清客完毕，站务员需给司机"_____"的手信号。

二、简答题

简述站务人员接、发列车的作业程序。

课题二　非正常情况

【课题引入】

城市轨道交通的正常运营受管理因素、人员因素、设备因素和环境因素等多方面的影响，因此，非正常情况时有发生。非正常情况下的行车可能会导致大量客流滞留、旅客换乘接续失败等问题。因此，必须对非正常情况做出及时、正确的应对处理。

【学习目标】

1. 掌握列车退行的处理程序。
2. 掌握列车需要救援时的处理程序。
3. 掌握列车救援的处理程序。
4. 掌握电话闭塞下行车的流程。

一、列车退行

列车退行是指列车向与最初运行方向相反的方向运行，并驶入占用该列车后方的闭塞区间。

列车因故在站间停车需要退行时，司机必须报告行车调度员，在得到行车调度员的命令后方可退行。行车调度员须及时通知相关车站。列车退行进入车站时，车站接车人员应于进站端墙处显示引导信号。列车在进站端墙外必须一度停车，确认引导信号正确后方可进站。退行列车到达车站后，司机应及时通过车站向行车调度员报告，同时根据行车调度员的命令进行处理。列车退行程序见表9-1。

表 9-1 列车退行程序

负 责 人	处 理 程 序
司机	列车因故在区间停车需要退行回车站时,司机必须报告行车调度员
行车调度员	在确认退行列车停车位置至需退行车站站线及其后方区间没有列车占用,并在后方站设置扣车后,方可同意列车退行
行车调度员	若后续列车未进入相邻站间区间,则将后续列车扣停在后方站;若后续列车已进入相邻站间区间,则将后续列车扣停在区间
车站值班站长	得到行车调度员列车退行的指示后,退行目的地的车站值班站长必须安排启动站台紧急停车按钮
站台站务员	在列车退行对位过程中,负责站台安全,列车退行前确认安全门状态正常,或安全门虽有故障但处于关闭状态。得到司机已停车和车站站台安全的报告后,可指令司机退行对位
司机	如列车已全部出清站台计轴区,则得到行车调度员同意后换端退行(电客列车驾驶模式为 RM)
司机	如列车未全部出清站台计轴区,可不换端以 EUM 模式限速 5km/h 退行,退行时行车调度员应及时通知有关车站,并与车站确认站台区域安全
站台站务员	在有关站台的头端墙处显示引导手信号,在尾端墙向着退行列车驶来的方向显示停车信号
行车调度员	对于终点站或回场列车,列车整列越过停车标时,列车司机报行车调度员,行车调度员根据现场情况安排列车退行
司机	退行列车到达车站后,应及时向行车调度员报告,根据行车调度员的指令处理

知识链接一

引导手信号和停车手信号

1. 引导手信号（图9-2）

引导手信号的含义：准许列车进入车站或车场。

昼间：展开的黄色信号旗高举头上左右摇动。

夜间：黄色灯光高举头上左右摇动。

图 9-2 引导手信号

2. 停车手信号（图9-3）

停车手信号的含义：要求列车停车。

昼间：展开的红色信号旗。

夜间：红色灯光。

图 9-3　停车手信号

昼间无红色信号旗时，两臂高举头上向两侧上下急剧摇动；夜间无红色灯光时，用白色灯光上下急剧摇动，如图9-4所示。

图 9-4　停车手信号（无信号旗或灯光时）

知识链接二

列车的驾驶模式

目前，我国城市轨道交通信号系统均采用基于通信的列车自动控制系统（CBTC，Communication Based Train Control）系统，实现了列车自主定位，具有车-地双向、大容量无线通信的移动闭塞特点。

CBTC 系统主要提供 4 种驾驶模式：列车自动驾驶模式（ATO）、ATP 防护下的人工驾驶模式（ATPM）、限制人工驾驶模式（RM）、非限制人工驾驶模式（NRM）。除此之外，也可以选择无模式（StandBy）。列车在正线、折返线、出入段线上按正方向运行及折返作业时，均以自动驾驶模式（ATO）为常用模式。当 ATO 设备出现故障时，可改为 ATP 防护下的人工驾驶模式。上述两种模式均为正常驾驶模式，而限制人工驾驶模式和非限制人工驾驶模式为非正常驾驶模式。列车在车辆段内以限制人工驾驶模式（正常模式）和非限制人工驾驶模式（非正常模式）运行，按照地面信号显示运行不能超过 25km/h 的限速。

1. 列车自动驾驶模式（ATO）

ATO 模式是在司机监视下的自动驾驶模式，在线列车的起动、加速、巡航、惰性、制动、精确停车均由 ATO 子系统根据 ATS 指令自动控制（CBTC 模式下），除发车需要司机确认外，其他均不需司机操作。列车的车门和屏蔽门（安全门）控制，可自动控制也可手动控制。

2. ATP 防护下的人工驾驶模式（ATPM）

在车载 ATP 设备的监督下由司机操作列车，负责列车的监控、运行、制动及开关车门和屏蔽门（安全门）。ATP 子系统负责保证列车的运行安全，司机根据车载信号显示屏和列车监控显示屏上的辅助驾驶信息，人工驾驶列车，ATP 对列车的运行进行完全的自动防护。

在需要司机人工控制列车运行或 ATO 模式出现故障时，使用 ATPM 模式。

3. 限制人工驾驶模式（RM）

列车的监控、运行、制动及开关车门由司机操作，车载设备对列车速度进行 25km/h 的超速防护，并对列车完整性、车门状态、列车倒溜等进行监督。

在正常运营模式下，RM 模式仅用于列车定位前、初始化后或列车在车辆段运行。在降级模式下，当列车故障时，可以此驾驶模式退出运营。

4. 非限制人工驾驶模式（NRM）

司机用 ATC 切除选择开关切除 ATC，旁路开关阻断了 ATC 紧急制动输出以及其他阻止列车运行的输出。此时，列车完全由人工驾驶，车载设备不控制列车运行，司机根据调度命令和地面信号的显示驾驶列车。列车运行的安全由联锁设备、调度人员、司机共同保证。

二、列车救援

当列车在运行中发生脱轨、车钩破损、齿轮箱吊挂装置脱落、轮轴不转动、转向架位移、转向架严重破损、列车进入四股、切轴及车体倾斜撞墙等情况时，需要列车救援。救援时一般遵循"顺向救援"原则，以确保正线其他列车的运行秩序，即应尽量采用相邻后续列车正向推进故障列车的方法进行救援。

1. 定义

救援调车是指当列车因故障在正线上迫停时，为尽快开通线路，需要开行救援列车去故障列车迫停点的作业过程。救援列车连挂牵引或推送故障列车到适当的车站清人，并返回车辆段。

救援列车是指故障车与担当救援任务的列车连挂完毕后所组成的车列。

2. 救援的种类

（1）车站救援　它是指列车连挂位置在站内的救援。列车在车站救援时，按有车线接车办理，凭值班员调车手信号引导进站。

（2）区间救援　它是指列车连挂位置在区间的救援。列车在区间救援时，须将相关线路封锁，救援列车凭调度命令和值班员手信号进入封锁区间。

3. 列车救援适用范围

1）列车发生故障或火灾，处理后仍不能维持运行时。

2）制动装置发生故障，致使全列车不能制动或不能缓解时。

3）发生严重故障，可能危及行车安全，司机认为必须救援时。

4）出现运营车辆场指定人员确认必须救援的其他故障时。

4. 请求救援列车时向行车调度员报告的内容

1）列车车次及车号。

2）请求救援事由。

3）迫停时间、地点（以百米标、公里标为准）。

4）是否妨碍邻线。

5）是否需要部分救援。

6）其他需要说明的事项。

5. 列车救援过程

1）首先由行车调度员发布调度命令，当行车调度员与司机间无线通信中断时，采用调度书面命令。

2）当故障列车在车站迫停时，采用有车线接车的方式或封锁区间的方式接入列车。当故障列车在区间迫停时，采用封锁区间的方式，向封锁区间开行救援列车。

3）若需对连挂完毕救援列车后面的列车清人，应依据当时所采用的行车闭塞方式的有关规定，使列车前部越过出站信号机进入区间停车。

4）一般救援列车凭调度命令和发车手信号进入封锁区间，有时也凭出站信号进入封锁区间。

5）最后连挂后的救援列车采用推进运行时，有时需依据调度命令按电话闭塞法办理行车，有的线路按原闭塞办理。

在救援过程中，一般行车调度员会通知故障车禁止移动，开行救援列车不办理任何闭塞手续，列车进入封锁区间的行车凭证多为调度命令及发车手信号，区间的封锁与解除凭调度命令办理。超速防护自动闭塞发车时，若被救援列车的车载信号故障，则救援列车的开行须依据调度命令改按电话闭塞法行车。

6. 不同情况下的救援过程

不同情况下具体救援过程略有差别，见表9-2。

表 9-2 某线路不同情况下的救援过程

不 同 情 况	前 方 站	司 机	后 方 站
情况1：故障车在区间，救援车在站台	填写"区间救援"命令，接收改按电话闭塞法行车、故障列车清人及调控权下放等书面命令，接收控制权 与接车站办理电话闭塞手续，得到接车站的闭塞承认后，办理进路 向故障车司机转交"区间救援"命令，组织故障车清人 列车发出后，通知后方站解除扣车	1. 故障列车司机：接到"区间救援"命令后，利用车内广播使用标准用语对乘客进行宣传，稳定乘客情绪；打好止轮器，做好防溜措施；做好等待救援准备；接到疏导乘客的命令时，按疏导乘客办法进行疏导 2. 救援列车司机：接到"区间救援"命令后，清客担当救援任务，凭出站信号发车	填写"区间救援"命令，接收列车清人担当救援、救援列车车次、运行路径及调控权下放等书面命令，接收控制权 向在站列车司机转交"区间救援"命令，组织救援车清人 确认所有道岔位置正确且锁闭后发车，（若出站信号机无法开放，则采用手信号发车） 列车发出后，依据调度命令关闭出站信号机 得到前方站通知或调度通知后，开放出站信号机
情况2：故障列车在区间，利用后方同一区间列车救援	填写"区间救援"命令，需递交前、后列车司机各一份 接收改按电话闭塞法行车、故障列车清人命令 接收救援列车清人、救援列车车次、运行路径及调控权下放等的书面命令，接收控制权 列车前部进入站线，向故障车司机转交"区间救援"命令，组织故障车清人 待救援列车头部进入站台后，向担当救援列车司机交递"区间救援"命令；与接车站办理电话闭塞手续，得到接车站的闭塞承认后，办理进路，手信号发车 列车发出后，通知后方站解除扣车	1. 故障列车司机：尽量运行到前方车站疏散乘客，等待救援；接到"区间救援"命令，利用车内广播使用标准用语对乘客进行宣传，稳定乘客情绪；接到疏导乘客的命令时，按疏导乘客办法进行疏导；打好止轮器，打开前照灯，做好等待救援准备 2. 救援列车司机：接到"区间救援"命令，运行至前方站台区域，清客担当救援任务，凭引导手信号发车	依据调度命令，关闭出站信号机 得到前方站通知或调度通知后，开放出站信号机
情况3：故障列车在车站，利用后方区间列车救援	填写"清人""车站救援"命令 接收清人命令，交递"清人"命令，组织清人；若司机请求救援，接收改按电话闭塞法行车、救援列车清人、救援列车车次、运行路径及调控权下放的书面命令，接收控制权 待故障列车推出站台后，向救援列车司机交递"车站救援"命令，组织清人 与前方站办理电话闭塞手续，得到接车站的闭塞承认后，办理进路，手信号发车 列车出发后通知后方站解除扣车	1. 故障列车司机：接到"车站救援"命令，利用车内广播使用标准用语对乘客进行宣传，稳定乘客情绪；接到疏导乘客的命令时，按疏导乘客办法进行疏导；打好止轮器，做好防溜措施；做好等待救援准备 2. 救援列车司机：接到救援命令后，运行至前方车站；将故障列车推出站台区域；接收"车站救援"命令，列车清客；凭引导手信号发车	依据调度命令关闭出站信号机，扣车 得到前方站通知或调度通知后，开放出站信号机

（续）

不同情况	前方站	司机	后方站
情况4：故障列车在车站，利用后方车站列车救援	填写"清人"命令 接收清人命令，交递"清人"命令，组织清人 若司机请求救援，接收改按电话闭塞法行车及调控权下放的书面命令，接收控制权 与前方站办理电话闭塞手续，得到接车站的闭塞承认后，办理进路，手信号发车 列车出发后通知后方站解除扣车	1. 故障列车司机：接到"车站救援"命令，利用车内广播使用标准用语对乘客进行宣传，稳定乘客情绪；接到"清人"命令时，按疏导乘客办法进行疏导；打好止轮器，做好防溜措施；做好等待救援的准备 2. 救援列车司机：接到"车站救援"命令，清人，运行至前方站台区域，担当救援任务，凭引导手信号发车	填写"车站救援"命令 接收列车清人担当救援、救援列车车次、运行路径及等书面命令 向司机转交"车站救援"命令，组织救援列车清人 待列车发出后，关闭出站信号机（调控权下放） 得到前方站通知或调度通知后，开放出站信号机（调控权下放）

三、电话闭塞行车

电话闭塞作业是地铁行车组织的降级模式。当信号系统发生故障需要电话闭塞行车时，各专业根据控制中心（简称 OCC）值班主任的指令，在受影响区段内相邻车站间按电话闭塞组织行车。

1. 电话闭塞的行车凭证

开始电话闭塞作业前，列车的运行由行车调度员负责，如有需要，车站须按照行车调度员指示办理进路；开始电话闭塞作业后，列车的运行由现场站务人员负责。在办理电话闭塞作业过程中，相邻车站出站信号机间仅允许有一列车占用。行车凭证为开放的出站信号机（人工办理）；若遇到出站信号机故障时，发车凭证为《路票》（或《绿色许可证》，如图9-5和图9-6所示）及手信号员的发车手信号。电话闭塞行车由起始车站的值班站长负责执行，起始和终点两端车站作业及现场控制须分别由相关车站员工负责。

```
        路 票        NO:

    电话记录第_____号，车次_____

    _____站至 _____站

             行车值班员_____
┌─────────┐
│ ×××站   │
│ 行车专用章│       _____年___月___日
└─────────┘
```

图9-5 路票

2. 需改按电话闭塞法行车的情况

出现下列情况之一时，改按电话闭塞法行车：

1）列车反方向运行时。

绿色许可证

```
                    许 可 证
                            第............号

    在出站信号机故障的情况下，准许第          次列车由本站发车。




                    站综控员（签名）
                            年  月  日  填发
```

注：复写一式两份，司机一份，存根一份

图 9-6　绿色许可证

2）按进路闭塞法行车时，连续两个站间区间及其以上范围内计轴设备故障，无法通过控制台确认列车位置时。

3）遇地面信号机因故不能开放，且行车调度员及综控员与列车间的无线通信均中断时。

4）未安装 ATP 车载及无线通信设备的列车遇出站信号机因故不能开放情况时。

3. 电话闭塞法的接发车作业程序

1）电话闭塞法的接车作业程序见表 9-3。

表 9-3　电话闭塞法的接车作业程序

程　　序	作业程序及用语		
	值 班 站 长	值班员（站务员）	司　　机
一、办理闭塞	1）听取发车闭塞请求，复诵"××次闭塞"		
	2）根据《行车日志》（表9-5）与控制台确认区间空闲		
	3）承认闭塞"电话记录××号××点××分××秒同意××次闭塞"		
二、准备进路	4）布置值班员（站务员）："检查××道，准备××次××道接车进路"	5）检查线路空闲后，将进路上的道岔及防护道岔开通正确位置并加锁。经确认正确，向值班站长报告"××次××道接车进路好了"	
	6）听取报告后，复诵"××次××道接车进路好了"		

（续）

程　序	作业程序及用语		
	值班站长	值班员（站务员）	司　机
三、引导接车	7）听取发车站发车通知，并填写《行车日志》		列车在手信号员停车手信号前停车
	8）布置值班员"××次开过来，引导接车"	9）复诵"××次开过来，引导接车"	到站停车开门时，需使用PSL钥匙手动打开屏蔽门。
		10）显示引导信号，监视列车进站停车	与手信号员确认列车车次号、行车闭塞方式、运行模式及其他运行中需要注意的事项　将上一站《路票》交给手信号员
四、开通区间	11）填写《行车日志》，报发车站"电话记录××次×点×分×秒到"，并向行车调度员报点	12）向值班站长交回路票	
	13）收回路票		

2）电话闭塞法的发车作业程序见表9-4。

表9-4　电话闭塞法的发车作业程序

程　序	作业程序及用语		
	值 班 站 长	值班员（站务员）	司　机
一、办理闭塞	1）根据《行车日志》确认区间线路空闲		
	2）向接车站请求闭塞："××次闭塞"		
	3）复诵接车站发出的电话记录："电话记录××号，××分××秒同意××次闭塞"		
二、准备发车进路	4）布置值班员"准备××次发车进路"	5）复诵"准备××次发车进路"	
	7）听取汇报，复诵"××次××道发车进路好"	6）将进路上的道岔及防护道岔开通正确位置并加锁。经确认正确后，向值班站长报告"××次××道发车进路好"	
三、填写路票	8）填写《行车日志》，对照《行车日志》填写《路票》		

（续）

程　序	作业程序及用语		
	值班站长	值班员（站务员）	司　机
四、列车出发	9）向值班员交付路票并共同核对	10）接受路票并检查核对	将上一站《路票》交给手信号员
	11）指示值班员发车		接收本站《路票》，并复诵《路票》内容，确认所有内容准确无误后收取《路票》并妥善保管
	12）列车出发后，向接车站行车调度员报告		转换相应手动运行模式，区间限速50km/h运行，区间分界点、顺向阻挡信号机停用
			凭手信号员展示的发车手信号起动列车
五、开通区间	13）复诵接车站列车到达时刻及号码"电话记录××次××分××秒到"		
	14）填写《行车日志》，确认区间开通		

填写电话闭塞《行车日志》，见表9-5，注意事项如下：
1）车次须由手信号员咨询司机获得。
2）车体号可从列车车身上看出。
3）时间记录应精确到秒（s）。
4）B：不得早于"离站时间"A。
5）C：不得早于"本站通知后方车站可发车时间"B。

表9-5　电话闭塞《行车日志》示范

车　　次	车　体　号	到站时间	前方车站通知本站可发车时间	离站时间	本站通知后方车站可发车时间
			A	B	C

【知识链接】

发车手信号（图9-7）
发车手信号的含义：要求司机发车。
昼间：展开的绿色信号旗上弧线向列车方向做圆形转动。
夜间——绿色灯光上弧线向列车方向做圆形转动。

图9-7　发车手信号

【课后习题】

一、填空题

1. 列车退行是指列车向与最初运行方向_____的方向运行，并驶入占用该列车_____方的闭塞区间。

2. 根据救援位置的不同，列车救援分为_____和_____。条件允许的情况下，被救援车司机应尽量将列车运行至_____，等待救援。

3. 采用电话闭塞法时的发车凭证是_____绿灯或黄灯。

二、简答题

1. 简述请求救援列车时向行车调度员报告的内容。

2. 哪些情况下需改按电话闭塞法行车？

课题三　突发情况

【课题引入】

某线路列车在某车站站台作业完毕后，由于单个屏蔽门关不上，导致列车无法正常牵引驶离车站，这时司机报告OCC找站务人员来站台协助处理。站务人员对单个故障屏蔽门采取隔离操作，列车得到发车信号，可以牵引。但刚刚运行起来，列车又突然发生紧急制动，可能的原因是什么？

在实际运营中，突发事件和临时状况纷繁复杂，其中屏蔽门故障是最常见的突发情况；路外伤害和列车失火是最紧急、危害最大的事故，各地铁运营公司应对其特别重视，并做好相应的应急预案。每种突发情况都需要司机和站务人员各自精通业务，明确工作职责，快速反应，共同、有效地协同处理。

【学习目标】

1. 掌握屏蔽门故障情况下司机与站务人员的配合工作。
2. 掌握发生路外伤害时相关人员的处理工作。
3. 掌握列车火灾的处理程序。

一、屏蔽门故障

屏蔽门（又称安全门）安装于地铁站台靠轨道侧边沿，它把站台区域与轨道区域相互隔离开，既是站务人员巡视的重点，也是司机站台发车时需要确认的重点，当发生紧急情况或屏蔽门出现故障时，需要站务人员和司机配合处理。

屏蔽门一般由固定门、滑动门、应急门及端头门组成，如图 9-8 所示。滑动门在数量及位置上的设置与车门一一对应。两对滑动门之间的屏蔽结构由固定门组成，固定门是不能打开的。应急门是当列车进站的停车误差超过了设计的停车误差而列车又不能再进行位置调整时的疏散通道。端头门设置在站台两端，位于列车司机门和乘客门之间，垂直于站台边线布置，将乘客区与设备区分隔开。

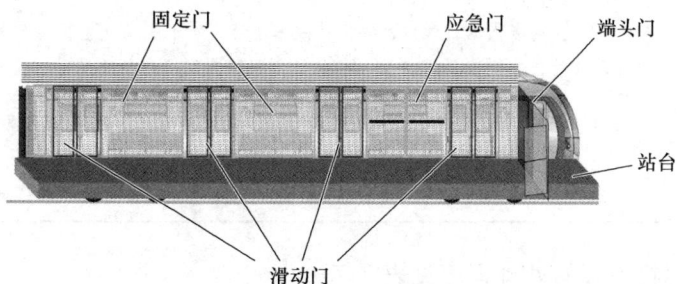

图 9-8　屏蔽门结构

屏蔽门系统控制模式设有系统级、站台级、手动操作三种正常控制模式。系统级控制即执行信号系统命令的控制模式；站台级控制即执行站台 PSL 操作盘发出命令的控制模式；手动操作是指站台工作人员在站台侧用专用钥匙解锁或由乘客在轨道侧推动解锁装置打开滑动门。

当发生下列突发事件时，司机和站务员可参考相应的处理程序。

（1）情形一　列车在区间内发生故障，需要进行区间疏散。

站务人员用专用钥匙在站台侧打开屏蔽门的端头门，为乘客提供迅速进入站台的通道，配合司机和 OCC 完成乘客的疏散。

（2）情形二　列车进入有效站台区，车门与滑动门没有对准，同时列车出现故障无法调车。

站务人员用钥匙在站台侧打开屏蔽门的应急门；司机开启车门，并进行客室广播，指导乘客开启屏蔽门的应急门，广播内容为："各位乘客，由于设备故障，列车车门未对准屏蔽门，请乘客在车门打开后，寻找对应的应急门，推动黑色推杆打开应急门，顺序下车，谢谢合作。"

（3）情形三　列车进入有效站台区，车门打开/关闭，屏蔽门因故障不能正常打开/关闭。

发生屏蔽门故障时，应坚持"在确保安全的前提下，先发车后处理"的原则，当无法隔离（旁路）时，应先发车再处理。

1）单对滑动门打不开的处理程序见表9-6。

表9-6　单对滑动门打不开的处理程序

步　骤	负责人	处理程序
1	司机	1）遇屏蔽门故障第一时间汇报行车调度员，通知车站人员前往处理 2）监听手持台正线频道，留意屏蔽门处理过程
2	行车调度员	安排车站人员前往处理
3	站务人员	1）接到通知后，确认位置，带手持台并转到分线频道，立即到有关站台进行处理 2）操作故障屏蔽门的就地控制盒（LCB），将该屏蔽门的自动控制改为手动控制，就地电动控制开关该屏蔽门 3）如果该滑动门故障不能马上消除，则用专用钥匙将LCB转动到隔离位，该滑动门将不受信号系统的开关门命令和PSL或IBP开关门命令的控制。待故障排除后，恢复到LCB自动位 4）处理完毕，向司机展示"一切妥当"手信号 注意：列车出站过程中，要保持故障滑动门处于隔离状态，待列车全部驶出车站有效站台区域后，方能恢复到"自动"位，否则将引起列车的紧急制动
4	司机	1）看到站务人员"一切妥当"手信号后关门，凭前方信号显示发车 2）确认车门及屏蔽门关闭情况 注意：如无法确认或未得到确认，应及时与行车调度员联系确认屏蔽门故障处理情况

2）多对滑动门打不开的处理程序见表9-7。

表9-7　多对滑动门打不开的处理程序

步　骤	负责人	处理程序
1	司机	1）遇屏蔽门故障第一时间汇报行车调度员，通知车站人员前往处理 2）监听手持台正线频道，留意屏蔽门处理过程
2	站务人员	1）接到通知后，确认位置，带手持台并转到分线频道，立即到有关站台进行处理 2）引导故障屏蔽门处的乘客上下车 3）检查故障屏蔽门处是否有障碍物
3	站务人员	通知司机再开关屏蔽门一次
4	司机	接车站人员通知，重新开关一次安全门 如成功，则按步骤5做法 如不成功，则按步骤6做法
5	站务人员	1）向司机展示"一切妥当"手信号 2）观察之后3班列车的开关门情况 3）向行车调度员汇报

（续）

步　骤	负责人	处　理　程　序
6	站务人员	通知行车调度员需要人工处理
7	站务人员	1）用专用钥匙将故障滑动门 LCB 打到"手动"位置，手动解锁故障滑动门 2）待屏蔽门自动关门后，再向司机展示"一切妥当"手信号
8	站务人员	列车驶离站台后，继续处理屏蔽门故障
9	值班站长	1）通过 PA/PIS，通知乘客不要靠近已打开的屏蔽门 2）向行车调度员要求进站列车须限速入站
10	司机	1）看到站务人员"一切妥当"手信号后关门，凭前方信号显示发车 2）确认车门及屏蔽门关闭情况 3）如接行车调度员通知要求限速运行，则转为人工模式限速运行，运行中注意控制车速 注意：如无法确认或未得到确认，应及时与行车调度员联系确认屏蔽门故障处理情况

注：若故障门数量超过 8 对，则按整列滑动门不能开启程序处理。

3）整侧滑动门不能开启的处理程序见表 9-8。

表 9-8　整侧滑动门不能开启的处理程序

步　骤	负责人	处　理　程　序
1	司机	1）列车到站后，发现整侧滑动门不能同步开启时，操作 PSL（屏蔽门站台端头控制盒，如下图）开启屏蔽门（用钥匙将屏蔽门控制方式旋转到"手动"位，然后按压"开门"按钮，滑动门开启），并将情况报告行车调度员 2）若 PSL 上开门失效，则立即报告行车调度员，通知站务人员前往处理 3）监听手持台正线频道，留意屏蔽门处理过程 
2	站务人员	1）接到通知后，确认位置，带手持台并转到分线频道，立即到有关站台进行处理 2）通知司机进行广播，告知乘客手动打开滑动门
3	司机	广播通知乘客："各位乘客请注意，现在屏蔽门因故障无法自动开启，请乘客自行拉开屏蔽门绿色开门手柄下车，不便之处，敬请谅解。"视客流情况连续播放 3 次以上

（续）

步　骤	负　责　人	处　理　程　序
4	站务人员	 1）到达现场后，用专用钥匙将整列屏蔽门 LCB 打到"隔离"位置，并保持开启状态 2）完成乘降后，向司机展示"一切妥当"手信号 3）在确保站台乘客安全的情况下，用手持台通知司机在 PSL 启动"互锁解除"功能（如下图）让列车离开 注意："互锁解除"为自复位钥匙开关，钥匙只能在原位拔出。当钥匙旋转到互锁解除位时，发出互锁解除信号给信号系统，保持 1s 以上。完成发送互锁解除信号后，钥匙主动复位到原位
5	司机	1）看到站务人员"一切妥当"手信号后关门，凭前方信号显示发车 2）确认车门及屏蔽门关闭情况 注意：如无法确认或未得到确认，应及时与行车调度员联系（联系时优先使用手持台）确认屏蔽门故障处理情况
6	站务人员	列车驶离站台后留守在屏蔽门处维持秩序，并提醒乘客不要靠近
7	值班站长	1）安排一名站务人员到达事故站台头端墙，并负责在每班列车完成乘降后，启动"互锁解除"功能让列车离开 2）通过 PA/PIS 通知乘客不要靠近已打开的屏蔽门 3）向行车调度员报告情况，并告知进站列车要以 RM 模式入站
8	行车调度员	通知全线客车司机在到达事故站台时须以 RM 模式入站
9	站务人员	1）前往事故站台头端墙 2）当每班列车完成乘降后，启动"互锁解除"功能让列车离开
10	司机	如接行车调度员通知要求以 RM 模式限速运行，则运行中须注意控制车速

4）单对滑动门关不上的处理程序见表 9-9。

表 9-9　单对滑动门关不上的处理程序

步　骤	负　责　人	处　理　程　序
1	司机	1）遇屏蔽门故障第一时间汇报行车调度员，通知车站人员前往处理 2）监听手持台正线频道，留意屏蔽门处理过程
2	站务人员	1）接到通知后，确认位置，带手持台并转到分线频道，立即到有关站台进行处理 2）处理完毕向司机展示"一切妥当"手信号
3	值班站长	1）通过 PA/PIS 通知乘客不要站近故障屏蔽门 2）与行车调度员确认故障屏蔽门状态及行车安排 3）安排站务人员在头端墙小展台贴告示告知司机哪个滑动门有问题

（续）

步 骤	负 责 人	处 理 程 序
4	行车调度员	1）与处理事故的站务人员确认故障屏蔽门状态，在列车可从站台开出后授权司机以 ATPM 模式限速 40km/h 驶离车站 2）与值班站长确认故障屏蔽门状态及行车安排 3）授权后续列车司机以 ATPM 模式限速 40km/h 进出故障车站 4）提醒司机在乘客上下车后，注意站务员手信号关门 5）通知全线司机做好乘客广播 6）调派手信号员驻守后方站头端墙通知司机站台/信号的列车运行安排
5	后方车站值班站长	派一名手信号员到头端墙，按行车调度员要求通知司机站台/信号的列车运行安排
6	司机	1）看到站务人员"一切妥当"手信号后关门，凭前方信号显示发车 2）确认车门及屏蔽门关闭情况 3）按行车调度员或车站手信号指示行车 注意：如无法确认或未得到确认，应及时与行车调度员联系确认屏蔽门故障处理情况

5）多对滑动门关不上的处理程序见表 9-10。

表 9-10　多对滑动门关不上的处理程序

步 骤	负 责 人	处 理 程 序
1	司机	1）遇屏蔽门故障第一时间汇报行车调度员，通知车站人员前往处理 2）监听手持台正线频道，留意屏蔽门处理过程
2	站务人员	接到通知后，确认位置，带手持台并转到分线频道，立即到有关站台进行处理
3	站务人员	1）到达现场后，查看滑动门状况，如有异物阻塞，则清除异物 2）通知客车司机再开关屏蔽门一次
4	司机	接车站人员通知，重新开关一次屏蔽门 如成功，则按步骤 5 做法 如不成功，则按步骤 6 做法
5	站务人员	1）向司机展示"一切妥当"手信号 2）观察之后 3 班列车的开关门情况 3）向行车调度员汇报
6	站务人员	通知行车调度员需要人工处理
7	站务人员	1）用专用钥匙将故障滑动门 LCB 打到"手动"位置，手动解锁故障滑动门 2）把故障门顶盖打开，按"开门"按钮并保持常开位置 3）向司机展示"一切妥当"手信号
8	站务人员	列车驶离站台后继续处理屏蔽门故障
9	值班站长	1）通过 PA/PIS 通知乘客不要靠近已打开的屏蔽门 2）向行车调度员要求进站列车须限速入站。如有需要，向人力后援车站要求派出额外人手
10	司机	1）看到站务人员"一切妥当"手信号后关门，凭前方信号显示发车 2）确认车门及屏蔽门关闭情况 3）如接行车调度员通知要求限速运行，则转为人工模式限速运行，运行中注意控制车速 注意：如无法确认或未得到确认，应及时与行车调度员联系确认屏蔽门故障处理情况

注：若故障门数量超过 8 对，则按整侧滑动门不能关闭程序处理。

6）整侧滑动门不能关闭的处理程序见表 9-11。

表 9-11 整侧滑动门不能关闭的处理程序

步　骤	负　责　人	处　理　程　序
1	司机	1）列车出站时，发现整侧滑动门不能同步关闭时，操作 PSL 关闭屏蔽门，并将情况报告行车调度员 2）若 PSL 上关门失效，则立即报告行车调度员，通知站务人员前往处理 3）监听手持台正线频道，留意屏蔽门处理过程
2	站务人员	接到通知后，确认位置，带手持台并转到分线频道，立即到有关站台进行处理
3	站务人员	1）到达现场，完成乘降后，向司机展示"一切妥当"手信号 2）在确保站台乘客安全的情况下，用手持台通知司机在 PSL 上启动"互锁解除"功能让列车离开
4	司机	接车站人员通知，使用 PSL "互锁解除"功能
5	站务人员	1）当列车离开后，用专用钥匙将整侧屏蔽门 LCB 打到"隔离"位置并保持开启状态 2）留守在故障屏蔽门处维持秩序，提醒乘客不要靠近
6	值班站长	安排一名站务人员到达事故站台头端墙，并负责在每班列车完成乘降后，启动"互锁解除"功能让列车离开
7	值班站长	1）通过 PA/PIS 通知乘客不要靠近已打开的屏蔽门 2）向行车调度员报告情况，并告知进站列车要以 RM 模式入站
8	行车调度员	通知全线客车司机在到达事故站台时须以 RM 模式入站
9	站务人员	1）前往事故站台头端墙 2）当每班列车完成乘降后，启动"互锁解除"功能让列车离开
10	司机	1）看到站务人员"一切妥当"手信号后关门，凭前方信号显示发车 2）确认车门及屏蔽门关闭情况 3）如接行车调度员通知要求以 RM 模式限速运行，则运行中应注意控制车速 注意：如无法确认或未得到确认，应及时与行车调度员联系确认屏蔽门故障处理情况

（4）情形四 屏蔽门夹人/夹物

车门和屏蔽门关闭之际，站台保安/站台人员应尽可能提前阻止乘客抢上抢下，发现夹人/夹物后，就近人员须第一时间采取有效措施：立即按压紧急停车按钮（在去按压紧停按钮的途中，可向司机展示停车手信号），避免夹人/夹物动车。

屏蔽门夹人/夹物的处理程序见表 9-12。

表 9-12 屏蔽门夹人/夹物的处理程序

步　骤	负　责　人	处　理　程　序
1	站务人员	1）发现夹人/夹物后，立即按压站台紧急停车按钮（在去按压紧停按钮的途中，可向司机展示停车手信号） 2）确认被夹物体是否影响乘客和行车安全，并立即上报综控室值班员。 注意：列车车门夹物动车处理中，车站不得开启屏蔽门或应急门来处理车门夹物
2	综控室值班员	1）接到通知，立即向行车调度员汇报，并通知值班站长到现场处理（如列车未停止运行，应立即向行车调度员汇报，不能立即与行车调度员通话时，应通知前方站） 2）利用 CCTV 观察现场情况；需要时，通知公安人员或运营办到场协调处理 3）接到行车调度员通知后，方可取消紧急停车，恢复正常运营
3	司机	1）列车发生不明原因紧急制动后汇报行车调度员（如运行中获知夹人或夹物信息应立即停车） 2）接到行车调度员（乘客报警）有关夹人/夹物处理指示后，确认具体位置，做好乘客安抚广播 3）携带手持台前往现场，采用单个车门紧急解锁方式处理（解锁前要确保附近乘客的安全），严禁按压驾驶室门控按钮开门 4）处理完毕，恢复车门后，汇报行车调度员，凭行车调度员指令动车
4	司机	若在前往现场处理途中，接行车调度员通知继续运行至前方站处理，应立即返回驾驶室，凭行车调度员指令动车。如运行途中乘客按压乘客报警按钮，则进行安抚

二、有人/物被列车撞到

路外伤亡事故是威胁城市轨道交通运营安全的一大祸患，也是运营工作中需要重点预防的事故之一。当在区间或车站发生撞人、撞物等事故后，处理的根本宗旨是既要确保乘客的生命财产安全，又要做到快速处理，尽快恢复正常的运营秩序。这就需要司机、站务和各方人员迅速反应，采取相应的应急处理措施。

1. 事故发生时

当事故发生时，各方的反应和处理程序见表 9-13。

表 9-13　有人/物被列车撞到时的处理程序

步　骤	负　责　人	处　理　程　序
1	司机	1）立即停车 2）嘱咐乘客紧握扶手 3）通过列车无线电通信系统发出紧急通知，向行车调度员报告事件 4）通过广播通知乘客有关延误 5）停止列车所有运作，但要确保无线电功能正常 6）将控制钥匙交给主管人员
2	行车调度员	1）确定列车编号及位置 2）确定司机停止列车所有运作，但要确保无线电功能正常 3）通知另一名行车调度员负责该行车线的列车调度 4）全力应对该事件 5）通知下列人员有人/物被列车撞到 　　—在站台值班的站务员 　　—值班站长 　　—值班经理（主任） 　　—事故处理主任 　　—车辆段管理员 　　—乘务管理员 6）授权员工将无线电手持台转至正线组频道 *注意：采用正线组频道可让有关行车线上的所有员工互相通话*
3	站台站务员	1）操作站台上的紧急停车按钮 2）向行车调度员及值班站长报告 3）在站台实施控制大客流措施 4）寻找事故的目击证人 5）调查被卷入车底的人/物的详细资料 *注意：站务人员负责挽留两名以上非地铁员工的目击者作为人证，索取证明材料，留下协助公安调查。证人有急事不能留下时，应记下其工作单位、家庭住址及联系电话等*
4	值班站长	1）操作 IBP 上的紧急停车按钮，使有关轨道上的所有列车停止行驶 2）视情况需要实施车站管制，停止乘客进入付费区 3）指派一名车站员工在车站综控室当值 4）指示所有员工利用正线组频道通话

(续)

步　骤	负　责　人	处　理　程　序
5	事故处理主任	1）前往事发现场 2）视具体情况指挥救人
6	值班经理 （主任）	1）安排通知以下人员 　—急救中心 　—车辆段调度中心紧急救援队 　—公安局公交总队 　—乘务室、站务室及市轨道交通指挥中心 2）安排通过中央广播系统通知受影响区段的乘客 3）接到有人被压于车轮下，需顶起列车才能将其救出的报告时，应宣布进入紧急运营状态
7	乘务管理员	1）安排人手接替涉及事故的司机 2）预备后备列车以调整行车服务

2. 寻找伤者

在寻找被列车卷入车底的伤者或物品时，由事故站值班站长负责，做好防护准备，保证搜寻人员的自身安全，与司机沟通确认伤者位置，以快速、准确地找到伤者。寻找被列车卷入车底的人的程序见表9-14。

表9-14　寻找被列车卷入车底的人的程序

步　骤	负　责　人	处　理　程　序
1	值班站长	携带以下物品前往站台：反光背心、安全帽、一次性胶手套、电筒、无线电手持台
2	值班站长	向司机及在站台值班的站务员查问事故的详情，包括：位置、涉及的人、目击证人
3	值班站长	与行车调度员安排隔离牵引电流及采取安全措施
4	值班站长	收取司机的控制钥匙
5	值班站长	与一名车站员工前往轨道，按以下顺序搜索列车底部，寻找被撞倒的人：由车头开始搜索；沿列车两旁同时搜索
6	值班站长	找到被撞到的人后，根据当时情况移走被撞到的人

3. 移开伤者

当搜寻到伤者，需要将伤者移开轨道时，需要由专业人士操作，并保证自身安全。移开伤者的步骤如下：

1）只有曾接受过急救训练的员工方可处理伤者。

2）负责处理伤者的员工须戴上胶手套，避免接触伤者的血液。

3）为顾及伤者的安危，将伤者移开轨道至安全地方时，须充分考虑其伤势。

4）若伤者已无生命体征，也没有涉及刑事犯罪，值班站长须将该人移离轨道。

5）在可行的情况下，须尽量使用担架床及毛毡。

6）照料伤者的值班站长必须在救护车抵达时，向救护车的主管讲述当时的情况，并立即将伤者交给救护人员处理。

4. 开动列车

移开伤者后开动列车的程序见表9-15。

表9-15 移开伤者后开动列车的程序

步 骤	负 责 人	处 理 程 序
1	值班站长	确认是否将被卷入车底的人移开轨道 （1）移开 1）确保轨道上没有任何人及设备 2）将紧急停车按钮拨回"正常"位置 3）通知行车调度员轨道已畅通无阻 （2）不移开 1）确保被卷入车底的人及所有逗留在轨道上的人员远离列车，处于安全位置 2）保持紧急停车按钮在"停车"位置
2	值班站长	若司机不适合驾驶列车，则安排一名合格的车站员工陪同司机或驾驶列车，直至有人接替
3	值班站长和 行车调度员	双方商定：按情况需要安排清人；如何移动列车
4	值班站长	与司机（或接替司机）商议运行上的安排，包括车速及操作模式，将控制钥匙交还司机
5	原司机/接替司机	1）与值班站长商议运行上的安排，包括车速及操作模式 2）向值班站长取回控制钥匙 3）取得行车调度员授权后开动列车
6	行车调度员	1）确保司机/接替司机清楚明白运行安排 2）授权司机/接替司机将列车驶离事发现场
7	司机/接替司机	获行车调度员授权后，按照商议的安排开动列车
8	行车调度员	安排以下工作： 在首个适当地点替换事故列车 事故列车返回车辆段/停车场进行车调度员查 注意：提醒车辆段/停车场调度员切勿清洗列车以保留证据，便于公安及调查人员调查

5. 列车驶离事发现场后

当被卷入车底的人或物已移离轨道，且列车已驶离事发现场后，按表9-16所列程序处理。

表9-16 列车驶离事发现场后的处理程序

步 骤	负 责 人	处 理 程 序
1	值班站长	用粉笔画出伤者撞到在轨道上的位置，用沙遮盖血渍 注意：上述行动可于稍后完成，避免延误恢复列车服务
2	值班站长	在以下行动完成后，通知行车调度员可以恢复列车服务： 1）轨道上已无任何人及工具 2）紧急停车按钮已拨回"正常"位置

（续）

步　骤	负　责　人	处理程序
3	值班站长	视情况需要取消车站管制
4	行车调度员	1）安排随后的列车进行轨道检查 2）恢复列车服务 3）计划对列车服务进行必要调整

在有些情况下，需要先顶起列车才能移开被卷入车底的人；或者需要将列车先驶离站台，才能移开被卷入车底的人。这两种情况的处理流程见表9-17和表9-18。

表9-17　顶起列车后方能移开被卷入车底的人的处理程序

步　骤	负　责　人	处理程序
1	值班站长	1）通知行车调度员有人被困车底 2）与行车调度员安排截断受影响范围的牵引电流 3）安排发生事故的列车清人 4）要求司机将高速断路器（HSCB）拨至断开位置 5）顶列车前，先与行车调度员确定牵引电流已经断开 注意：由紧急救援队负责顶起列车；若非需要将伤者救离险境，列车顶起后车轮与轨道间的距离必须少于70mm
2	行车调度员	与系统调度员安排切断受影响范围的牵引电流
3	值班经理（主任）	通知紧急救援队需要顶起事故列车
4	司机	顶起列车前，将高速断路器（HSCB）拨至断开位置
5	值班站长	按移开伤者的步骤，在可行的情况下尽快将被卷入车底的人移离轨道
6	值班站长	将被卷入车底的人移开轨道后 1）确定轨道上没有任何人或障碍物 2）与行车调度员安排重新接通牵引电流
7	行车调度员、值班站长、司机、在站台值班的站务员	按程序开动列车
8	值班站长	安排列车驶离事发现场后的事宜

表9-18　需要先开动列车才能移动伤者的处理程序

步　骤		负　责　人	处理程序
开动列车前		值班站长	1）确保被卷入车底的人安全,不会因为列车开动而碰伤 2）指派一名员工或亲自陪同该人
开动列车	1	行车调度员、值班站长、司机、在站台值班的站务员	按程序开动列车
	2	值班站长	按移开伤者的步骤,在可行的情况下尽快将被卷入车底的人移开轨道
	3	值班站长	安排列车驶离事发现场后的事宜

三、列车失火

列车在车站发生火灾或列车在区间发生火灾时，列车司机或站务人员必须迅速将下列详情通知值班站长或行车调度员，包括列车的位置及列车编号、列车起火或冒烟的车卡编号、火势大小、是否有人受伤、是否有设备损毁等。

1. 列车在车站失火的应急处理办法

列车在车站发生火灾时，司机应迅速打开站台侧所有车门，使用车内灭火器进行扑救，对乘客进行广播疏散，配合车站工作人员的引导将乘客疏散到安全区域。此时车站工作人员应急处理程序见表9-19。

表 9-19 列车在车站失火的应急处理程序

		处 理 程 序	负 责 人
事故发生	1 确认火灾的真实性	向值班站长汇报：在站台停靠列车有起火冒烟现象	司机或站台监控人员
		立即通过 CCTV 确认现场情况	值班站长
	2 向行车调度员汇报	列车的位置、编号（车次）	行车值班员
		列车的起火位置或冒烟的车卡编号	
		是否有伤亡情况（大概人数）	
		火情的大小（冒烟、明火等）	
		初步判断火灾性质	
		设备毁损情况	
	3 召唤紧急服务	通过行车调度员召唤紧急服务（地铁公安、119、120 或999）	行车值班员
事故处理	火势可以控制时		
	1 确认火警属实，按下紧急停车按钮	车站控制室按下起火列车所在站线的紧急停车按钮	行车值班员
		设法阻止另一侧的列车驶进站台或使其尽快开车	
	2 监控、操作环控设备	监控环控系统的运行	行车值班员
		若设备不能正常运行，则及时通知行车调度员	
		确认站台安全门是打开的	值班站长站台岗员工
	3 进行清客作业	通知站务人员对起火列车进行清客	值班站长
		对起火列车进行清人，对受伤乘客进行救助，并维护现场秩序，阻止乘客接近火源	站务人员
	4 扑救现场火势	就近取用灭火器扑灭列车火源	站务人员、司机
		站台员工扑灭火势后，向司机展示"一切妥当"手信号	
	5 向行车调度员汇报火警处理结果	列车火势扑灭后，向行车调度员汇报列车损害程度、是否需要救援	值班站长
		等待行车调度员的下一步指示	
	6 做好乘客疏导工作	做好站内人流控制工作，避免乘客受伤	全体人员

（续）

		处 理 程 序		负 责 人
		火势无法控制时		
事故处理	1	对起火列车立即清客	协助司机打开车门，立即对起火列车进行清客作业	值班站长、站务员
	2	车站紧急疏散	立即通过手持台向所有人员下达车站紧急疏散命令	值班站长
			通过 PA/PIS 通知乘客进行疏散	行车值班员
			向控制中心请求人力支援	值班站长
			在车站控制室 IBP 盘上启动紧急模式，按压 AFC 紧急按钮，打开所有闸机扇门	行车值班员
			引导乘客离开站台	站务人员
			接到紧急疏散的通知后，收好钱款和票卡，关闭客服中心电源，将应急疏散门打开，疏导乘客出站	票务岗位员工
	3	阻止乘客进站	立即引导乘客从各出入口出站，并阻止乘客进站	站务人员
	4	关闭车站	确保所有乘客安全离开后，关闭出入口并张贴"车站关闭"通告	站务人员
	5	等待救援人员抵达现场	担任临时事故处理负责人	值班站长
			在指定出入口等待救援人员，并带他们到达事发地点	站务人员
			撤离后，检查站台、站厅是否还有乘客，并将结果上报给事故负责人站务人员、值班站长	站务人员
	6	火灾扑灭后，恢复运营	在火灾扑灭后，根据上级命令，同时根据列车、车站的毁损情况，经消防部门同意后全面或局部重新开站	值班站长

2. 列车在区间失火的应急处理办法

列车在区间发生火灾时，地下线路运行的列车应尽一切可能运行到前方车站，及时向行车调度员报告，请求前方车站协助；若无法运行到前方车站，则司机应立即向行车调度员报告并进行初期灭火扑救，同时将起火车厢的乘客疏散到其他车厢。当确认灭火器不能抑制火灾时，请求行车调度员接触轨停电，就地疏散乘客。列车在区间发生火灾时，车站工作人员应急处理程序见表9-20。

表 9-20　列车在区间失火的应急处理程序

		处 理 程 序		负 责 人
事故发生	1	接到行车调度员通知列车在区间起火，向行车调度员确认以下详情	列车的位置、编号（车次）	行车值班员
			列车起火或冒烟的位置	
			是否有伤亡情况	
			疏散的大概人数	
			估计起火的原因，火情的大小（冒烟、明火等）	
			设备毁损情况	
	2	召唤紧急服务	通过行车调度员召唤紧急服务（地铁公安、119、120）；当无法与行车调度员取得联系时，则通过外线电话直接拨打地铁公安、119、120	行车值班员

（续）

		处 理 程 序		负 责 人
事 故 处 理		火势可以控制时		
	1	监控、操作环控系统设备	监控环控系统的运行	行车值班员
			若设备不能正常运行，则及时通知行车调度员，执行隧道起火模式	
	2	准备进行清客作业	与行车调度员确认列车是否可以继续运行至车站	值班站长
			若可以，则立即做好到站列车的清客准备工作	
	3	现场扑救火势并清客	立即到达站台，对到站起火列车进行扑救	值班站长、站务人员
			进行列车清客工作，对受伤的乘客进行救助	
	4	做好乘客疏导工作	宣导乘客远离起火列车，维持站台秩序	站务人员
			做好站内的人流控制工作	
事 故 处 理		火势无法控制时		
	1	接到行车调度员指示：在区间协助司机紧急疏散	接到行车调度员指示在区间协助司机进行紧急疏散	值班站长
	2	与行车调度员确认下车安排	确定列车准确的停车地点	值班站长
			确定接触轨已停电	
			进行疏散准备	
	3	监控环控系统的运行	提醒行车调度员相关运行模式是否运行	行车值班员
	4	做好车站紧急疏散准备	立即通过手持台向所有人员下达车站紧急疏散命令	值班站长
			在车站控制室启动 IBP 盘上的紧急停车按钮，按压 AFC 紧急按钮，打开所有闸机扇门	
			通过 PA、PIS 发布车站紧急疏散的信息	
			向相邻车站的值班站长请求人力支援	
	5	进行区间疏散作业	若区间失火列车无法到达站台，则根据行车调度员命令组织区间疏散	站务人员
			所有进入区间的人员须佩戴好呼吸器、手持台，穿好反光背心、绝缘鞋等防护用品	
			站台人员打开疏散端安全门的端门	
			在确定接触轨已断电、区间照明已开启后，立即前往现场	
			与司机联系，组织列车乘客向车站疏散	
			随时与值班站长和行车调度员保持密切联系，及时将事件最新进展向行车调度员汇报	
			到达现场后，与司机协商对列车上乘客进行疏散	
			到达现场后，在岔口、洞口处指引乘客疏散，防止乘客走错方向	

（续）

		处 理 程 序	负 责 人
		火势无法控制时	
事故处理	5 进行区间疏散作业	在保证自身安全的情况下，确认乘客从列车上疏散完毕	站务人员
		跟随最后一名乘客疏散到站台，并确认无乘客遗留在区间	
	6 关闭车站	引导乘客离开站台	站务人员
		接到执行疏散的通知后，客服中心停止售票，进行票务处理	票务岗位员工
		确保所有乘客安全离开后，关闭出口并张贴"车站关闭"通告	站务人员
	7 等待救援、善后处理	担任临时事故处理负责人	值班站长
		在指定出入口等待救援人员，并带他们到达事发地点	站务人员
		撤离后，检查下列站台、站厅是否还有乘客	
		将结果报告给事故处理负责人	
		在火灾扑灭后，根据上级命令，同时根据列车、车站的毁损或火灾的情况，经消防部门同意后全面或局部重新开站	值班站长

【课后习题】

一、填空题

1. 屏蔽门系统控制模式设置有_____、_____、手动操作三种正常控制模式。

2. 当整侧屏蔽门打不开/关不上时，司机可尝试使用站台端部_____设备操作。

3. 单对屏蔽门关不上时，为不影响列车出站，站务人员可操作屏蔽门的 LCB 将该滑动门_____。

4. 列车在区间发生火灾时，地下线路运行的列车应尽一切可能运行到_____，及时向行车调度员报告，请求协助。

二、简答题

1. 当列车进入有效站台区，车门与滑动门没有对准，同时列车出现故障无法调车时，应如何操作？

2. 简述列车发生火灾时，司机或站务向行车调度员报告的内容。

【实训指导】

一、实训任务

乘务与站务协同作业。

二、实训目标

能按照操作规程及应急处置办法正确完成正常情况的接、发列车作业，非正常情况下的列车退行、列车救援及电话闭塞行车作业，以及屏蔽门故障、路外伤亡处置、列车失火等突发情况作业。

三、实训准备

城市轨道交通站台实训区、驾驶模拟器。

四、实训过程

1. 分组练习，分组考核。

2. 利用模拟站台实训区和驾驶模拟器，分组演练站务与司机的配合。

3. 教师分组考核。

参 考 文 献

[1] 曾青中, 韩增盛. 城市轨道交通车辆 [M]. 成都: 西南交通大学出版社, 2006.

[2] 赵洪伦. 轨道车辆结构与设计 [M]. 北京: 中国铁道出版社, 2009.

[3] 仇海兵. 城市轨道交通车辆及操作 [M]. 北京: 人民交通出版社, 2009.

[4] 王艳荣. 城市轨道交通车辆电气检修 [M]. 上海: 上海科学技术出版社, 2010.

[5] 杨志强. 城市轨道交通车辆总体 [M]. 北京: 中国铁道出版社, 2007.

[6] 连苏宁. 城市轨道交通车辆构造 [M]. 北京: 机械工业出版社, 2010.

[7] 人力资源和社会保障部教材办公室, 广州市地下铁道总公司. 车辆检修工 [M]. 北京: 中国劳动社会保障出版社, 2009.

[8] 何宗华, 汪宗滋, 何其光. 城市轨道交通车辆运行与维修 [M]. 北京: 中国建筑工业出版社, 2006.

[9] 上海申通地铁集团有限公司. 城市轨道交通建设和运营技术 [M]. 上海: 同济大学出版社, 2008.

[10] 刘柱军. 城市轨道交通车辆构造 [M]. 北京: 人民交通出版社, 2013.

[11] 阳东, 卢桂云. 城市轨道交通车辆检修 [M]. 北京: 机械工业出版社, 2010.

[12] 中国地铁工程咨询公司. 地铁与轻轨 [M]. 北京: 中国铁道出版社, 2003.

[13] 刘钧. 上海轨道交通 5 号线车门系统的 FMECA 分析和应用研究 [J]. 地下工程与隧道, 2010 (03): 39-46.

[14] 王建兵, 朱小娟, 蒲汉亮. 上海地铁车辆客室车门故障原因及整改措施 [J]. 电力机车与城轨车辆, 2006, 29 (1): 46-52.

[15] 曾青中, 邓景山. 车辆空调与制冷装置 [M]. 成都: 西南交通大学出版社, 2008.

[16] 冷庆军. 北京地铁 4 号线列车空调通风和采暖系统控制方式设计 [J]. 电力机车与城轨车辆, 2008, 31 (3).

[17] 郑徐滨. 地铁客车空调系统设计参数分析 [J]. 地铁车辆, 2000, 12 (38): 55-57.

[18] 申永勇, 等. 上海国产化 A 型车地铁列车牵引电传动系统设计 [J]. 技术装备, 2010 (1): 10-14.

[19] 宋朝斌, 蒋晓东. 深圳地铁龙岗线车辆的牵引电气系统 [J]. 电力机车与城轨车辆, 2010, 33 (1): 18-21.